任务驱动

整本书阅读的生长之翼

韩敏 著

上海交通大学出版社
SHANGHAI JIAO TONG UNIVERSITY PRESS

内容提要

本书以"任务驱动下的整本书阅读教学"为核心命题,构建了新课标背景下整本书阅读教学的理论框架与实践体系。本书特色:①理论突破,提出"学科·认知·生活"三重逻辑融合模型,破解传统整本书阅读教学"高耗低效"困境。②实践创新,构建"低技术—高内涵"任务设计范式,兼顾教育公平与思维深度,形成"四维任务体系—四阶实施流程—多元评价机制"的系统模型,推动整本书阅读教学从"篇章分析"走向"全人培养"。③技术融合,开发"教材·拓展·技术·文化"四维资源塔模型,推动数字工具的教学化转型。

本书适合中小学语文教师、师范院校师生及相关研究者使用。

图书在版编目(CIP)数据

任务驱动:整本书阅读的生长之翼/韩敏著.

上海:上海交通大学出版社,2025.5.—ISBN 978-7
-313-32705-5

Ⅰ.G633.332

中国国家版本馆 CIP 数据核字第 2025S072W0 号

任务驱动:整本书阅读的生长之翼
RENWU QUDONG: ZHENGBENSHU YUEDU DE SHENGZHANG ZHI YI

著　　者:韩　敏

出版发行:上海交通大学出版社　　　　　地　　址:上海市番禺路 951 号

邮政编码:200030　　　　　　　　　　　电　　话:021-64071208

印　　制:上海万卷印刷股份有限公司　　经　　销:全国新华书店

开　　本:710mm×1000mm　1/16　　　　印　　张:15.5

字　　数:283 千字

版　　次:2025 年 5 月第 1 版　　　　　　印　　次:2025 年 5 月第 1 次印刷

书　　号:ISBN 978-7-313-32705-5

定　　价:58.00 元

任务为翼，乘物以游心

初夏的午后，阳光斜斜地透过窗棂，轻柔地洒落在案头这叠厚厚的书稿上。纸页间沉淀的不仅是文字，更是一位一线教师数年来的求索与沉淀。翻开韩敏老师的这本《任务驱动：整本书阅读的生长之翼》，既有理性的冷峻，亦有感性的温热；既有对传统的敬畏，亦有对创新的热忱，她以课堂为舟，以任务为桨，带领学生在整本书阅读的浩瀚海洋里尽情遨游。

大家都知道，教学研究的路，从来不是坦途。一线教师若想从琐碎日常中抽身，将实践经验淬炼为系统成果，既要有静下心来深耕课堂的定力，亦得具备抽丝剥茧、深入钻研的智慧。韩老师的这本专著，实实在在是一份"从教学泥土里生长出的研究成果"。书中没有高蹈的理论空谈，而是以"任务驱动"为轴，将整本书阅读的碎片化难题逐一拆解，再重构为可操作的路径。从理论溯源到模型建构，从案例设计到反思展望，每一章皆可见她"贴着地面行走"的务实风格。

整本书阅读教学一直存在一个难点，那就是如何让学生从"读薄"走向"读厚"，从"浏览情节"提升到"思维建构"和"精神成长"。韩老师的实践，为这一难题提供了破局之策。她以"任务链"替代零散问题，用"项目式学习"打通课内外壁垒。例如在红色经典专题中，她将《林海雪原》的阅读分解为"剿匪英雄档案卡""红色故事会""历史与现实对话""发布阅读成长日志"等一系列任务，让学生在文本细读、史料印证、现实思辨中，实现从"旁观者"到"思考者"的角色转换。这种看似简单的设计，却暗含深意，它让阅读不再是孤立的课堂行为，而成为连接历史、关照现实的思维探索之旅。

教育者的专业成长，往往伴随着对"工具"与"本质"的辩证思考。近年来，"技术赋能"成为教学改革的热词，但喧嚣之中，韩老师始终保持清醒。她在专著中坦言："技术的价值不在于炫酷的形式，而在于能否帮助学生与经典建立更深的精神联结。"故而，在这本书里，对"知识图谱""人工智能"等工具的运用，始终服务于"深度阅读"这一内核。例如在《西游记》教学中，她让学生和"孙悟空"智能体对话交流，并不是止步于形式上的热闹，而是借助这个方式引导学生去发现孙悟空的内心世界与成长历程，进而反思自我成长中的挑战与机遇；在跨文化阅读专题中，她引入数字资源库，也只为让学生在对东西方女性形象进行对比分析时，更直观地体悟语言背后的文化立场。这种"以简驭繁"的智慧，恰是对"乘物以游心"的呼应。工具之用，贵在"适性"；技术之妙，重在"赋能"。

一部好的教育专著，不仅要有实践的温度，更需有反思的锐度。在本书末章，韩老师以"冷眼"回望来时路，直言"任务设计的精准性失衡""评价体系的单一化倾向"等问题依然是教学中的痛点。她反思了案例设计中"为任务而任务"的形式化误区，剖析"批判性思维培养"与"传统文化传承"之间的矛盾关系，并提出要在"守正出新"中寻求平衡。这些坦诚的自我诘问，让专著褪去了"成果集锦"的浮华，显露出研究本应有的厚重底色。更难得的是，她的反思不止于批判，而是以"阅读生活化"为愿景，提出"家校阅读生态共建""学科融合任务开发"等前瞻构想。这种既敢于直面问题又能积极寻求解决方案的学术态度，恰是"外化而内不化"的写照，对外顺应教育变革的浪潮，对内坚守语文育人的初心。

对于教育研究来说，三年的时间或许只是短暂的一瞬。但韩敏老师用她的实践证明：一线教师的专业突破，未必需要惊天动地的创举，反而更依赖日积月累的深耕。从八个完整教学案例，串联起不同文体、不同学段的不断探索，到整本书阅读教学模型的数易其稿；从最初对"任务驱动"概念的懵懂摸索，到最终形成"理论—设计—实施—评价"的完整链条，她的研究始终扎根于最朴素的课堂现场。这种"把冷板凳坐热"的坚守，正是"教育是慢的艺术"的体现，教师的成长，亦是如此。

庄子说"乘物以游心"，意在提醒世人：唯有顺应事物的规律，心灵方能自在遨游。韩老师对"任务驱动"的探索，是对这一哲思的生动诠释。她深谙语文教学的规律：知识传授需有体系，思维培养需有阶梯，素养积淀需有载体。因此，她的"任务"设计不刻意求新求异，而是如庖丁解牛般，依循学科逻辑、认知逻辑与生活逻辑的自然肌理来进行。书中没有眼花缭乱的技巧，没有夸大其词的口号，有的只是对教学本质的敬畏，对学生成长的守望。这种质朴而深沉的力量，是教育研究最为宝贵的品质。

　　教育之路，山长水阔。有人困于当下，将教学异化为重复劳动；有人却能在平凡中见真章，将日常实践升华为专业智慧。韩敏老师无疑属于后者。她的这本专著，既是一线教师探索整本书阅读教学的实用指南，更是一份"乘物以游心"的精彩答卷——以阅读为舟，载学生遨游书海；以任务为翼，助思维翱翔九天。由衷希望这份答卷能激励更多同行者，在语文教育的天地间，且行且思，且悟且进。毕竟，教育的真谛，不在抵达某个终点，而在于永不停息地生长。正如初夏的藤蔓，只要给予一方天地，便会向着阳光，攀援而上。

殷秀德

（作者系上海市闵行区语文教研员，上海市特级教师、正高级教师）

以任务驱动思维 展整本书阅读之翼

在数字化浪潮奔涌、教育变革深化的今天,上海市龙柏中学始终以"自强不息,追求卓越"的龙柏精神勇立潮头。当韩敏老师将其凝聚多年教学智慧的专著《任务驱动:整本书阅读的生长之翼》呈现于教育同仁面前时,这是韩老师个人专业成长的里程碑,也是上海市龙柏中学深化教学改革、践行"数智课堂"建设的缩影。

韩敏老师作为区语文学科带头人,始终以"四有"好教师的标准自我鞭策。从区"希望之星"到"骨干教师"再到"学科带头人",从区"师德标兵""优秀班主任"到"三八红旗手",从区"信息化转型应用先进个人"到全国"四项全能语文教师"称号,她用无数个深夜的笔耕不辍诠释着教育者的匠心;从市级课题研究到全国教学比赛获奖,从学术节专题报告到核心期刊论文发表,她以持续的专业精进回应着新时代对教师发展的深层叩问。这部专著正是她将实践经验淬炼为理论结晶的智慧果实。

本书立足新课标背景,以"任务驱动"为支点撬动整本书阅读教学的系统变革,其价值不仅在于构建了"三重逻辑融合模型"与"四维资源塔模型"的创新理论框架,更在于开辟了从"篇章分析"走向"全人培养"的实践路径。书中既有对云端协作、人工智能等教育技术的前沿探索,又饱含对红色经典、跨文化文本等育人载体的深度开掘;既呈现"低技术—高内涵"任务设计的普适性方案,又提供多元评价机制的量身定制策略。这种理论高度与实践温度的交融,也正是韩敏老师为代表的龙柏中学"数智课堂教学评一体化建设"教学理念的生动演绎。

在"双新"与数字化转型双重背景下,上海市龙柏中学始终以"构建教与学绿色生态圈"为己任。韩敏老师的教学实践,恰与学校依托"智慧笔"平台、"三个助手"平台以及相关学科工具推进精准教学、通过"四阶实施流程"培育核心素养的探索形成共振。书中那些在回忆性文本中生命叙事的重构、在社会批判文本中培育思辨精神的锤炼、在红色经典的教学实践中讲好中国故事的担当,正是我们学校"培养具有中国心的现代文明人"育人目标的具象化表达;那些将知识图谱与阅读任务有机整合的创新设计,人工智能助力个性化阅读指导的有效实践,是挖掘学生元认知的有效手段,更是对学校"数智课堂"建设和时代赋予教育新的历史使命的铿锵回应。

教育的高质量发展需要更多像韩敏老师这样的深耕者。这部专著既是专业成长的阶段性总结,更是教育创新的新起点。愿每一位翻开此书的读者,都能在"任务驱动"的思维碰撞中,看见整本书阅读教学破茧成蝶的绚烂;也愿龙柏中学"自强不息,追求卓越"的龙柏精神,能借由这样的学术成果播撒向更广阔的教育天地。

是为序。

金秀

(作者系上海市龙柏中学校长)

前　言

　　窗外的梧桐叶摩挲着玻璃，夕阳的余晖斜斜地落在书稿上。抚过最后一页纸的褶皱，有些恍惚——那些为了一节课反复推敲的深夜，为了一个案例多次讨论的研讨会，为了厘清某个概念而翻烂的文献笔记，已悄然堆叠成这三年时光的重量。作为一名中学语文教师，我从未想过自己会以"著书立说"的方式回望教学之路。但或许正是这份未曾预设的坦然，让这段旅程少了些得失的焦虑，多了些纯粹的赤诚与热爱。

　　本书的创作灵感，源自一堂"失败"的整本书阅读课。当时，我自认为在课堂上滔滔不绝地讲解了四十分钟，学生们理应收获颇丰，于是布置了章节概括和人物分析的作业。然而，收上来的作业却千篇一律，甚至有人直接抄袭了教辅资料或网络上的所谓"标准答案"。那一刻的挫败感，如冷水浇头。如果整本书阅读只是将碎片化的知识点拼凑成"正确答案"，那么文字背后生命的温度、思维的生长，又该何处安放？正是这种刺痛，促使我开始反思：如何让整本书阅读真正成为学生主动探索、深度思考的旅程？如何让任务设计从"机械训练"转向"思维赋能"？这些问题，如同一颗颗种子，最终在理论与实践的土壤中，生长出了本书的枝蔓。

　　写作的过程，远比预想中艰难。作为一线教师，我既要应对日常教学的琐碎，又需在浩如烟海的文献中寻找理论支撑。记得为厘清"任务驱动"与"整本书阅读"的学术脉络，我在术后休养的一个月里，翻阅并梳理了两百余篇论文案例；寒暑假、周末的大部分时间都用来写作，记录下一点一滴的思考；曾因《林海雪原》等案例设计陷入僵局，反复推演至深夜；也曾为逻辑的适洽、表达的得体而不断否定自己，重新再来。但正是这些"笨功夫"，让我逐渐领悟：教育研究不是飘在云端的理论推演，而是要把案头的纸页与教室的晨昏连成一线，答案不在文献的字缝里，而在学生皱起的眉峰间、争论的声音里、顿悟的目光中。书中每一处模型建构、每一次任务迭代，都源自课堂的困惑与突破。

在此，我谨向那些在这段跋涉长路给予我指引与支持的人们致以诚挚的谢意。感谢我的导师殷秀德老师，在我茫然无绪、无从着手时，您以"教育研究需深思熟虑，找到属于自己的话语体系"这一质朴而深刻的教诲点醒了我；感谢王林老师与樊新强老师，在我受困于理论框架时，以四两拨千斤的智慧助我突破瓶颈；感谢基地的伙伴们，尤其是王爱华老师，她最早阅读了我那尚不成熟的初稿，并毫无保留地与我分享了她从事研究和撰写专著的宝贵经验。那些坦诚交流的时刻，让我深刻领悟到"独行快，众行远"的真谛；感谢虹桥镇学区办郑菊兰主任、上海市龙柏中学金秀校长以及各位同事的鼎力支持与信任，使我在繁忙的教学工作之余能够安心写作；更要感谢我的学生们，你们在《简·爱》辩论中迸发的思辨火花，在《经典常谈》阅读札记里流露的文化自觉，始终是我坚持不懈的动力。最后，感谢我的家人。近年来，我的先生默默承担了家中的一日三餐，对身体欠佳的我悉心照顾，并时常鼓励我努力奋进；我的儿子正值初升高阶段，尽管我们共用一张书桌，我却常常无暇顾及他。当我专注于工作时，他偶尔的询问我也常常未能及时回应，久而久之，他便学会独自应对学业上的挑战。我们各自忙碌，却也在彼此的陪伴中相互支持。这些温暖，早已融入书页的肌理，成为我前行的不竭动力。

本书虽已完稿，遗憾却未曾消减。尽管我尽力学习和梳理了前辈们的理论成果，仍依然深感自身学养的浅薄，每每翻阅，总能发现新的盲点；尽管我努力追求"任务设计"的精准性，但在部分案例中，仍可见形式与目标的错位；尽管我倡导"技术赋能"，但对数字工具与文化传承的深度融合，尚未提出更为系统的解决方案。此外，书中案例多集中于文学类文本，而对社科、科普类整本书的阅读策略探讨则稍显薄弱。这些不足，恰如镜鉴，映照出未来研究的方向。或许下一步，我将带着这些问题，走向更广阔的阅读田野。

回望这段写作历程，愈发懂得教育研究的本质不在"完成"，而在"生长"。就像我常在课堂对学生说："重要的不是答案，而是你寻找答案时张开的翅膀。"本书所呈现的"任务驱动"模型，或许会在未来被修正、迭代甚至颠覆，但若它能有幸激起一线教师对整本书阅读教学的再思考，能让学生在某次深度阅读中体验到思维的跃动，便已实现了它的价值。

此刻，忽然想起多年前初登讲台时的自己。那时总执着于"教给学生什么"，而今渐渐明白，教育的真谛或许更在于"为学生打开什么"。整本书阅读不该是封闭的赛道，而应是通向辽阔世界的窗口；任务驱动不应是束缚思维的绳索，而该成为托举探索的双翼。

窗外，暮色渐沉，教室里隐约传来学生们关于《水浒传》中英雄伦理的争论声。我知道，明天的课堂仍在等候，新的困惑与灵感也将不期而至。谨以此书，献给所有在语文教育的原野上深耕不息的同行者——愿我们始终保持"提出问题"的勇气，永远相信"生长"的力量。

韩敏

2025 年 4 月于上海

目　录

第一章　任务驱动与整本书阅读的理论溯源 ⋯⋯⋯⋯⋯⋯⋯⋯⋯⋯⋯⋯⋯ 001

第一节　任务驱动式学习解析 ⋯⋯⋯⋯⋯⋯⋯⋯⋯⋯⋯⋯⋯⋯⋯⋯ 001

一、内涵的核心特征 ⋯⋯⋯⋯⋯⋯⋯⋯⋯⋯⋯⋯⋯⋯⋯⋯⋯ 002

二、理论范式的跃迁 ⋯⋯⋯⋯⋯⋯⋯⋯⋯⋯⋯⋯⋯⋯⋯⋯⋯ 003

三、核心原则的价值 ⋯⋯⋯⋯⋯⋯⋯⋯⋯⋯⋯⋯⋯⋯⋯⋯⋯ 006

第二节　整本书阅读的学理探究 ⋯⋯⋯⋯⋯⋯⋯⋯⋯⋯⋯⋯⋯⋯ 013

一、新课标下的内涵重释 ⋯⋯⋯⋯⋯⋯⋯⋯⋯⋯⋯⋯⋯⋯⋯ 013

二、核心素养的立体通道 ⋯⋯⋯⋯⋯⋯⋯⋯⋯⋯⋯⋯⋯⋯⋯ 018

第三节　二者融合的实践意义 ⋯⋯⋯⋯⋯⋯⋯⋯⋯⋯⋯⋯⋯⋯⋯ 027

一、双重逻辑的理论契合 ⋯⋯⋯⋯⋯⋯⋯⋯⋯⋯⋯⋯⋯⋯⋯ 028

二、系统模型的实践建构 ⋯⋯⋯⋯⋯⋯⋯⋯⋯⋯⋯⋯⋯⋯⋯ 029

三、全人培育的价值辐射 ⋯⋯⋯⋯⋯⋯⋯⋯⋯⋯⋯⋯⋯⋯⋯ 033

第二章　任务驱动整本书阅读的效能生成 ⋯⋯⋯⋯⋯⋯⋯⋯⋯⋯⋯⋯⋯ 036

第一节　激发阅读内驱力的"引擎" ⋯⋯⋯⋯⋯⋯⋯⋯⋯⋯⋯⋯ 036

一、文化情境的沉浸式唤醒 ⋯⋯⋯⋯⋯⋯⋯⋯⋯⋯⋯⋯⋯⋯ 037

二、分层任务的差异化赋能 ⋯⋯⋯⋯⋯⋯⋯⋯⋯⋯⋯⋯⋯⋯ 038

三、动态反馈的可视化激励 ⋯⋯⋯⋯⋯⋯⋯⋯⋯⋯⋯⋯⋯⋯ 039

第二节　促进深度阅读的"催化剂" ⋯⋯⋯⋯⋯⋯⋯⋯⋯⋯⋯⋯ 041

一、阅读方法的综合训练 ⋯⋯⋯⋯⋯⋯⋯⋯⋯⋯⋯⋯⋯⋯⋯ 042

二、批判性思维的阶梯培养 ⋯⋯⋯⋯⋯⋯⋯⋯⋯⋯⋯⋯⋯⋯ 043

第三节　锻造阅读素养的"熔炉" ⋯⋯⋯⋯⋯⋯⋯⋯⋯⋯⋯⋯⋯ 045

一、阅读经验的系统积累 ⋯⋯⋯⋯⋯⋯⋯⋯⋯⋯⋯⋯⋯⋯⋯ 046

二、阅读习惯的持续养成 ··· 048

三、整体认知能力的阶梯提升 ··· 049

四、精神世界的多维丰富 ··· 051

第三章 任务驱动整本书阅读的实施路径 ····························· 054

第一节 任务驱动的逻辑锚点 ··· 054

一、学科逻辑:重构语文知识谱系 ······························· 055

二、认知逻辑:搭建思维进阶支点 ······························· 056

三、生活逻辑:激活整本书现实根系 ··························· 058

第二节 任务设计的精准规划 ··· 060

一、学情与课标的定位匹配 ··· 060

二、多样化任务的协同设计 ··· 063

三、任务分层的个性化适配 ··· 065

第三节 任务实施的有序推进 ··· 067

一、阅读导入:点燃思维火种 ·· 068

二、阅读推进:搭建思维阶梯 ·· 070

三、阅读延伸:促成素养跃迁 ·· 073

四、实施流程:构建生态闭环 ·· 074

第四节 多元资源的整合运用 ··· 076

一、教材资源的深度开掘 ··· 076

二、拓展阅读的立体构建 ··· 078

三、数字技术的生态融合 ··· 080

四、文化资源的活态传承 ··· 082

五、资源整合的实践模型 ··· 084

第四章 技术赋能任务驱动的整本书阅读 ··························· 088

第一节 云端协作拓展阅读时空场域 ······························· 088

一、跨时空的云端"共读圈" ·· 089

二、认知图式的多元阅读任务 ·· 091

三、分层干预的阅读过程 ··· 095

第二节 人工智能助力个性化阅读指导 ··························· 099

一、学情画像的精准诊断 ··· 099

二、动态支持的智能辅导 ··· 102

　　　　三、自主阅读的素养迁移 　105
　　第三节　知识图谱优化阅读任务架构 　109
　　　　一、认知结构的可视化重构 　109
　　　　二、深度思辨的图谱任务设计 　112
　　　　三、图谱完善任务逻辑 　116

第五章　任务驱动整本书阅读的案例呈现 　121
　　第一节　回忆性文本的教学实践 　123
　　　　一、《童年》整本书阅读教学 　123
　　　　二、《朝花夕拾》整本书阅读教学 　131
　　第二节　红色经典的教学实践 　141
　　　　一、《林海雪原》整本书阅读教学 　142
　　　　二、《红星照耀中国》整本书阅读教学 　155
　　第三节　社会批判文本的教学实践 　165
　　　　一、《骆驼祥子》整本书阅读教学 　165
　　　　二、《水浒传》整本书阅读教学 　177
　　第四节　跨文化文本的教学实践 　189
　　　　一、《经典常谈》整本书阅读教学 　189
　　　　二、《简·爱》整本书阅读教学 　200

第六章　任务驱动整本书阅读的反思与展望 　215
　　第一节　任务驱动教学的实践反思 　215
　　　　一、任务设计的精准性失衡 　215
　　　　二、教师专业能力的隐性短板 　218
　　　　三、评价体系的单一化困境 　221
　　第二节　整本书阅读的未来生长图景 　223
　　　　一、理论探索：从经验积累到科学支撑 　223
　　　　二、技术赋能：让工具成为思维的伙伴 　225
　　　　三、生态构建：让阅读走出课堂 　228

索引 　231

第一章

任务驱动与整本书阅读的理论溯源

在语文教育的百年嬗变中,整本书阅读始终被视为涵养人文精神、锻造思维品质的核心载体。叶圣陶先生于 1942 年提出"读整本的书",其初衷在于打破传统语文教学对篇章的零碎化肢解,引导学生在完整语境中体悟生命的厚度。然而,长期以来,整本书阅读教学深陷"高耗低效"的困境:学生面对鸿篇巨制时,往往浮光掠影,难以沉入整本书深层;教师则困囿于"讲不透、评不准"的焦虑,将经典作品简化为考点清单。一线教师常感叹:学生读《西游记》只记得打妖怪,读《骆驼祥子》只看到祥子的悲惨,读《简·爱》只讨论爱情——经典作品的丰富肌理,总在零散的阅读中流失。这种困境的背后,是传统教学难以解决的"三重割裂":整本书的整体性被章节切割,文化的深层意义被考点遮蔽,思维的复杂性被标准答案简化。

任务驱动式学习的引入,为破解这一困局提供了全新的理论视角。它不再将阅读视为单向的"文本解码",而是通过设计"有文化温度、有认知梯度、有思维深度"的任务,驱动学生在"做中学""读中思",让学生在经典整本书的密林中开辟路径,从"浮光掠影的游客"变为"主动探索的冒险家",最终实现从"读懂文字"到"读透人生"的跨越。本章将从理论根基、模型建构与实践转化三重维度,探讨任务驱动式学习与整本书阅读的融合之道。

第一节　任务驱动式学习解析

在语文教育的原野上,整本书阅读始终是培育精神根系的沃土。然而,当学生翻开《童年》的扉页,阿廖沙在染坊的泪痕与祖父的鞭影常被简化为考点;当目光掠过《林海雪原》的雪原剿匪,杨子荣的智勇双全也易沦为情节复述的标本。任务驱动式学习恰似一柄钥匙,撬开整本书的坚硬外壳,让阅读从"旁观者的摘记"转向"亲历者的探险"。它让学生在《骆驼祥子》的北平街头计算车资盈亏，在《钢铁是怎样炼成的》的风雪中模拟信仰抉择——这样的阅读，不再是知识的搬运，而是生命的对话。本节将溯其理论源流，解其核心要义，探寻任务如何成为学生与经典之间的摆渡人。

一、内涵的核心特征

任务驱动式学习（Task-Based Learning，TBL）并非新兴概念，杜威（John Dewey）的"做中学"理念为其萌芽提供了养分，维果茨基（Lev Vygotsky）的最近发展区理论赋予了其教育内涵，它强调通过真实而有意义的任务，激活学生的主动探索欲望和自我建构知识的能力。整本书阅读语境下的任务驱动式学习，如同《朝花夕拾》中藤野先生的解剖刀，既要剖解整本书的肌理，更要唤醒学生的生命体验。其内涵可凝练为：以真实性任务为引擎，在文化浸润、认知冲突与社会协商中，驱动学生从"解码文字"走向"重构意义"的深度学习模式。这一内涵的核心特征主要体现在以下三重转向。

首先是从"文本中心"到"意义生成"的转变。传统教学往往将重点聚焦于书中既定的内容，即"书里写了什么"。这种模式下，学生主要扮演信息接收者的角色，被动地从书本中提取知识，思维局限于作者所呈现的表面信息，难以真正深入理解书本的内涵与价值。而任务驱动强调的"读者能创造什么"，则是一种以学生为中心的教学理念。它促使学生突破简单的信息提取层面，主动参与文本意义的建构。在完成任务的过程里，学生需要对书本内容进行深度剖析、多元解读，综合运用自身的知识储备、生活经验和思维能力，挖掘其背后隐藏的深意，从而形成自己独特的理解。这种意义建构的过程，正是批判性思维与创新能力孕育的土壤。学生在阅读的同时敢于质疑、善于思考，在分析和判断中逐渐形成独立的思维体系。同时，为了完成具有挑战性的任务，学生需要打破常规，探索新颖的思路与方法，这一过程极大地激发了他们的创新潜能。以《儒林外史》整本书阅读教学为例，学生的阅读不能止步于分析范进中举的讽刺手法，而是可以通过设计"科举制度模拟听证会"，化身清代士人、现代学者、教育官员等多重角色，在辩论中解构制度痼疾，生成对功利主义教育的当代反思。

其次是从"被动接受"到"主动建构"的转变。这一转向是就学生学习方式而言的。传统的课堂教学多数是教师主导、学生被动接受知识的局面。学生如同知识的"容器"，机械地接收教师传递的信息，对整本书的理解大多停留在教师的讲解层面，缺乏自主思考和深入探究的动力。这种被动的学习方式，不仅抑制了学生的阅读兴趣，也限制了他们思维能力的发展。而任务驱动教学通过精心设计任务，为学生搭建起认知脚手架。这些任务不是简单的知识问答，而是具有一定挑战性和开放性,需要学生主动调动已有的知识经验,积极思考、探索,将新知识与旧知识相互关联、融合,构建起属于自己的知识体系,才能完成任务。这种主动建构知识的过程,能够极大地激发学生的学习兴趣和主动性。学生亦能通过自己的努力完成任务,获得成就感,继而会更积极地投入后续的阅读学习中,形成良性循环。如《昆虫记》阅读中,教师设计"法布尔观察日志",学生需先通过显微镜观察校园蚂蚁,再模仿法布尔"用诗意语言记录科学发现"的笔法进行创意写作,最后对比原著,体悟科学精神与人文情怀的交融。这种"观察—模仿—批判"的阶梯任务,使学生在主动的意义编织中完成整本书的阅读,从而培养他们的自主学习能力和创新思维。

最后是从"孤岛式阅读"到"共同体对话"的转变。所谓的"孤岛式阅读"指的是学生通常各自独立进行整本书阅读,缺乏与他人的深度交流和思想碰撞。这种阅读方式使学生局限在自身狭隘的理解框架内,难以突破思维定式,无法充分挖掘整本书的丰富内涵。任务驱动下的整本书阅读教学所倡导的"共同体对话",以社会协商为价值核心,在自我阅读的基础上,积极开展合作探究、共读分享等活动。在合作探究中,学生围绕特定任务共同探讨,不同的思维方式、知识背景和生活经验相互交融,学生可以接触到更多元的观点和解读方法,拓宽自己的视野。共读分享则为学生提供了展示自我和倾听他人的平台。每个学生分享自己的阅读感悟和困惑,能让其他人从不同角度重新审视文本。如此这般的思想碰撞和交流,能让学生发现自己未曾注意的细节和问题,进而获得更多的见解和启发。这种转变不仅丰富了学生对整本书的理解,更培养了他们的合作能力、沟通能力和批判性思维,使阅读成为一个充满活力和创造性的过程。在《红岩》教学中,开展"狱中书信跨时空对话",学生分组撰写江姐给当代青年的信,并通过云端平台与四川红岩革命历史博物馆馆藏真迹对比。若是发现信中"愿以我血荐轩辕"的呐喊与当下"躺平文化"形成强烈碰撞,那么历史的回响便会在这一对话中激荡出新的意义。这种任务设计不仅能让学生更深入地理解书本内容,更培养了他们的合作精神和批判性思维。

二、理论范式的跃迁

任务驱动式学习的兴起,标志着教育理论从"机械训练"向"意义建构"的深度转型,其理论脉络主要源自三大思想源流。

(一)行为主义的"任务即程序"观

斯金纳(Burrhus Frederic Skinner)的操作性条件反射理论曾在早期教学中占据主导地位。行为主义心理学将学习视为"刺激—反应"的联结过程,任务设计侧重于可观察、可测量的行为目标。早期的任务设计将任务视为知识传递的工具,通过分解式训练来实现技能的掌握。尽管这种范式具有较强的可操作性,但它忽视了学习者的主体性和意义建构。例如,在《西游记》的早期教学中,教师常常设计"填写取经路线图"的任务,要求学生准确标注八十一难的发生地点和关键事件。这种任务虽然能够强化记忆,却将孙悟空的智勇双全简化为一系列事件的罗列,忽略了整本书的文化内涵与叙事艺术。

行为主义的局限在于,它将任务简化为"程序化操作",学生成为被动的"信息搬运工"。这种模式忽视了学生丰富的内心世界和主观能动性。在行为主义的框架下,任务被看作是一种外在刺激与反应之间的简单联结,教学注重的是如何通过强化来塑造特定的行为模式。然而,人类学习不仅仅是简单的"刺激—反应"过程,学生具有思考、理解、质疑、创新等复杂的心理机能。他们不应仅仅是等待被填满知识的空壳,而应是积极主动的知识探索者。例如,《林海雪原》的教学中,教师可能会设计"剿匪战役时间表"这样的任务,学生虽能记住杨子荣的英勇事迹,却难以理解其背后的革命精神与人性光辉。这种"填空式阅读"暴露了行为主义的根本问题——它只是塑造了熟练的"答题机器",而非真正的阅读者。

(二) 认知建构主义的"任务即脚手架"观

皮亚杰(Jean Piaget)的认知发展理论带来任务驱动式学习的转折。认知建构主义心理学认为,学习是学习者通过同化与顺应主动建构认知图式的过程,以"学习者中心"为核心,任务应促进认知图式重构。这一视角下的任务设计,开始关注思维能力的进阶与认知冲突的触发。《义务教育语文课程标准(2022年版)》要求:"义务教育语文课程实施从学生语文生活实际出发,创设丰富多样的学习情境,设计富有挑战性的学习任务,激发学生的好奇心、想象力、求知欲,促进学生自主、合作、探究学习"①,即体现此转向。以《骆驼祥子》阅读为例,教师设计"祥子命运归因矩阵"任务,引导学生从个人性格(固执)、社会压迫(车行剥削)、文化心理(宿命论)三个维度展开辩论,当学生围绕"祥子的悲剧是否不可避免"这一话题各抒己见、争论不休时,思维的齿轮便悄然开始转动。

认知建构主义的优势在于,它通过任务设计为学生搭建"思维脚手架",使其在解决问题的过程中实现认知图式的重构。它促进主动学习,使学生不再被动接受知识,而是主动探索。同时,能适应个体差异,通过分层任务的灵活设计,满足不同学生的学习需求。在推动深度学习方面,该理论引导学生深入探究知识的内在逻辑,有助于培养创新思维并强化元认知能力。在认知建构主义的课堂里,学生被鼓励去质疑现有的知识框架,建立新的连接。例如,在《钢铁是怎样炼成

---

① 中华人民共和国教育部. 义务教育语文课程标准:2022年版[S]. 北京:北京师范大学出版社,2022.

的》教学中,教师设计"保尔精神职场适配度测评"任务,学生需结合书中情节与当代职场文化,分析保尔的坚韧品质在现代社会中的价值。这种任务不仅训练了学生的分析能力,更引导其将经典整本书与现实生活联结,实现意义的迁移与生成。

(三)社会文化理论的"任务即文化工具"观

维果茨基的"最近发展区"理论彻底重塑任务内涵,将任务作为连接个体认知与社会文化的桥梁,强调任务驱动的社会交互属性。这一理论指出,任务设计需创设"认知冲突",通过同伴协作或教师支架,使学习者跨越独立解决问题的现有水平。首先,创设"认知冲突"能激发学习者的内在动力。当面对与自身现有认知水平有差距的任务时,学习者会产生解决问题的强烈愿望,这种内驱力促使他们积极主动地投入学习探索中,而不是被动接受知识。其次,同伴协作有助于拓展思维视野。不同学习者有着不同的思考方式和知识储备,在协作过程中,他们可以相互启发、交流观点,从多个角度看待问题,从而更好地理解和解决问题,实现认知的提升。再者,教师支架能为学习者提供必要的引导和支持。教师凭借丰富的经验和专业知识,在学习者遇到困难时给予恰到好处的帮助,助力他们跨越当前的发展水平,逐步向更高层次迈进。

社会文化理论的启示在于,任务不仅是认知工具,更是文化传承的载体。从个体发展的微观层面来看,任务作为文化传承的载体,为学习者搭建了理解文化内涵的桥梁。在完成任务的过程中,学习者接触到蕴含特定文化价值观、思维方式和行为模式的各种元素,这种文化的渗透和熏陶,使学习者在提升认知能力的同时,也在潜移默化中传承和延续着文化。例如,在《唐诗三百首》教学中,教师设计"唐朝诗人朋友圈"任务,学生用方言吟诵《静夜思》进行互动,打破古今隔阂,使"举头望明月"的乡愁从文本符号变为可触摸的情感联结;将《春望》的"国破山河在"转化为"长安街头"定位打卡,让"国破山河在"的忧患意识穿越时空。这种任务设计不仅激活了古典文学的文化基因,更让学生在创造性转化中实现精神的成长。

表 1-1 任务驱动式学习的理论范式比较

理论流派	任务观	教学重心	局限性
行为主义	任务即技能训练程序	知识传递与行为塑造	忽视主体性与意义生成
认知建构主义	任务即认知冲突触发机制	个体内部图式重构	忽略社会文化中介作用
社会文化理论	任务即文化工具与互动场域	社会协商与共同体建构	忽视个体认知能动性

任务驱动式学习的理论演进(见表1-1),本质上是从"技能本位"到"素养

本位"的升华,这一转变体现了教育理念在不同历史时期的深刻变革以及对教育本质的回归,其核心正在于通过任务设计实现"文化浸润"与"认知挑战"的平衡。在教育实践中,整本书阅读教学作为培养学生核心素养的实践场域,需要突破传统的"情节梳理+人物分析"教学模式的束缚,转而通过精心设计任务,引导学生深入整本书之中,让学生在文化浸润中实现"读—思—行"的统整。"读"不是被动的文字摄取,而是带着问题、有思考的阅读,是对作品文化元素的敏锐捕捉和感悟;"思"要求学生在阅读过程中对作品所传达的文化信息和思想观念进行深入分析和思考,培养批判性思维和创新能力;"行"则鼓励学生将所学知识与现实生活相结合,通过实践活动将文化理念转化为实际行动。需要明确的是,整本书阅读教学既不是知识点的搬运游戏,也不是放任自流的"读书会",而是通过精心设计的认知冲突,点燃学生的阅读热情,让学生的思维在碰撞中突破,在文化母题中实现精神成长。

三、核心原则的价值

任务驱动式学习的核心原则,是确保任务设计能够真正激发学生的阅读兴趣、提升思维品质并实现文化意义的生成。这些原则不仅是理论上的指导,更是实践中的行动纲领,贯穿于整本书阅读教学的每一个环节。

(一) 真实性原则:让任务扎根生活经验

任务设计的首要原则是真实性,即任务必须贴近学生的生活经验与真实问题,避免"为任务而任务"的形式主义。真实的任务能够激发学生的内在动机,使其在解决问题的过程中实现知识的主动建构。

真实性原则根植于情境认知理论(Situated Cognition),该理论认为,知识是情境化的,学习应发生在真实或模拟真实的情境中。通过真实任务,学生能够将书本知识与现实生活联结,实现知识的迁移与应用。从学习动机的角度来看,当任务与学生的生活经验和真实问题紧密结合时,能够有效激发他们的内在动机。根据自我决定理论,内在动机源于个体对活动的兴趣和自主性的需求。真实任务为学生提供了将所学知识应用于实际情境的机会,使他们能够看到知识的实用价值,从而满足其探索和掌控环境的需求。这种源于内心的驱动力会促使学生更加积极主动地参与学习,而不是被外在的压力或奖励所驱动。从知识建构的维度分析,真实任务为学生提供了丰富的情境信息,有助于他们在解决问题的过程中实现知识的主动建构。学习是一个复杂的认知过程,不仅仅是知识的简单积累,更是在具体情境中对知识的理解和内化。真实任务所呈现的复杂情境能够引发学生的认知冲突,促使他们调动已有的知识储备,尝试不同的策略和方法去解决问题,进而不断完善和深化自己的认知结构。从迁移应用的角度出发,真实任务能够培养学生将所学知识迁移到实际生活中的能力。教育的目标之一是使学生能够在不同的情境中灵活运用所学知识解决实际问题。真实任务由于与生活实际紧密相连,学生在完成任务的过程中逐渐学会如何在不同情境下识别和应用相关知识,提高他们解决复杂问题的能力和适应社会生活的能力。总之,真实性原则对于任务设计具有重要意义,它能够提升学生的学习效果和发展素养。

以《骆驼祥子》的阅读为例,传统教学中,教师常常会让学生分析祥子的悲剧命运,学生往往通过背诵所谓的标准答案应付了事。而在任务驱动式学习中,教师可以设计"祥子的现代职业规划"任务。

任务情境:假设祥子生活在 21 世纪,他的性格特点与职业选择会如何?

任务要求:学生需结合当代社会的职业,如外卖骑手、网约车司机等,分析祥子的性格特点与职业适配度,并撰写一份职业规划书。

任务延伸:组织"祥子求职模拟面试",学生分别扮演祥子、HR、职业规划师等角色,通过角色扮演,深入探讨个人奋斗与社会制度的关系。

这样的任务设计不仅让学生感受到整本书的现实意义,更引导他们从经典中汲取人生的智慧,去反思:祥子的悲剧不仅是旧社会的产物,更是个人选择与社会环境交织的结果。今天的我们,如果遇到祥子这样的困境,应该如何去突围。

(二)层次性原则:让任务搭建认知进阶

任务设计的第二个原则是层次性,即任务难度需分层递进,确保每个学生都能找到适合自己的攀登路径。层次性原则源自维果茨基的"最近发展区"理论,该理论强调任务设计应位于学生现有水平与潜在水平之间,通过教师支架或同伴协作,帮助学生跨越认知鸿沟,对于促进学生的有效学习和认知发展具有关键作用。

首先,从学生的个体差异角度来看,层次性任务是尊重和适应学生多元智能和学习风格的必然选择。每个学生在学习能力、知识基础、学习速度等方面都存在差异。"一刀切"式任务设计往往导致"精英愈精、弱者愈弱"的马太效应,只能满足部分学生的需求,而层次性任务则为不同层次的学生提供了个性化的学习支持。基础较弱的学生可以从较低难度的任务入手,逐步建立信心和积累知识;而学有余力的学生则能够挑战更高层次的任务,进一步拓展思维和提升能力。这种因材施教的方式能够最大程度地促进每个学生的学习和发展。

其次,层次性原则能有效地促进学生的学习动机和自我效能感,提高学生的学习参与度。对于一些复杂的知识或技能,直接要求学生达到较高水平可能会让他们望而却步。而通过设计一系列由易到难的任务,学生可以在逐步完成任务的过程中逐渐熟悉和掌握相关知识和技能,形成积极的学习体验。这种渐进式的学习方式符合认知发展的规律,能够让学生在轻松的氛围中逐步深入学习,避免因难度过高而产生挫败感。

最后,层次性任务为学生提供了思维进阶的支点。在学习过程中,学生的思维发展是一个逐步上升的过程。层次性任务能够引导学生从简单的认知活动逐渐过渡到复杂的思维操作,如从对基础知识的记忆和理解,到分析、综合、评价和创造等高阶思维能力的培养。每个层次的任务都为学生提供了一个思维发展的平台,让他们在完成任务的过程中不断挑战自己的思维极限,实现思维的逐步进阶。

在整本书阅读语境中,文本的复杂度与学生的认知储备之间往往存在认知断层,导致多数学生滞留在浅表理解层面。层次性原则通过建构认知梯度,在文本的宏观架构与微观细节之间铺设思维阶梯。以《钢铁是怎样炼成的》为例,教师可以设计以下分阶任务。

基础层:绘制保尔·柯察金的"人生地图",标注关键事件,如参军、负伤、写作等。这一任务帮助学生熟悉情节脉络,为后续深度阅读奠定基础。

进阶层:对比保尔与冬妮娅的爱情观,撰写《革命与爱情的辩证法》。学生需分析保尔的革命理想与冬妮娅的资产阶级价值观的冲突,探讨个人情感与时代洪流的关系。

挑战层:在班级公众号发起"保尔精神是否过时"的投票,用数据分析时代价值观的变迁。学生需结合当代社会现象(如"躺平"文化),撰写微评论,思考保尔精神的当代意义。

分层任务的创新性在于其弹性机制:允许逻辑型学习者通过概念推演攀登思维高峰,为空间智能突出者保留视觉化表达的通道,给予人际智能优势者社会协商的机会。这种分阶任务设计不仅满足了不同层次学生的学习需求,更引导学生在完成任务的过程中实现思维的螺旋式上升。分层任务能让每个学生找到自己的最近发展区,在挑战中不断突破自我,使阅读兴趣与能力同步提升。

(三) 协作性原则:让对话生成文化意义

任务设计的第三个原则是协作性,即任务应促进社会交互与意义协商,让学生在协作中深化对整本书的理解。协作性原则基于社会建构主义理论,该理论认为知识是通过社会协商建构的。通过协作任务,学生能够在多元视角的碰撞中深化对整本书的理解,实现意义的共同生成。

从认知发展的角度来看,协作性任务为学生提供了一个多元视角交流的平台。根据建构主义学习理论,学习是一个主动建构知识的过程,且这个过程在与他人的互动中能够得到极大的促进。于整本书阅读而言,文本意义的开放性特征与解读视角的多元性,决定了单一主体的理解必然存在视域局限。协作性任务中,学生来自不同的背景,拥有各自独特的思维方式和知识储备。当他们围绕整本书展开讨论和交流时,不同的观点和见解相互碰撞、融合,促使他们从多个角度去审视和思考书中的内容,从而深化对整本书的理解。这种多元视角的交流打破了个体认知的局限性,使学生在相互启发中不断拓展自己的思维边界,完善自己的认知结构。

从社会文化的维度分析,协作性任务有助于文化的传承与创新。文化不仅仅是一种知识的积累,更是在人与人之间的交流与互动中得以传承和发展的。在协作任务中,学生通过与同伴的对话和合作,共同探索整本书中所蕴含的文化内涵。他们在交流过程中分享自己对整本书的理解和感悟,同时也倾听他人的感受、观点,这种文化的交流与共享使得文化意义在对话中自然生成。而且,学生在协作过程中还会对文化进行创新和再创造,赋予文化新的活力和意义。

此外,协作性任务还能培养学生的团队精神和合作能力。在当今社会,团队合作能力已成为个人发展不可或缺的重要素质。通过参与协作任务,学生学会与他人沟通、协商、分工合作,学会尊重他人的意见,认可同伴的贡献,这些能力将对他们未来的学习、工作和生活产生深远的影响。

以《水浒传》阅读为例,教师可以设计以下"梁山好汉英雄榜评选"任务。

任务分工:学生分组扮演梁山好汉,如宋江、林冲、鲁智深等,通过角色扮演与小组辩论,分析人物的性格特点与行为动机。

任务延伸:组织"梁山人力资源管理诊断报告",学生从现代管理学的角度,分析梁山组织的优势劣势(如"天罡地煞"排名的合理性),并提出改进建议。

任务展示:举办"水浒英雄论坛",学生通过PPT、短视频等形式展示研究成果,并接受其他小组的提问与点评。

这种协作性任务不仅有助于学生深入理解整本书的内容,更培养了他们的批判性思维与表达能力。协作性原则重构了语文课堂的权力关系,传统教学中教师具有"知识权威"的垄断地位,往往压制了多元意义的生成可能。协作任务通过去中心化的设计使课堂话语权从垂直传递转向水平流动,如此,学生便既是文本的阐释者,又是意义的缔造者了。

（四）技术赋能原则:让工具服务深度阅读

任务设计的第四个原则是技术赋能。技术赋能原则的提出,源于信息化时代对语文教育形态的必然重塑。这一原则并非盲目追逐技术潮流,而是通过数字工具与教学目标的深度融合,冲破整本书阅读教学中的现实困境。

教学效率的跃升是技术赋能的首要价值。传统阅读教学受限于黑板粉笔等单一呈现方式,在展示整本书的复杂结构时往往力不从心,文字描述与静态板书难以让学生迅速构建起整体的认知框架。技术赋能则能借助多媒体资源,如思维导图软件、动态图表、视频资料等,直观且多维度地呈现整本书的内容,从而显著提升教学信息的传递效率,突破传统教学在信息展示方面的瓶颈,实现教学效率的质性跃升。

学习动机的激活是技术赋能的深层意义。当代学生成长于数字环境中,作为"数字原住民",强交互、重体验是其认知方式的显著特征。技术赋能能够提供多样化、沉浸式的学习体验,如互动式阅读平台、有声读物等,让学生在自主探索与互动交流中感受整本书阅读的乐趣,由此内源性激活学习动机,技术工具成为连接经典文本与当代生活的桥梁,"被迫阅读"转化成了"主动探索"。

文化理解的传承则是技术赋能的终极指向。技术赋能可以打破时空界限,通过虚拟现实(VR)、增强现实(AR)、人工智能(AI)等技术,将经典文学作品中的人物形象、文化场景生动再现,拉近学生与文化的距离,实现文化理解的深度传递与广泛传播,确保文化传承的薪火绵延不绝。这种"技术+文化"的融合模式,既保留了整本书作为经典的精神内核,又赋予其符合时代审美的表达形式。

以《昆虫记》教学为例,教师可以设计以下"法布尔观察日志"任务。

户外探究:学生用"形色"APP识别校园中的昆虫,仿写法布尔的观察笔记,记录昆虫的外形特征与生活习性。

虚拟实验室:通过3D模型解剖蟋蟀鞘翅,理解其生物学基础。

跨界创作:将观察日志改编成科普漫画,在短视频平台发起"法布尔挑战赛",吸引更多学生参与科学观察。

这种技术赋能不仅提升了任务的趣味性,更让学生在整本书阅读过程中实现科学与文学的跨界深度学习。有学生反馈:"通过3D模型,我第一次看清了蟋蟀鞘翅的结构,原来法布尔的描写如此精准!"技术赋能的任务不仅让学生在技术的辅助下以全新的视角重新审视《昆虫记》,还激发了他们对生物学研究的热情。此外,这样的任务设计也能鼓励学生主动探索和创新,形成了一种积极向上的学习氛围。

(五) 文化浸润原则:让任务承载文化基因

任务设计的第五个原则是文化浸润,即任务设计需嵌入文化语境,避免"去脉络化"的知识传递,其本质是通过任务设计构建"文本语境—生活经验—价值认同"的意义闭环。

从知识传递的完整性与准确性来看,整本书承载着丰富的文化内涵与历史脉络。"去脉络化"的知识传递,会使知识成为无本之木、无源之水。比如古代的文学著作,如果脱离了其产生的时代背景、社会风俗等文化语境,学生对其中蕴含的价值观、道德规范等内容的理解就会浮于表面,无法深入领会经典作品的精髓。而文化浸润的任务设计,能将知识还原到其原本的文化土壤中,让学生在真实的语境中去探究、理解知识,从而实现准确且完整的知识传递。

就学生的精神成长而言,经典整本书是文化基因的重要载体。这些作品蕴含着先辈们的智慧、品格、情感与精神追求。当任务设计嵌入文化语境时,学生仿佛置身于与诸多大家对话的情境中,不仅能够欣赏其间的意境,更能从中汲取他们的智慧,涵养自身的品格与气质,实现精神的升华。再者,从文化传承的层面考量,在全球化与信息化的时代浪潮下,多元文化相互碰撞交融。通过文化浸润的任务设计,让学生深入学习经典整本书中的文化基因,能增强文化自信。学生在创造性转化的过程中,赋予传统文化新的生命力,使古老的文明在新时代焕发出璀璨的光彩,延续文化的血脉,让民族精神得以传承与弘扬。

以《唐诗三百首》"唐朝诗人朋友圈"任务设计为例。

角色代入与动态创作——学生分组扮演诗人,结合其生平与诗风设计朋友圈内容:

李白组:发布《将进酒》短视频,配文"天生我材必有用,千金散尽还复来！♯诗酒趁年华☽";

杜甫组:上传"朱门酒肉臭,路有冻死骨"手绘漫画,定位"长安街头",添加话题♯盛世下的裂缝;

王维组:分享辋川别墅山水画,配诗"行到水穷处,坐看云起时",邀请好友"周末来品茶论禅"。

跨时空互动与评论——用方言模拟诗人对话:

李白用四川话评论杜甫:"老弟,莫总写苦兮兮的,来跟我游庐山噻！"

杜甫以河南腔回复:"白兄潇洒,可百姓疾苦总要有人记嘛。"

设计"点赞"隐喻:用"❀"(代表欣赏)、"☹"(表达忧思)等符号传递情感态度。

文化基因解码——分析朋友圈互动中的文化密码:

从李白"♯诗酒趁年华"理解盛唐的浪漫主义基因;

通过杜甫的民生话题追踪儒家"诗史"精神的传承脉络。

这样的任务设计不仅让学生感受到古典文学的魅力,更引导他们在创造性转化中实现文化的传承与创新。学生会在阅读中明白,唐诗不只是书本上的文字,更是流淌在我们血液中的文化基因。

(六)评价导向原则:让任务驱动素养发展

任务设计的第六个原则是评价导向,即任务设计需与评价体系紧密结合,确保学生的阅读能力与核心素养同步提升。

从教育目标达成的角度来看,教育旨在全面发展学生的素养,而评价是衡量教育目标是否达成的重要手段。任务设计与评价体系紧密结合，能使教学目标更加明确、具体。通过科学合理的评价指标，教师可以清晰地了解学生在阅读过程中的表现，判断其是否朝着预期的素养发展方向前进。从学习动力激发的层面分析，评价具有重要的激励作用。当任务设计与评价体系相契合时，学生能够明确努力的方向和目标。合理的评价机制能够及时给予学生反馈，让他们了解自己的学习成果与不足之处，从而激发其内在的学习动力。例如，在任务完成后，通过多元化的评价方式，如学生自评、同伴互评和教师评价相结合，让学生在评价过程中发现自己的优点和进步空间，进而更加积极主动地投入后续的学习中。再者，从教育质量保障的维度考量，评价导向的任务设计有助于规范教学过程，提高教学质量。它为教师提供了明确的教学指引，促使教师关注学生的全面发展，避免教学的盲目性和随意性。

以《红星照耀中国》阅读为例，教师可以布置"设计红色精神传承方案"任务。

任务要求：学生需结合书中内容与当代社会现象，设计一份红色精神传承方案（如红色旅游路线、革命文化短视频）。

评价标准：从"文化理解""创意表达""社会价值"三个维度制订评价量表，引导学生关注任务的深度与广度。

成果展示：举办"红色精神传承展"，学生通过 PPT、短视频、手抄报等形式展示研究成果，并接受师生点评。

这种评价导向不仅让任务设计具有针对性，更为学生的终身阅读奠定了坚实基础。评价导向原则的本质，是将素养培育从理念宣言转化为可观测、可干预、可改进的实践系统。在"评价"的导向下，学生不仅关注任务的结果，更注重过程的反思与改进。

任务驱动式学习的核心原则，通过真实性、层次性、协作性、技术赋能、文化浸润与评价导向的协同，让整本书阅读从"知识传递"走向"意义生成"，从"单向灌输"走向"多元对话"，最终实现语文教育的范式转型。作为教师，我们不仅是任务的设计者，更是学生阅读旅程的引路人，让我们以任务为火把，点燃学生心中的阅读之光，让经典整本书成为他们生命中的"重写本"。

结语

任务驱动式学习的理论脉络，既非空中楼阁的抽象演绎，亦非机械移植的舶来品。它恰似《经典常谈》中蜿蜒的文化长河——从行为主义的机械训练，到建构主义的认知重构，最终汇入社会文化的浩瀚海洋。当学生在《红岩》的镣铐声中触摸信仰的温度，在《昆虫记》的触角颤动里窥见生命的庄严，教育便超越了知识的传递，成为灵魂的唤醒。这种以任务为舟楫的阅读革命，不仅让经典整本书焕发新生,更让每个学生成为自己精神世界的哥伦布。

第二节　整本书阅读的学理探究[①]

整本书阅读,是语文教育中一场静默的织锦。学生翻开书页,他们面对的不仅是文字铺就的密林,更是思想交织的星图。《义务教育语文课程标准(2022 年版)》(以下简称新课标)将其纳入拓展型任务群,恰似为迷途者点亮北斗,指引的不只是阅读方向,更是思维攀援的路径。这里没有支离破碎的考点罗列,有的是《水浒传》中一百单八将的命运交响,是《简·爱》阁楼内外的心灵博弈。任务的设计,需如老匠人穿针引线,既要让每根丝线(单篇技法)自成经纬,又要使整幅绣品(整本书价值)绽放华彩。本节将探析如何以任务为梭,织就整本书阅读的锦绣长卷。

一、新课标下的内涵重释

本书所涉及的整本书阅读是基于新课标整本书阅读任务群视角下的整本书阅读。新课标以任务群为课程内容组织与呈现方式,并根据课程内容的整合程度设置了基础型、发展型和拓展型三类共六个学习任务群。其中,整本书阅读作为拓展型任务群之一,指向的是提升思维能力的阅读,它区别于满足日常生活的阅读和基于审美鉴赏的阅读,强调综合历练功能。教师需要厘清新课标"整本书阅读"任务群内涵,才能更好地建构教学路径,实现从课程标准到课堂教学的有效转化。

(一)课程定位

新课标关于"整本书阅读"的总述十分明晰,即"旨在引导学生在语文实践活动中,根据阅读目的和兴趣选择合适的图书,制订阅读规划,综合运用多种方法阅读整本书;借助多种方式分享阅读心得,交流研讨阅读中的问题,积累整本书阅读经验,养成良好阅读习惯,提高整体认知能力,丰富精神世界"[②]。仔细分析可知,新课标对其期待是:整本书阅读有规划,形成方法提效率,积累经验会迁移,丰富精神淀底蕴。要实现这一阅读学习的生态,我们应从理念到实践进行探

---

① 本部分内容参见:韩敏.聚焦"整"·重过程·提素养——"整本书阅读"任务群理解与实施[J].语文教学通讯,2023(7-8B):133-137.

② 中华人民共和国教育部.义务教育语文课程标准:2022 年版[S].北京:北京师范大学出版社,2022.

索和变革。

其一，强调整体性。对于整本书阅读的理解当聚焦于"整"的价值的释放。整本书和单篇甚至群文显而易见的区别，不仅在于阅读字数上量的突破，还在于阅读时间上量的扩容。这里的时间量除了读的当下相对集中的一段时间，更有整本书作为经典文学带给读者人生阅历的影响，这个量是隐形而恢弘的。阅读量的积累，本质上是语言经验的充实、思维含量的提升、精神营养的丰厚、文化底蕴的积淀。故而阅读量上的整合会慢慢带来质的变化。同时，与篇章阅读相对，整本书阅读是一种深度学习，其"整"强调的是精神产品的生命独特性、精神独立性与文化逻辑的贯穿性。因其内容与题旨的丰富与复杂，结构维度的繁复，整本书阅读过程中需要做到统筹观照、整体规划和多维统整，这是一种宏阔、复杂的思维方式的培养，是个性化阅读经验的建构，是良好的阅读习惯的养成，最终学生将在"整本"的阅读中用"统整"的思维进行自我观照式的思考，从而获得精神成长。

其二，强调实践性。"整本书阅读"的学习需在各种语文实践活动中展开，它有助于学生迁移运用在单篇阅读中习得的浏览、精读等多种阅读方法，更为其他学习任务群提供一个广阔的教育实践场域（见图1-1）。我们应通过教学思维的整体性、教学方法的整合性，在阅读过程中以整本书为阅读单位，以更接近生活的阅读情境组织一系列有内在逻辑关联的学习活动，更多地去除功利色彩，致力于培养学生的整体阅读素养，使他们多一点读书兴趣、多一点阅读方法、多一点读书自由，回归"读书"本身，为其终身阅读、终身学习奠基。

（二）教学要点

教学实践过程中，教师须建立整本书阅读指导的整体思维框架，立足核心素养，创建真实情境，统整学习主题，开展典型的实践活动，给予学生多层次、立体化的阅读任务，真正发展学生较为复杂的语言理解能力、情感体验能力、思维思辨能力与文化理解能力等。

1. 目标设计：指向整本书的根本阅读价值

整本书阅读任务群的学习目标指向"整本"的根本阅读价值，而整本书阅读的价值在于"生命的体悟与人生的理解"。

教师在教学实践过程中，要尝试在整本书与学生的生命体验之间建立联系，让经典与学生的人生经验发生特定的同构性关联，既激发学生的阅读欲望与真切感受，也引导他们在与经典的对话中建构自己的价值信念与精神坐标。因此，整本书阅读应该具有更多的对话性质与建构意义，其所呈现的生存方式、生命形式与人生内容，应该成为学生体悟生命、省察人生的"镜子"与"标本"①。比如，

———————————

① 余党绪.整本书阅读或可成为语文教改的"发动机"[J].语文学习,2017(10):5.

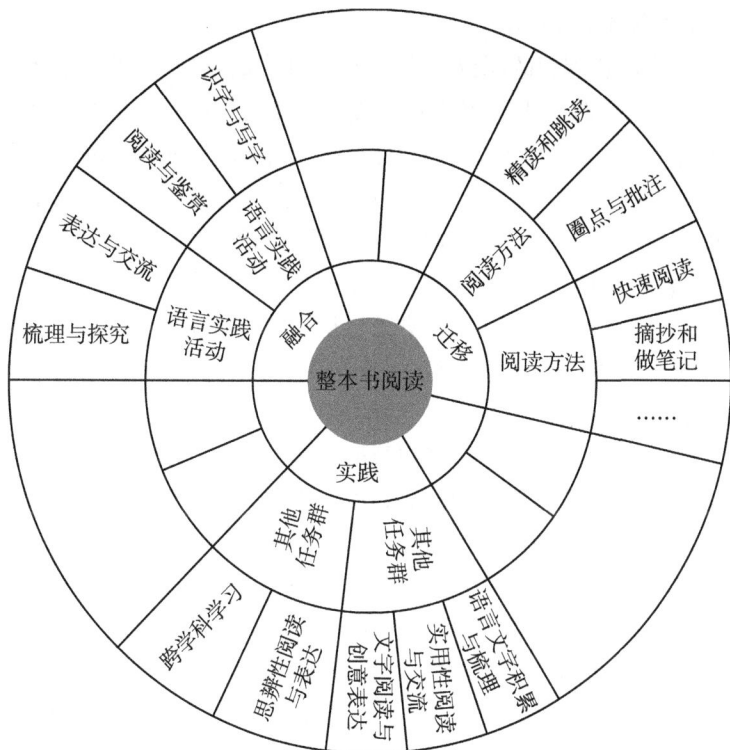

图 1-1　整本书阅读任务群的价值与定位

阅读《儒林外史》，如果目标只是定为对主要内容的把握、人物形象的分析、艺术特色的赏析等，恐怕没有触及"这一本"的根本价值。这部经典超越时空指向人生，初中生读这部作品，是否揽镜自照，是否给自己的心灵、思维、生活带来了或多或少、或近或远的影响，是教师在宏观设计这本书的阅读任务时就应考虑清楚的。

2. 任务设计：结构化思维的培养路径

郭华教授指出，结构化要求教材和教学必须整体把握教学内容，以整体有序、多样综合的方式挖掘和体现不同内容的教育价值，在此基础上实现学生学习方式的变革。整本书阅读的任务内容设计非常需要一种"结构化"意识，在准确分析学情的基础上，将整本书阅读设置于真实的情境中，搭建支架关联各项阅读活动，用统整的设计、结构化的任务把整本书的"整"体现出来。

首先，激发阅读主体意识的学情分析。学情分析涉及内容很多，这里仅就新课标"教学提示"中对学生阅读时间的要求做简单分析。新课标指出，"应统筹安排课内与课外、个人与集体的阅读活动，宜集中使用每学期整本书阅读课时，兼顾教师指导和学生自主阅读，保证学生在课堂上有时间阅读整本书"，"整本书阅读教学，应以学生自主阅读活动为主"。[①] 尽管是在学校教育情境中探讨整本书阅读的教学实践，但"理想的阅读状态是不被打扰的自主阅读"，"整本书阅读教学需要遵循'二八原则'，即 80% 的时间是学生自主阅读，自主解决阅读中 20% 的问题，20% 的时间由教师组织学生讨论他们无法解决的 80% 的问题"[②]。整本书阅读应以"学生自读为主"，落实学生的自读管理是整本书阅读课程目标达成的关键。根据初中生身心特点设置整本书阅读任务，能有效激发学生的阅读主动性，学生在自主阅读过程中充分根据自身阅读基础和特点，在教师的引导下，制订阅读计划，使用学习策略组织、协调自身活动和阅读资源，在完成阅读活动的过程中建构阅读策略，逐渐找到阅读的路径，从而形成个性化的读书经验。可见，科学准确的学情分析能让学生在阅读活动过程中始终保持阅读耐心和思维活跃。

其次，习得整体阅读能力的任务驱动式学习。整本书阅读任务设计中，我们需要特别关注指向实践活动、真实情境等关键词的设计要义。核心素养的要素是"正确价值观""关键能力""必备品格"，"正确价值观"是做对的事，"关键能力"是能做事，"必备品格"是指能把对的事做好，而"做事"要在真实情境中。真实情境指向我们社会生活中真实的需要，真实情境中的任务设计追求课程内容、学生生活、语文实践之间的协调和融通，是统筹学科逻辑、认知逻辑、生活逻辑的载体。教师在设计阅读任务的同时，就是在建构自由阅读、快乐分享的学习情境，体现整本书阅读与日常生活的紧密联系，因此，我们不要为了情境而设计情境，所设计的情境应该是真实或拟真实的，与学生生活相近，避免虚假情境。同时，整本书阅读的任务设计需要根据学情和整本书特质，搭建阅读系列支架，形成整本书阅读的"长程"规划，其教学逻辑可提炼为"三阶递进模型"（见表 1-2）。

表 1-2　任务驱动式学习的三阶递进模型

阶段	思维目标	典型任务示例（《西游记》）
表层理解	整体感知与信息整合	绘制取经路线图，标注八十一难关键节点
中层分析	逻辑推演与意义解构	对比孙悟空三次离开团队的心理动因差异
深层迁移	批判反思与文化重构	撰写《假如我是现代版唐僧》创意小说

正如皮亚杰的认知发展理论所阐述的，这种从具象到抽象、从接受到创造的过程，正是学习者认知图式重构的核心机制。通过这样的任务设计，学生能够在真实的情境中，借助教师搭建的阅读支架，获得整本书阅读的深刻体验和深度思

---

① 中华人民共和国教育部.义务教育语文课程标准:2022年版[S].北京:北京师范大学出版社,2022.

② 吴欣歆.培养真正的阅读者——整本书阅读之理论基础[M].上海:上海教育出版社,2019.

考,从而真正提升语文学科的核心素养。

　　3. 评价设计:注重全过程、多元化

　　新课标强调素养导向下的"教—学—评"一体化实施,这要求教学设计要逆向而行,从过去的目标、内容、评价到现在的目标、评价、内容选择,因而在具体教学内容确定之前,要先确定评价依据。评价即学习,评价的过程就是学生学习的过程。对于整本书阅读来说,更重要的是伴随活动过程中的表现性评价,而不仅限于终结性评价。随着学生整本书阅读的启动,评价也就应该伴随其左右了。新课标在"教学提示"中要求"注意考察阅读整本书的全过程,以学生的阅读态度、阅读方法和读书笔记等为依据进行评价。教师可以围绕读书的主要环节编制评价量表,制作阅读反思单,引导学生从阅读方法、阅读习惯等方面进行自我反思、自我改进"[1]。这就明确指出了整本书阅读的教学评价应注重两个方面,一是"全过程",整体考察整本书阅读的水平;二是"多元化",开发表现性评价工具,引导学生自我反思改进。教师应从学生的起点出发,关注学生阅读过程中的个人成长,而不是以"一刀切"的形式要求学生都达到相同的水平。在设计评价量表(见表1-3)时,教师需要将评价维度、评价主体、评价方式与阅读阶段融为一体综合考量。

表 1-3　整本书阅读评价维度表

评价要素	评 价 指 标
评价阶段	阅读前、阅读中、阅读后
评价维度	阅读兴趣、阅读态度、阅读量、阅读面 阅读计划(阅读速度)、阅读习惯、阅读方法、阅读策略
评价主体	同伴、教师、家长、教育管理者等多元主体
评价方式	纸笔测验、过程材料、成果展示等

　　在这个评价导向下,本着评价要能促进学生的发展,有利于更好地建构学生整本书阅读的兴趣、习惯、方法等原则,我们可以根据书目特点、教材要求、实际学情、环境变化,进一步分阶段针对性设计过程性评价量表、阅读反思单等。需要提醒的是,在评价量表中,教师的评价不只是对该生的评价,还有对评价同学的再评价,引导学生内化评价标准,把握评价尺度,在评价中学会评价。此外,我们还可以借助信息技术手段来开展整本书阅读的评价,如建立学生的电子阅读

---

[1] 中华人民共和国教育部. 义务教育语文课程标准:2022 年版[S]. 北京:北京师范大学出版社,2022.

档案袋,从而在每本书的阅读中关注学生点点滴滴的成长。

二、核心素养的立体通道

整本书阅读不仅是语文教学的重要载体,更是学生核心素养培育的立体通道。其价值彰显并非单一维度的知识传递,而是通过整本书与生命的深度对话,在文化浸润、思维进阶、语言淬炼、审美创造等多重维度上实现核心素养的具象化落地。这一过程中,整本书以其完整的文化语境、复杂的人物关系、深邃的主题思想,为学生构建起一个多维度的素养生长空间。以下从文化自信、语言运用、思维能力、审美创造四大核心素养出发,结合具体教学实践,阐释整本书阅读如何成为素养落地的立体通道。

（一）文化自信:在经典母题中锚定精神坐标

文化自信的培育不是空洞的口号,而是需要学生在具体文化情境中感知、理解并认同民族文化的独特价值。整本书阅读通过完整的语境,为学生提供了文化基因解码的实践场域。这一过程依循"文化感知—文化理解—文化创造"的三阶路径,使文化自信从抽象概念转化为可触摸的精神根系。

1. 文化感知:激活文化记忆的原始密码

经典整本书中蕴含的文化符号是民族文化记忆的载体。从认知发展的角度来看,个体在成长过程中,对所属文化的认知始于对具体文化符号的接触与识别。经典整本书作为文化的结晶,其中的文化符号如特定的节日习俗、传统技艺、民间传说等,承载着民族在漫长历史中积累的智慧与情感。学生在阅读过程中,这些熟悉的文化符号能瞬间激活他们潜意识中的文化记忆,使其在心理上与民族文化建立起紧密联系,为后续深入理解文化内涵奠定基础。以《唐诗三百首》教学为例,教师可以设计"方言吟诵工作坊"这一任务,要求学生用家乡方言吟诵《静夜思》《春晓》等诗作。江浙学生用吴侬软语演绎"床前明月光",会粤语的学生以九声六调重现"春眠不觉晓",方言的音韵差异让学生直观感受到汉语的丰富性。这种语言形式的对比,不仅强化了学生对诗歌音律美的感知,更唤醒了地域文化认同。学生在吟诵后感慨"原来我的方言里藏着唐诗的平仄"时,文化记忆的基因就在潜移默化中被激活了。

2. 文化理解:解码整本书背后的意义网络

文化理解的深度,取决于能否在文本符号与社会语境之间建立关联。从符号学的视角出发,整本书中的各种元素,如人物形象、情节架构、语言表述等,均可视为具有特定意义的符号。这些符号是特定社会语境下的产物,蕴含着丰富的文化信息和社会意义。只有将整本书的符号置于其产生的社会语境中进行考察,才能真正理解其深层含义。通过建立这种关联,学生能透过符号表象,洞察整本书所反映的社会风貌、文化传统和思想观念,从而实现更深层次的文化理解。

以在《朝花夕拾》教学中开展"鲁迅童年记忆博物馆"策展任务为例:

生活场景复原:学生通过老照片和文献考证,复原三味书屋的桌椅布局与百草园的植物群落;

文化符号解读:分析《山海经》绘图本在鲁迅文学启蒙中的象征意义;

社会语境关联:对比清末私塾教育与现代教育理念的差异,探讨封建礼教对儿童天性的压抑。

学生的阅读成果以"记忆碎片墙"的形式展出,这样传统文化便从书本走入现实,成为可解析、可传承的意义系统。

3. 文化创造:实现传统的现代性转译

文化自信的最终落脚点,在于激发学生参与文化再生产的能动性。文化并非一成不变的静态存在,它是在不断的传承与创新中得以延续和发展的。传统文化的生命力在于其能够与时代相适应,与现代社会相融合。我们的学生作为文化传承与创新的重要主体,他们参与文化再生产的过程,是对传统文化进行现代性转译的关键环节。一方面,学生在整本书阅读中积累的文化知识和审美经验,为他们进行文化创造提供了丰富的素材和灵感来源;另一方面,现代社会的多元文化和科技发展为学生的文化创造提供了广阔的空间和多样的手段。通过文化创造,学生不仅能深化对传统文化的理解,更能赋予传统文化新的时代内涵和表现形式,使其在现代社会中焕发新的活力,进而坚定文化自信。

比如在《西游记》教学中,可以发起"西游 IP 重构计划"任务:

文学创作组:撰写《现代悟空职场历险记》,将七十二变转化为新媒体时代的跨界能力;

视觉设计组:用赛博朋克风格重塑妖怪形象,白骨精化身 AI 仿生人,体现科技伦理思考;

戏剧改编组:创作沉浸式剧本杀《真假元宇宙》,让取经路成为数据迷宫中的身份追寻。

这些创造性实践印证了霍米·巴巴的"第三空间"理论——当学生用当代视角重构传统叙事时,文化既未固守原初形态,也未完全西化,而是在碰撞中生成新的意义。这种文化转译能力,正是文化自信从"继承"迈向"创造"的关键跃升。

(二)语言运用:在复杂语境中淬炼表达精度

新课标指出,"语言运用是指学生在丰富的语言实践中,通过主动的积累、梳理和整合,初步具有良好语感;了解国家通用语言文字的特点和运用规律,形成个体语言经验"①,而整本书阅读正是最真实的语言实践场域。其独到价值在于突破碎片化语言训练的限制,让学生在完整语境的浸润中,实现从"工具性掌握"到"艺术化运用"的跨越。

1. 语言积累:在分类归纳中建构语料库

整本书的语言具有典范性与多样性。典范性意味着其具备高度的规范性、准确性和流畅性,是语言运用的优质范例。学生阅读整本书,可以领略到文学家、思想家等对语言精心雕琢的成果,学习到精准的词语运用、规范的语法结构以及得体的表达方式。多样性则体现在丰富的文体风格、话语情境和文化内涵上。初中阶段的整本书阅读内容涵盖诗歌、小说、散文等多种体裁,每种体裁都有其独特的语言特色和表现手法。学生在阅读过程中不断面对新的语言形式和文化背景,这促使他们去辨析、理解并吸收其中的精华,通过分类归纳的方式将丰富的语言素材纳入自己的语料库,为后续的语言运用提供坚实的基础。

例如,《骆驼祥子》教学中,教师设计"老舍语言密码破译"任务:

方言采撷:整理"拉晚儿""嚼谷"等北平土话,绘制方言地理分布图;

比喻集萃:摘录"他确乎有点像一棵树,坚壮,沉默,而又有生气。"②等比喻句,分析本体与喻体的关联逻辑;

句式建模:统计"把"字句使用频率,总结老舍对"把"字句情感强化功能的开发。

通过系统性语言采集,学生建立起包含357条特色表达的"祥子语言档案"。这种积累不是机械的记忆,而是通过分类、比较、归纳形成的结构化知识网络,如此学生的写作中就会自觉出现"阳光像长了腿似的跑动"这类老舍式比喻时,这说明语言已内化为他们的思维工具。

2. 语感培养:在整本书肌理中磨砺敏感度

语感是语言运用的核心能力,其本质是对语言形式与内容关系的直觉把握。从认知心理学角度来看,语感的形成是一个复杂的心理过程,需要大量的语言输入和实践作为支撑,整本书阅读为此提供了丰富且连贯的语言环境。在整本书的阅读过程中,学生面对的是完整的故事情节、复杂的人物形象以及深邃的思想内涵,这些元素相互交织,构成了一个有机的整体。学生沉浸其中时,会逐渐感知到语言形式如何巧妙地服务于内容的表达,如用词的精妙、句式的变化、修辞的运用等对营造氛围、塑造人物所起的作用。这种在完整语境中的反复接触和

---

① 中华人民共和国教育部. 义务教育语文课程标准:2022年版[S]. 北京:北京师范大学出版社,2022.

② 老舍. 骆驼祥子[M]. 北京:人民文学出版社,2018.

体悟,能使学生对语言形式与内容的关系形成一种直觉性的认知,从而磨砺出对语言的敏感度,为语言运用能力的提升奠定基础。

例如在《朝花夕拾》整本书阅读教学中设置任务"《朝花夕拾》显微术":

标点考古:对比《从百草园到三味书屋》原稿与修订稿,发现鲁迅将"Ade,我的蟋蟀们!"[①]的逗号改为叹号,情感强度提升;

虚词追踪:统计《藤野先生》中"却"字出现11次,揭示其构筑叙事张力的功能;

节奏图谱:用音频软件分析《阿长与〈山海经〉》的句长波动,发现情感高潮处的平均句长仅为5.2字。

学生在完成阅读任务的同时,开始思考"鲁迅为什么用'确'字而不用'确实'",这种精细化的分析,会让学生逐步意识到语言不仅是信息载体,更是情感容器。那时,他们的语感便已从模糊感知升华为理性认知。

3. 表达创新:在跨界实践中突破语言边界

高阶语言运用需要突破常规表达范式。语言是一个不断演变的开放系统,其生命力在于持续的创新与突破。常规表达范式虽能满足日常交流的基本需求,但在面对复杂多元的现代社会情境时,往往显得捉襟见肘。整本书阅读作为丰富的语言实践场域,为学生提供了广阔的探索空间。当学生将整本书阅读与其他领域如艺术、科技等进行跨界融合时,不同领域的知识、观念和方法相互碰撞,激发了学生的思维活力。这种跨界的碰撞促使学生跳出传统语言表达的定式,尝试运用新颖的词汇组合、独特的句式结构以及创新的修辞手法等来表达自己的观点和情感。通过跨界实践,学生能够突破语言边界,实现从常规表达向高阶创新的跃升,进一步丰富语言运用的层次和维度。

例如,在《昆虫记》教学中,教师设计"科学诗人创作计划"这一任务:

术语转化:将蝉的变态发育过程改写为诗歌《蝉的契约》,如"地下是黑暗的咏叹调/羽化是向光明的违约";

跨媒介叙事:为粪金龟制作短视频《滚动的史诗》,用快节奏剪辑匹配其滚粪球的机械韵律;

多模态表达:用编程语言编写"昆虫行为算法",将法布尔的观察数据转化为交互式可视化图表。

这些阅读实践活动均打破了"文学语言"与"科学语言"的界限,正如维特根斯坦"语言游戏"理论所预见的,学生在不同话语体系间自由穿梭时,语言运用能力就可以升维为跨界的认知工具。

---

① 鲁迅. 朝花夕拾[M]. 北京:人民文学出版社,2018.

(三) 思维能力:在认知冲突中锻造思维品质

整本书阅读对思维能力的培养具有不可替代性,通过整本书呈现复杂情节、多元角色和深邃主题,制造认知冲突,促使学生在分析、评价、创造中实现思维品质的进阶。

1. 系统思维:从局部到整体的关系重构

系统思维要求学生超越片段化信息,把握整本书的内在逻辑网络。人类的认知是一个逐步构建和整合的过程,在面对复杂的信息时,个体需要将其组织成一个有序的整体,才能实现有效的理解和运用。整本书作为一个复杂的知识体系,包含了众多的人物、情节、主题等元素,这些元素之间相互关联、相互作用。学生在阅读过程中,如果仅仅关注局部信息,就容易陷入碎片化的认知困境,无法理解整本书的全貌和深层意义。然而,若是换一种思维方式,分析整本书的内在逻辑网络,学生就能够将各个局部信息整合起来,形成一个完整的认知结构。这种从局部到整体的关系重构过程,有助于培养学生的系统思维能力,使他们能够更好地理解和处理复杂的现实问题。

在《水浒传》教学中,可以设计"梁山组织生态模拟沙盘"任务。

学习目标:通过分析梁山组织结构,理解个体行为与集体命运的关联,培养系统思维。

任务情境:梁山泊要召开"招安决策大会",请你以军事家、经济学家、文化学者三重身份,提交一份"梁山未来十年发展可行性报告"。

操作步骤:

① 局部拆解:人物关系拓扑图。

学生用不同颜色丝线连接 108 将:红色(生死兄弟)、蓝色(利益同盟)、灰色(潜在矛盾)。

聚焦核心圈层:标出宋江如何通过"恩义网络"(如李逵)与"制度权威"(如卢俊义)掌控权力。

② 系统建模:组织生存模拟器。

使用简易版 SWOT 分析模板(见表 1-4)。

表 1-4　SWOT 分析模板

S:优势	江湖声望、地理屏障
W:劣势	粮草供给、派系纷争
O:机遇	联合方腊抗宋
T:威胁	朝廷剿匪决心

小组用磁贴在地图上推演不同选择的结果。

选择招安:计算"接受官职人数"与"可能遭清算人数"比例;

拒绝招安:设计"山寨经济自循环方案",如开设镖局、盐商等。

③ 整体反思:从聚义厅到断金亭。

撰写短评《梁山的"义"字困局》:

为何"兄弟义气"能聚众起义,却无法维系政权?

对比《西游记》取经团队的组织凝聚力,思考"理想主义"与"现实利益"的博弈。

此案例中,学生思维跃升路径为:从局部到整体,即单个人物的忠义故事—派系利益网络—组织存亡的系统逻辑;从具象到抽象,即鲁智深的禅杖(暴力符号)—梁山武装集团的本质—中国古代农民起义的历史循环律。这样的学习过程不仅提升了学生的分析和批判性思维能力,而且使他们能够穿越时空,洞察到历史与现实之间的深层联系,从而对社会现象有更全面的理解和更深刻的反思。

2. 批判思维:在价值冲突中寻找平衡点

整本书的价值张力在于为批判思维提供天然训练场。整本书作为承载丰富思想与文化内涵的载体,其内部往往蕴含着多种相互交织甚至彼此冲突的价值取向。在阅读过程中,学生不可避免地会遇见这些价值冲突。这种冲突不是阅读的障碍,反而是一种契机,它促使学生跳出既定的思维模式,不再被动地接受既有观点,而是主动地去审视、分析和评判不同的价值观念。面对各种相互矛盾的价值表述,学生需要调动自身的认知资源,运用逻辑推理、辩证思考等方法去权衡利弊、辨析是非。这一过程正是批判思维得以锻炼和发展的关键所在。通过不断地在价值冲突中进行思考和判断,学生逐渐学会从多个角度审视问题,不盲目跟从权威或主流观点,而是依据自己的理性分析寻找平衡点。这种在复杂价值情境中探寻平衡的能力,将使学生在面对现实生活中纷繁复杂的问题时,能够更加从容地运用批判思维做出合理的决策。

在《简·爱》教学中,教师设计任务"阁楼上的伦理天平"。

学习目标:通过价值冲突分析,理解人物选择的复杂性,培养批判性思维。

任务情境:假设简·爱生活在网络时代,她的"情感选择日记"被曝光,请作为"网络调解员",从道德、法律、人性三个维度评估其争议。

操作步骤:

① 事实层:关键事件证据链。

整理"情感档案":道德争议点——离开罗切斯特是否违背婚约承诺;

法律盲区——19世纪英国婚姻法对疯妻条款的解释;

人性悖论——尊严与爱情是否必然对立。

② 批判层:多视角辩论擂台。

角色扮演与论点举证:传统卫道士:引用《圣经》条款批判简·爱"自私";

女性主义者:用沃斯通克拉夫特《女权辩护》支持其独立精神;

现代心理医生:分析罗切斯特情感操控的 PUA 特质。

③ 平衡层:撰写调解协议书。

用"如果……那么……"句式提出方案:

"如果简·爱接受遗产后资助疯妻治疗,那么能否减轻道德责难?"

"如果罗切斯特公开承认欺骗行为,简·爱是否该重新考虑婚姻?"

这场思辨中,学生既未简单谴责罗切斯特,也未全然为其开脱,其思维路径经历了从对立到辩证,即由非黑即白的道德审判到时代局限与人性真实的交织;从书本到现实,即由阁楼疯妻的文学隐喻到当代社会中的女性生存困境。这种拒绝非黑即白的思考方式,正是批判思维养成的标志。

3. 创造思维:在整本书裂隙中开垦想象空间

整本书中存在的不确定性和留白之处,犹如肥沃的土壤,是创造思维得以萌芽和成长的孵化器。任何一部完整的书籍都并非是一个严丝合缝、毫无缝隙的封闭体系,而是天然蕴含着一些有待填补的不确定因素和可供读者发挥的空间。这些不确定性和留白不是瑕疵,恰恰相反,它们为读者的深度参与和创造性解读提供了丰富的可能性。在读者的认知接受过程中,阅读是一个充满主动性的建构之旅,面对这些不确定性和留白,读者需要调动自身丰富的知识储备、独特的生活阅历以及天马行空的想象力去进行合理的填充和阐释。这一填充和阐释的过程,便是创造思维大显身手的舞台。不同读者因其独特的经历和认知模式,对这些内容的理解和想象千差万别,从而催生出多样化的解读成果。

例如,我们可以在《西游记》后传创作中设定任务"取经档案解密计划":

叙事补白:撰写《观音工作日志》,解释为何选择唐僧团队;

视角重构:以白骨精视角重述"三打"事件,探讨妖精修仙的制度性障碍;

跨界想象:设计"西游元宇宙"游戏,将八十一难转化为玩家需破解的认知谜题。

这些基于《西游记》不确定性和留白之处的创作尝试,生动展示了创造思维在整本书阅读中的强大力量。它不仅丰富了原著内涵,更为文学发展开辟了新的路径。通过这样的叙事补白、视角重构与跨界想象,能激发学生的创新活力,让文学世界因无限想象而更加璀璨。

(四) 审美创造:在艺术体验中孕育审美人格

"审美创造是指学生通过感受、理解、欣赏、评价语言文字及作品,获得较为丰富的审美体验,具有初步的感受美、发现美和运用语言文字表现美、创造美的能力"①,整本书阅读正是通过提供完整的审美情境,使学生在"感知美—理解美—创造美"的闭环中,实现审美人格的塑造。

1. 审美感知:在整本书细读中捕捉美的形式

形式分析是审美教育的起点。以美学的角度来看,艺术作品的形式构成要素,如文学作品中的文字、结构、韵律等,是构成其审美价值的基础。读者对美的感知首先始于对这些形式要素的察觉。在整本书细读过程中,文字作为最基本的形式单位,其用词之精妙、句式之变化等都能传递出独特的审美信息。不同风格的文学作品,在词语选择和句式构建上各有千秋,诗意的文字可能营造出空灵的美感,而质朴的文字或许彰显出醇厚的情感。通过对这些形式要素的分析,学生能逐渐揭开整本书的神秘面纱,感知到潜藏在文字背后的美学特征,为后续深入理解美和创造美奠定基础。

在《钢铁是怎样炼成的》教学中,教师设计"保尔精神视觉化"任务:

意象提取:将"钢铁"意象分解为淬火、锻造、冷却三阶段,对应保尔的成长轨迹;

色彩图谱:用冷色调表现西伯利亚筑路的艰辛,暖色调渲染共青团之家的理想光辉;

音乐蒙太奇:选取肖斯塔科维奇《第七交响曲》片段,匹配保尔在双目失明后写作的内心独白。

这种多元的、科学化的审美解构,使学生意识到革命文学的美学力量源于苦难与崇高的辩证统一,美并非不可言说的神秘体验,而是可解析的形式规律。

2. 审美理解:在文化语境中解码美的意蕴

审美理解需要突破形式层面,进入文化意义空间。审美不仅仅是对事物外在形式的感知,更是一种对意义与价值的探寻。形式只是美的外在表征,而文化语境中的意蕴才是美的深度所在。审美对象往往是特定文化的产物,承载着特定群体或民族的价值观、信仰、历史记忆等诸多文化要素。如果仅仅停留在形式层面,我们就无法触及这些隐藏在背后的丰富内涵。只有踏入文化意义空间,才能真正解读其中的美,才能构建起跨越文化差异的审美沟通桥梁,实现审美理解的深化与拓展。

例如,《唐诗三百首》"古典意象的时空解码"任务设计(见表1-5)。

① 中华人民共和国教育部. 义务教育语文课程标准:2022 年版[S]. 北京:北京师范大学出版社,2022.

表 1-5 《唐诗三百首》任务设计审美维度表

任务层级	审美理解维度	文化解码路径
意象拼贴画	形式感知(美的表象)	从文字到视觉的符号转化
符号考古工作坊	文化溯源(美的成因)	从历史语境到精神象征的意义追踪
跨媒介重构实验	意义再生(美的延伸)	从古典基因到当代语境的创造性转译

① 形式层:意象拼贴画。

学生从《春望》《静夜思》等诗中提取"山河""明月""烽火"等意象,用剪贴画的形式组合成视觉图谱,如破碎的镜面映射"国破山河在"的裂痕感。

② 文化层:符号考古工作坊。

分组探究意象的文史渊源。"明月"组对比《诗经·月出》的相思、《静夜思》的乡愁、《春江花月夜》的哲思,梳理"月"从自然物象到文化符号的演变;"烽火"组结合周幽王"烽火戏诸侯"、杜甫"烽火连三月",分析"烽火"如何从军事信号升华为家国苦难的隐喻。

③ 创造层:跨媒介重构实验。

将古诗意象转化为现代艺术表达,用电子音乐模拟《琵琶行》的"大弦嘈嘈如急雨",以低频震动表现"江州司马青衫湿"的沉痛;拍摄短视频《杜甫的 AI 日记》,让数字人用方言吟诵"感时花溅泪",背景叠加战争新闻画面,突显古典意象的当代共鸣。

审美理解的本质,是从"看见美"走向"读懂美的来路"。当学生用破碎镜面诠释《春望》的"山河破碎",他们触摸的不仅是杜甫的泪痕,更是华夏文明对家国情怀的千年咏叹;当"烽火"从周幽王的戏谑化作杜甫笔下的血泪,历史的回响便在现代艺术中重生。这种理解,超越了修辞赏析的表层,直抵文化基因的根系,审美不再是孤立的感官愉悦,而是文明血脉的共振。

3. 审美创造:在跨界融合中生成美的实践

审美创造的终极目标是实现美的对象化。美虽是客观存在,但其显现离不开主体的创造。人类的意识具有能动性,审美创造正是主体发挥能动性、将内在审美意识转化为具体可感美的对象的重要方式。通过这种对象化过程,美才从抽象理念变为现实的、可感知的形式。而且,就社会文化发展角度而言,社会多元、文化多样,这为跨界融合创造了丰富条件。不同领域的知识、技艺与观念相互交融,碰撞出新的火花。这种跨界融合打破了传统审美边界,为审美创造增添新活力。比如,科技与传统艺术的结合,催生了数字艺术、虚拟现实艺术等新形式。此外,人类情感表达的需求也是审美创造追求美的对象化的重要原因。社会发展使人们情感愈发复杂多样,传统审美形式已难以满足精准表达情感的需求。唯有借助跨界融合的审美创造,创造新的美的对象,才能丰富而准确地传达当代人的情感体验,让美的价值得以充分展现。

在《昆虫记》教学中,设计"法布尔艺术装置展"这一任务。

科学摄影:用微距镜头拍摄蚂蚁交流时的触角振动频率;

声音艺术:采集蝉鸣制作电子音乐《十七年周期》;

行为艺术:用肢体模仿竹节虫的拟态过程,探讨生存与美学的辩证关系。

这些创作打破了艺术与科学的界限,学生在跨界融合的实践中切实体会到了审美创造的独特魅力。这不仅让他们深入理解生物学知识,更在科学与艺术、行为与观念的交融中,实现了审美对象化。这种审美创造的过程,让抽象的情感、知识变得具体可感,如同在实践中绽放的审美之花,为教育与艺术的发展带来新的活力与启示。

整本书阅读对核心素养的培育,本质上是将静态的知识转化为动态的素养生成过程。在这个过程中,文化自信成为精神底色,语言运用化为思维工具,思维能力锻造认知框架,审美创造孕育人格境界。核心素养并非孤立存在,而是在整本书阅读的实践中交织融合,这种立体化的素养落地机制,正是整本书阅读无可替代的教育价值所在。

结语

整本书阅读的任务设计,如同在浩瀚星海中为学生标注北斗。当《水浒传》的梁山沙盘推演出农民起义的千年困局,当《简·爱》的伦理天平称量出尊严与爱情的永恒博弈,那些沉睡在书页间的思想便苏醒过来,成为照亮认知迷途的星火。这不是简单的知识搬运,而是用任务的刻刀,将整本书的璞玉雕琢成思维的灵璧——每一道纹路都印刻着文化的密码,每一次打磨都回荡着生命的叩问。如此,阅读方能超越课堂的藩篱,成为灵魂向更深处漫溯的竹篙。

第三节　二者融合的实践意义

任务驱动式学习与整本书阅读教学之间的内在契合性,不仅体现在理论层面的深度交融和相互渗透,而且在实践领域的应用中也展现了创新突破和显著成效。此二者的融合是对传统语文教学范式的革新和超越,也是在核心素养导向下教育理念的具体化和实践化。在本节内容中,我们将从逻辑根基、实践路径以及教育价值这三个不同的维度,全面而深入地阐释任务驱动式学习与整本书阅读教学融合的理论可行性以及在实际教学中的必要性,从而为整本书阅读教学提供理论依据和实践指导。

一、双重逻辑的理论契合

任务驱动式学习与整本书阅读的融合，本质上是教育理论从"知识本位"向"素养本位"跃迁的必然产物。这种融合以建构主义理论、社会文化理论、具身认知理论为根基，通过"任务"这一中介工具，实现了学科逻辑与认知逻辑的深度统整，形成了"文化浸润—认知挑战—意义生成"三位一体的新框架。

（一）建构主义理论：认知图式的动态重构

建构主义理论强调知识并非被动接受，而是通过学习者主动建构生成。在整本书阅读与任务驱动式学习融合的视域下，这一特性有着深刻的学理依据。首先，整本书阅读由于其篇幅与内容的复杂性，为学生构建了一个庞大且完整的文本认知场域。然而，面对如此浩瀚的信息，学生无法单纯依靠传统的被动接收方式去消化，必须发挥主观能动性。这一过程与建构主义中知识的主动性建构不谋而合。再者，整本书阅读的完整性特征与任务驱动式学习的"真实性""层次性"原则形成互补。前者提供完整的认知场域，后者通过任务设计触发认知冲突，促使学生主动重构图式。传统教学中，学生常因整本书体量庞大陷入碎片化阅读，而任务驱动通过情境化问题引导学生调用多学科知识进行系统性思考，从而突破表层理解的局限。以《骆驼祥子》教学为例，传统教学中学生往往陷入"情节复述"的浅层学习，任务驱动式学习则可以通过设计"祥子职业生涯规划"这一真实情境任务，引导学生从社会阶层流动、个体能动性、制度压迫等多维度解构整本书。学生在分析祥子从"人力车夫"到"城市游民"的身份嬗变时，需调用经济学、社会学等多学科知识，将文本信息与既有认知图式进行动态整合，最终形成对"个人奋斗与社会结构关系"的深度理解。这一过程体现了皮亚杰"同化—顺应"机制在阅读教学中的具象化应用，也揭示了任务设计对认知图式重构的关键作用。

（二）社会文化理论：文化工具的交互赋能

维果茨基的"文化历史活动理论"指出，学习本质上是一个文化工具的社会化使用过程。从整本书阅读的角度来看，书籍作为文化工具，承载着丰富的文化内涵。然而，由于其内涵的深度和广度，学生在阅读过程中常常面临诸多挑战。如果仅依赖自身的认知能力，学生难以充分挖掘书籍中蕴含的价值，这便凸显了任务驱动式学习的重要性。任务驱动式学习通过提供社会互动与协作的机制，与社会文化理论中关于学习的社会性观点高度契合。在任务驱动的情境下，学生能够以小组合作或班级讨论等形式，对整本书进行梳理与探究。在此过程中，学生将各自拥有的文化经验作为工具进行交互使用。不同的学生拥有不同的家庭背景、成长经历和知识储备,这些因素共同构成了他们独特的"文化工具箱"。在合作完成任务的过程中,这些"文化工具"得以共享、碰撞与融合,从而推动学生对整本书的理解不断深化。例如,在阅读反映特定历史时期的小说《林海雪原》时,教师设计"剿匪战略研讨会"任务,学生分组扮演少剑波、杨子荣、卫生员白茹等角色,围绕"智取威虎山"的战术合理性展开辩论。军事迷学生从地形测绘角度分析夹皮沟的地势优势,历史爱好者结合东北剿匪史实对比小说虚构情节,女生组则聚焦白茹的医疗贡献对团队士气的影响。这种跨学科对话不仅深化了学生对革命英雄主义的理解,更在协作中重构了红色经典的时代价值。

(三)具身认知理论:身心一体的沉浸体验

具身认知理论突破了传统"离身学习"的局限,强调认知是在身体与环境的交互中生成的。整本书阅读通常要求师生深度参与,而具身认知理论启示我们,单纯的文本解读只是阅读的一部分,身体与阅读环境的互动同样不可或缺。在任务驱动的学习过程中,学生的身体不再是知识的被动接收器,而是主动参与认知建构的关键要素。从认知生成的逻辑链条来看,身体与环境的互动为知识的获取和转化提供了丰富的素材。当学生在整本书阅读中融入具身体验时,他们能够从文字的抽象描述中构建出更加立体、鲜活的认知模型。这是因为身体感知到的环境信息能够与文本内容相互印证和补充,从而促使大脑进行更复杂的认知加工。这种身心合一的沉浸式体验,有助于学生突破传统阅读中仅依赖思维的局限,实现更加深入和全面的整本书阅读。在《昆虫记》教学中,"法布尔观察日志"这一任务要求学生以第一视角记录昆虫行为:用肢体模仿竹节虫的拟态过程,用嗅觉感知粪金龟的工作环境,用听觉辨识蝉鸣的频率差异。这种全身心浸入的阅读方式,使学生不仅"知道"法布尔的科学发现,更"体验"到科学探索的艰辛与乐趣,实现了知识学习向生命体验的转化。

上述三重理论不是简单叠加,而是通过任务设计实现"认知—文化—身体"的三维统整:认知维度,建构主义提供个体知识建构路径,解决"如何学";文化维度,社会文化理论构建集体意义协商机制,解决"为何学";身体维度,具身认知理论激活沉浸式学习体验,解决"怎么学"。这种整合突破了传统阅读教学的"碎片化"与"离身性"局限,形成素养导向的新型教学范式。

二、系统模型的实践建构

理论创新的落地需要依托可操作的教学模型。本书将任务驱动式学习与整本书阅读有机融合,构建了"四维任务体系—四阶实施流程—多元评价机制"的系统模型,旨在将理论框架具体化、实践化。四维任务体系关注语文核心素养的均衡发展;四阶实施流程则确保了从任务设计、实施到反思、评价的连贯性;多元评价机制兼顾过程与结果,促进学生全面成长。

(一) 四维任务体系:文化、思维、语言、审美的统整设计

任务驱动下的整本书阅读教学实践中,构建文化、思维、语言、审美统整的四维任务体系,是基于教育发展的内在需求和学生全面成长的必然选择。从文化层面来看,整本书作为文化的载体,蕴含着丰富的文化内涵。然而,传统教学中对文化要素的挖掘往往不够深入和系统。任务驱动式学习则可以为文化探究提供有效的途径。通过设计相关任务,引导学生深入挖掘整本书中的文化元素,使其在完成任务的过程中感受文化的魅力,实现文化的传承与理解。就思维培养而言,整本书阅读需要学生具备批判性思维、创造性思维等多种思维能力。但常规教学在思维训练方面存在碎片化的问题,思维任务的设计,能够基于整本书的内容和特点,有层次地引导学生进行思考和探究,促进思维能力的协同发展。语言学习方面,整本书提供了丰富的语言样本。通过设计与语言运用相关的任务,学生能够在具体的语境中锻炼语言表达和理解能力,实现语言素养的提升。从审美维度出发,整本书具有独特的艺术美感,涵盖语言美、形象美、意境美等多个层面,审美任务能够引导学生全方位地感受和欣赏这些美感。比如,通过对文本精妙语言的赏析任务,让学生体悟文字背后的艺术韵味;设计塑造文学形象的任务,使学生感受形象塑造的艺术魅力;安排探究意境的任务,培养学生对意境美的感知能力,进而提升学生的审美情趣与审美能力(见表1-6)。

表1-6 四维任务体系表

任务类型	设计要点	《西游记》案例
文化 浸润型	激活文化记忆,促进价值认同	设计"西游精神现代转化"任务,探讨孙悟空的反抗精神在当代青年文化中的映射
思维 进阶型	训练系统思维、批判思维、创造思维	开展"取经路线再规划"项目,用SWOT分析法评估原有路径的合理性
语言 淬炼型	强化语感培养,提升表达精度	组织"西游方言剧场",用各地方言演绎经典对白,体悟语言多样性
审美 体验型	培养审美情趣,提升审美能力	发起"西游美学图谱"项目,通过皮影戏制作、水墨动画创作再现经典场景的视觉美学

这里需要说明的是,四个维度不是机械割裂,而是强调任务设计的复合性,旨在通过多维度的任务融合,全面提升学生的综合素质。各维度的任务相互渗

透,形成有机整体,使学生在文化理解、思维训练、语言表达和审美体验中,获得全面而深刻的整本书阅读体验。

(二)四阶实施流程:从整本书解码到意义创生

任务驱动下的整本书阅读教学实施遵循"情境卷入—深度探究—协作建构—迁移创新"四阶流程,这一流程的设置是基于教育规律以及学生认知发展特点的科学考量。在"情境卷入"阶段,教师通过设计富有吸引力的任务情境,如角色扮演、实地考察、情境模拟等,将学生引入整本书的阅读世界。这些情境不仅能激活学生已有知识与生活经验,而且与整本书的主题和内容紧密相连,能够有效激发学生的阅读兴趣和探究欲望。进入"深度探究"阶段,学生需要在教师的引导下,对整本书的内容进行深入剖析。这一阶段包括文本结构的梳理、人物形象的分析、主题思想的提炼等多个方面。通过深度探究,学生能够更好地理解整本书的内在逻辑和深层含义,形成对整本书更全面、深入的认知。"协作建构"则是师生之间、学生之间交流分享、思维碰撞的重要环节。个体对整本书的理解存在局限性,协作建构鼓励学生交流分享。在协作过程中,学生需要将自己的理解和感悟进行交流,通过讨论、辩论等形式,不同的观点与解读相互补充、印证,促使学生从多个角度理解整本书。协作建构不仅能够拓宽学生的视野,而且能够培养学生的沟通能力和团队协作精神。"迁移创新"阶段是学生将所学知识运用到新情境或新任务中的关键环节。在这一阶段,教师需要设计具有挑战性的迁移创新任务,鼓励学生将整本书阅读中获得的知识、思维方法等运用到实际问题解决中。这不仅能够检验学生对知识的掌握程度,而且能够培养学生的创新能力和实践能力。这一环节是在前三个环节基础上的升华,是检验学生是否真正掌握知识并能创造性运用的关键。四阶流程层层递进、环环相扣,共同构成了任务驱动下整本书阅读教学实施的科学路径。

以《朝花夕拾》教学为例(见图1-2):情境卷入环节激发学生的情感共鸣,深度探究通过对比分析作品,引发认知冲突,继而协作建构小组合作还原情感光谱,最后,通过迁移创新任务,引导学生用鲁迅笔法记录自身成长故事,实现实践转化。在阅读整本书的过程中,走过这"四级阶梯",学生不仅能更好地理解和感受鲁迅先生的作品,还提升了自我反思与表达能力,真正将阅读成果内化为成长动力,达到了综合素质的全面提升。

四阶阅读实施流程突破了传统"导读—精读—总结"的线性模式,形成螺旋上升的意义生成回路。在动态阅读路径的循环往复中,学生不断深化对整本书的理解,逐步构建起系统的知识体系,培养了批判性思维与创新能力,实现从知识吸收到素养生成的飞跃。

```
┌─────────────┐      ┌─────────────────────────────────┐
│  情境卷入    │--→  │ 播放绍兴乌篷船影像,发放"鲁迅童年记忆地图",│
│ (情感激活)   │      │ 唤醒地域文化认同                  │
└─────────────┘      └─────────────────────────────────┘
       │
       ↓
┌─────────────┐      ┌─────────────────────────────────┐
│  深度探究    │--→  │ 通过"整本书显微"任务,对比《从百草园到三味书│
│ (认知冲突)   │      │ 屋》原稿与定稿的标点差异,解析情感强度的变化│
└─────────────┘      └─────────────────────────────────┘
       │
       ↓
┌─────────────┐      ┌─────────────────────────────────┐
│  协作建构    │--→  │ 开展"记忆碎片拼图"活动,小组合作还原鲁迅的情│
│ (意义协商)   │      │ 感光谱                          │
└─────────────┘      └─────────────────────────────────┘
       │
       ↓
┌─────────────┐      ┌─────────────────────────────────┐
│  迁移创新    │--→  │ 设计"我的朝花夕拾"写作任务,引导学生用鲁迅笔│
│ (实践转化)   │      │ 法记录自身成长故事                 │
└─────────────┘      └─────────────────────────────────┘
```

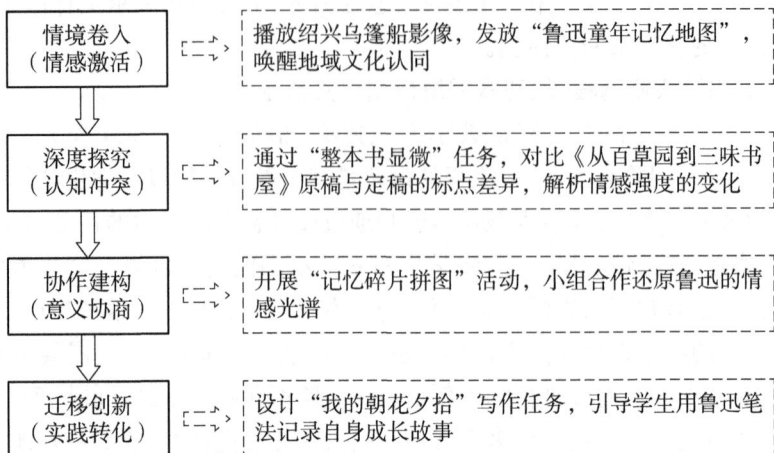

图 1 - 2　四阶实施流程图

(三) 多元评价机制:过程性与发展性并重

构建"三维九项"评价指标体系(见表 1 - 7),注重评价的全程性、多维性与发展性,这在学理上具有充分依据,并且契合教育实践的迫切需求。从全程性视角来看,任务驱动下的整本书阅读是一个长期且动态的过程。传统单一节点的评价方式存在局限性,无法全面捕捉学生在整个学习过程中的表现与成长轨迹。全程性评价仿若为学生绘制一幅详尽的阅读成长地图,它能够全程跟踪学生在不同学习阶段,包括认知发展、思维模式转变以及情感态度波动等各个方面的细微变化,为教师及时且全面地调整教学策略提供丰富且有价值的反馈信息。多维性评价的必要性源于学习本身的复杂性。整本书阅读所涵盖的内容广泛,涉及文化底蕴、思维深度、语言表达以及审美情趣等诸多维度。单一维度的评价方式如同用一把尺子去丈量万物,显然无法精准衡量学生在综合素养提升方面的实际状况。"三维九项"评价恰似一套精密的测量工具,能够更加精确地描绘学生在各个不同维度的成长路径和发展水平,从而更全面地反映学生的阅读成效。更进一步,将目光着眼于学生的长远发展目标,我们会发现,教育所肩负的使命远不止于简单的知识传递,更为重要的是培养学生多方面的能力以及促进其个性的健康发展。发展性评价正是基于这一理念,将关注重点放在学生的进步幅度以及潜在的学习能力等方面。通过关注学生的进步幅度、学习潜力等方面,激励学生不断超越自我,为其未来的学习和生活奠定坚实基础。

表 1-7　多元评价指标体系表

维度	评价指标
认知发展	信息整合度、思维深刻性、文化理解力
实践参与	任务完成度、协作有效性、技术应用水平
情意态度	阅读专注度、批判创新意识、价值认同感

三、全人培育的价值辐射

任务驱动式学习与整本书阅读二者融合的教育价值不仅体现在语文学科内部，更辐射至全人教育领域，形成"个体—学科—社会"三重价值向度。

（一）个体维度：阅读素养的进阶发展

将任务驱动式学习与整本书阅读相结合，实际上是为了搭建一个从"学会阅读"到"用阅读学会"的成长阶梯。在这一学习过程中，设计针对性任务作为引导，使学生能够在语文实践中不断深化对整本书内涵的理解，培养其独立思考与批判性思维能力。学生通过完成具体任务，比如写作、讨论或研究项目等，能够将阅读内容与现实世界相连接，实现从知识到能力的转化。个体维度上，学生不仅要理解文本的表层含义，更要深入地挖掘文本的深层含义和潜在价值，从而达到更深层次的理解和学习。学生通过深入阅读，能够培养批判性思维和分析能力，学会如何从不同角度解读信息，并且能够将阅读内容与自己的知识体系相融合，形成更加全面和深入的理解。例如，阅读整本书时，学生需要分析人物形象、探讨主题思想、理解文化背景等，这要求学生运用多种阅读方法和策略，如精读、略读、选择性阅读等，从而不断积累阅读经验，提高阅读能力。同时，学生需要对文本进行分析、综合、评价等高阶思维活动。

以《红星照耀中国》的教学实践为例，教师通过设计"长征精神成长档案"任务，实现阅读能力的螺旋攀升。

基础任务（信息提取）：学生绘制长征路线图，标注关键战役的地理坐标与时间节点，从"血战湘江""四渡赤水"等事件中梳理叙事脉络；

进阶任务（逻辑分析）：小组合作完成《红军生存数据手册》，计算日均行军里程、粮草消耗量，结合地形气候分析"信仰如何战胜生理极限"；

挑战任务（批判创造）：撰写《假如我是斯诺》跨时空报道，用新闻特写手法对比长征精神与当代"躺平文化"，在班级公众号发起"精神韧性"话题讨论。

在这个任务设计中，我们看到阅读素养的进阶经历了"解码文字、理解逻辑、批判反思"的三重跃迁，这种进阶并非线性累加的知识扩容，而是认知图式的动态重构。

(二) 学科维度：语文教育的范式转型

任务驱动式学习与整本书阅读的融合推动了语文教学的三重转型。第一是目标层面，随着教育理念的更新和社会发展对人才素质要求的提高，语文教育的目标逐渐转向文化意义的建构。这不仅要求学生掌握语言技能，更要求他们能够通过语言去理解、传承和创造文化，形成对世界的独特认知和价值判断。相应地，在整本书阅读中，学生不仅要知道整本书的内容，还要挖掘整本书的深层内涵，如文化背景、主题思想等，从而实现从"学会阅读"到"用阅读学会"的转变。第二是内容层面，整本书主题化学习打破了单篇课文的局限，将语文学习置于更广阔的文化和社会背景中，使学生能够在阅读整本书的过程中，感受不同文化、体验多元人生，从而拓宽视野、提升思维能力和文化素养。这种内容上的转型，有助于学生从零散的知识点学习转向对知识的整体把握和综合运用，符合认知发展理论中关于知识结构化和系统化的观点。第三是更为关键的方法层面，任务驱动式学习强调以任务为引领，学生通过自主探究、合作交流等方式完成任务，在这个过程中，学生不仅是知识的接受者，更是知识的创造者和问题的解决者。这种方法转型符合建构主义学习理论，即学生通过与环境的交互作用主动建构自己的知识体系。同时，任务探究生成的方法也有助于培养学生的批判性思维、创新能力和实践能力，使他们能够更好地适应未来社会的挑战。例如《儒林外史》的传统教学多聚焦范进、严监生等典型人物分析，而任务驱动式教学可以以"科举文化当代镜鉴"为主题，设计"科举制度影响链图谱""现代知识分子困境诊断"等任务，使古典文本与现实问题形成对话，彰显语文学科的时代生命力。

(三) 社会维度：文化传承的创新路径

在全球化与本土化张力加剧的当下，任务驱动式学习与整本书阅读的融合为文化传承提供了"创造性转化"的新路径。整本书作为文化的载体，承载着丰富的民族记忆与价值观。而任务驱动式学习强调学生的主动参与和探究，能为传统文化注入新的能量。学生通过完成与整本书相关的任务，如主题探究、情境角色扮演等，深入挖掘书中的文化内涵，这不仅加深了他们对本土文化的理解，更能在实践中培养文化认同感。这种融合打破传统单一的传播模式，让学生成为文化传承的主动参与者，他们能用新的视角和方式解读、传播本土文化，使传统文化在与现代思想的碰撞中实现创造性转化，为文化传承开辟新的发展道路。例如在《唐诗三百首》教学中，发起"新乐府运动"创作任务：学生用 RAP 改编《将进酒》，用光影装置艺术呈现"大漠孤烟直"的意境，用 AI 生成杜甫诗歌的当代续写。这些实践不仅激活了古典诗词的文化基因，更让传统文化以青少年喜闻乐见的方式焕发新生。

结语

任务驱动式学习与整本书阅读的深度融合，既是理论自觉的产物，更是实践探索的结晶。它打破了传统阅读教学的窠臼，构建了以"文化浸润、思维进阶、语言淬炼、审美体验"为内核的新型教学范式。这种融合不仅为整本书阅读教学提供了可复制的实践模型，更在深层次上回应了"培养什么人、怎样培养人、为谁培养人"的教育根本问题。未来，随着脑科学、人工智能等领域的突破，二者的融合必将走向更深层的机理探索与更广域的实践创新，为培育"有根、有魂、有能"的时代新人贡献语文智慧。

第二章

任务驱动整本书阅读的效能生成

　　整本书阅读教学的核心命题在于如何将厚重的经典转化为滋养学生成长的养分。任务驱动下的整本书阅读不是简单的教学技巧革新，而是一场关于阅读价值重新定位的深刻变革。它需要回答的是：当学生合上《水浒传》的最后一页时，除了记住一百单八将的绰号，还能收获什么？当他们在《简·爱》的阁楼内外思索时，除了复述情节，能否真正领悟尊严与爱情之间的永恒博弈？本章将从激发阅读内驱力、深化思维品质、提升阅读素养三个维度，阐述任务驱动如何使经典阅读从"被动接受"转向"主动建构"。在任务驱动的整本书阅读中，学生不再是为了应付考试而进行机械记忆，而是能够在任务搭建的认知阶梯上，找到属于自己的攀登支点，最终触及经典与生命共鸣的真实温度。

第一节　激发阅读内驱力的"引擎"

　　在整本书阅读教学中，激发学生的内在驱动力是突破"高耗低效"困境的关键所在。任务驱动式学习的价值不仅体现在其工具性作用——通过精心设计的任务促进对整本书的深入理解，更在于其对教学理念的革新：它将阅读行为从单一的知识传递转变为多模态的文化实践。在这一过程中，学生通过认知冲突、社会协商以及意义创造等动态环节，实现对经典作品的"主体性占有"。本节将结合《林海雪原》《骆驼祥子》《红星照耀中国》等经典作品的教学实践，阐述任务驱动下的整本书阅读如何通过"文化情境的沉浸唤醒—分层任务的差异化赋能—动态反馈的激励循环"三重机制，点燃学生的阅读热情，实现从"要我读"到"我要读"的根本转变。

一、文化情境的沉浸式唤醒

在探讨经典整本书与当代学生生活经验之间的关系时，我们不难发现两者之间往往存在着一道难以逾越的无形认知鸿沟。这种现象源于时间的流逝和历史的变迁，是一个客观存在的事实。在传统的教学模式中，教师通常会采用背景介绍、情节梳理等方法，试图弥合学生与经典作品之间的这种认知差异。然而，这种方法容易陷入"知识搬运"的困境，即仅仅将知识从书本转移到学生的头脑中，而未能真正触动学生的心灵。相比之下，任务驱动下的整本书阅读提供了一种全新的视角。它通过精心设计的文化情境沉浸式体验，让学生在虚拟与现实的交叠空间中"亲历"整本书的世界，从而唤醒那些沉睡在学生心中的文化记忆。我们深知，经典作品是在特定的历史文化背景下孕育而生的，其蕴含的思想深度、情感丰富性和价值观念往往与当代学生的生活实际存在较大差异。这种差异使得学生在尝试理解经典作品时，常常感到陌生和遥远，难以真正深入作品的内核。通过构建与作品相关联的文化情境，我们可以有效缩短这种时空上的距离，让学生仿佛置身于作品所描绘的时代或世界中。从教育心理学的角度来看，当学生以"亲历者"的身份体验经典作品中的文化情境时，他们更容易在情感上产生共鸣，从而更深刻地理解和吸收作品中的精髓。比如，在阅读《林海雪原》时，仿佛自己也身处战斗情境之中；读《骆驼祥子》，好像自己也置身于老北京的市井；看《红星照耀中国》，如同自己就处在那个红星闪耀的革命年代。有了这种共鸣，学生就更想去探究经典了，从原来对经典的旁观者态度变成了积极参与解读的态度，这就为开展后续任务打好了心理和认知的基础。

在创设情境时，我们必须精准把握作品的核心精神。例如，在探讨《林海雪原》时，应深入刻画那片被冰雪覆盖的奇幻世界；在分析《骆驼祥子》时，需细致展现那个时代市井生活的真实面貌；而在解读《红星照耀中国》时，则要充分传达出革命的激情与力量。通过角色扮演、情景模拟等互动活动，我们能够引导学生沉浸其中，激发他们对知识的探索欲望，从而主动挖掘文本的深层含义。同时，情境创设还应注重与学生之间的情感共鸣，通过这种共鸣，触动学生内心深处的感受，使他们在情感共振中自然而然地加深对经典作品的理解与认同感。在经典阅读的过程中，学生能够找到自我，实现与文本的深度对话。此外，情境创设必须关注每个学生的个体差异，实施因材施教，确保每个学生都能在不同的情境中找到自己的共鸣点，从而实现个性化阅读与深度理解的双重目标。

在这一过程中，我们还可以充分利用现代技术手段为情境创设赋能，例如通过 VR 体验、互动剧等形式，增强学生的代入感，使他们在多维感官的刺激下，更加真切地感受到经典作品的魅力。通过这种方式，学生能够自发地深入到整本书中,挖掘出其背后丰富的文化底蕴与深邃的思想精髓。

以《林海雪原》的"剿匪战略模拟"任务为例,教师可以依托 VR 技术重构小说中的关键场景——夹皮沟。学生佩戴 VR 设备后,眼前浮现出 1946 年的东北雪原:呼啸的北风卷起雪粒,远处隐约可见威虎山的轮廓,耳边传来杨子荣与座山雕的暗号对话。在这一虚拟情境中,学生分组扮演剿匪小分队成员,需根据原著中"智取威虎山"的细节制订作战方案。某小组在分析地形时发现,小说中"再看看奶头山,只有一条道能上山顶"[①]的描述与 VR 场景中的陡峭山势形成呼应。他们决定效仿杨子荣的化装策略,派两名学生"伪装"成土匪送情报,同时利用雪地环境设置伏击圈。当系统提示"座山雕怀疑身份"时,扮演杨子荣的学生迅速引用原著台词:"天王盖地虎""宝塔镇河妖"[②]成功通过身份验证。这种虚实交织的体验,使学生不仅记住了情节,更深刻理解了革命者的胆识与谋略。

此类情境设计的理论基础源自莱夫(Lave)与温格(Wenger)所提出的"情境学习理论"。该理论指出,知识是在特定文化情境中通过实践共同体的互动与重构而形成的。在整本书阅读教学中应用这一理论,意味着教师需要摒弃传统的"背景介绍+整本书分析"模式,转而采用具身化的情境设计。通过这种设计,学生能够在高度仿真的体验中实现对整本书意义的"再语境化"。

二、分层任务的差异化赋能

学生阅读能力的差异是一个不可忽视的客观现实,正如山峦之间存在海拔差异一样。这种差异体现在多个方面,包括阅读速度、理解深度、分析能力以及知识储备等。如果采用统一的任务要求,就如同为不同登山者设定相同的攀登路线和目标高度,这无疑会引发一系列教学问题。当任务难度远超学生的现有阅读能力时,学生容易产生挫败感。对于阅读能力较强的学生而言,过于统一且简单的任务会让他们感到学习缺乏挑战,难以充分发挥自身潜力,长此以往会导致学习积极性下降。而阅读能力较弱的学生面对过难的任务时,可能因难以达到要求而陷入自我怀疑,在学习过程中产生焦虑感,自信心会受到严重打击。

分层任务设计能够巧妙地化解这一矛盾。这一理念基于维果茨基的"最近发展区"理论,该理论指出教学应着眼于学生的最近发展区,为学生提供具有一定挑战性的内容,以激发其积极性并挖掘其潜能。在分层任务中,对于阅读能力较弱的学生,任务将侧重于基础知识的巩固与简单的文本理解,例如概括文章大意、梳理人物关系等,这符合他们的最近发展区,使他们能够在相对轻松的起点

---

① 曲波.林海雪原[M].北京:人民文学出版社,2018.
② 曲波.林海雪原[M].北京:人民文学出版社,2018.

上逐步提升阅读能力。随着能力的提升,任务难度也会相应调整。对于阅读能力较强的学生,分层任务能够提供更具挑战性的任务,例如在经典作品中挖掘深层次的文化内涵、探究作者的创作意图及其与同时期其他作品的关联等。这使他们能够在自身能力的上限附近探索,不断突破,从而实现能力的进一步提升。在整本书阅读教学中,分层任务设计通过为每个学生提供与其能力和需求相匹配的学习任务,为不同认知水平的学生搭建个性化的阅读"攀登路径",让每个学生都能在适合自己的节奏和难度下逐步提升阅读能力,真正实现个性化的有效发展。

在《童年》整本书阅读中,教师设计了以下分层任务体系。

(1)基础任务——"苦难地图"绘制:阅读能力较弱的学生需在数字地图上标注阿廖沙的流浪轨迹(伏尔加河畔—染坊—绘图师家),并为每个地点标注"情感温度值"。例如,外祖母讲述童话时的"温暖指数"设为"+5",而外祖父毒打阿廖沙时的"痛苦峰值"设为"-10"。这种可视化操作帮助学生建立起叙事空间与情感变化的对应关系。

(2)进阶任务——"苦难美学"对比研究:中等能力学生需比较《童年》与《草房子》中的苦难叙事。通过分析阿廖沙与桑桑面对困境的不同反应,他们发现:高尔基的苦难书写重在"生存抗争",而曹文轩则侧重"诗意超越"。这种对比促使学生思考:"苦难究竟是人格的粉碎机还是淬火炉?"

(3)挑战任务——"跨文化创伤叙事"研讨:高阶学生需运用文化创伤理论,将《童年》与《追风筝的人》进行平行阅读。他们发现阿廖沙的创伤源于封建家族制度,而阿米尔的创伤则来自战乱与背叛,在研讨会上分享交流自己的阅读心得。

维果茨基的最近发展区理论强调,教学应聚焦于儿童当前能力与潜在发展能力之间的"弹性空间"。基于任务驱动的整本书阅读,通过精心设计分层任务,将这一理论进一步拓展为可操作的"认知阶梯模型":基础任务旨在搭建图式框架,进阶任务旨在激发认知冲突,而挑战任务则推动意义迁移。这三者共同构建了一个递进式的能力发展链条,有效引导学生从知识的初步获取,逐步迈向深度理解与批判性思考。

三、动态反馈的可视化激励

教育心理学研究表明,持续的正向反馈是维持学习动机的关键因素。任务驱动式学习通过 AI 智能批注、成长档案可视化、多元主体评价等手段,构建起"诊断—反馈—改进"的闭环系统,使学生的阅读成长具象化为可追踪的轨迹。

首先,从学习过程的本质上来说,阅读是一个渐进的、螺旋式上升的知识建构与能力发展过程。在这个过程中,学生如同在未知的知识迷宫中探索,他们对于自己的学习方向是否正确、进度是否合适的认知相对模糊。而持续的正向反馈恰似迷宫中的指引明灯,能够让学生明确自己所处的位置与前进的方向。例如,学生在 AI 智能批注的辅助下,能即时知晓自己对某一文学作品中特定段落的理解偏差之处,这就像是在探索过程中得到了确切的提示,从而可以及时调整自己的理解路径,避免在错误的道路上渐行渐远。其次,学生心理发展的需求也与这种反馈机制紧密相连。在整本书阅读的学习情境下,学生渴望得到认可,这种心理需求是推动他们积极参与学习的重要内在动力。多元主体评价所提供的全面反馈,能够从不同角度给予学生肯定和建设性的意见。可视化的阅读成长档案像是一本学生的个人阅读成长史,每一次的反馈都在其中留下一笔,这些可视化的成果是对学生努力和成长的直观呈现。学生看到自己在这个可视化记录中的点滴进步时,会在内心深处产生一种强烈的成就感和满足感,这种情感体验会进一步激发他们继续深入阅读的动力。此外,学习本就是一个复杂的认知活动,其间会不可避免地遇到各种困难和障碍。在整本书阅读过程中,学生可能会在文本的深度理解、文化内涵的挖掘等方面陷入困境。而动态反馈机制就像是一个随时待命的伴学助手,通过诊断发现问题,以反馈传递信息,促使学生进行改进。成长档案能够让这种改进过程可视化,学生可以清晰地看到自己是如何克服一个个难点的。可视化的成长轨迹不仅增强了学生应对困难的信心,也让他们在面对未来的学习挑战时更有策略性。例如,在《林海雪原》的整本书阅读教学中,一位学生最初对书中复杂的战斗策略理解困难,但通过 AI 智能批注得到关于特定章节战斗描写的分析提示,又在多元主体评价中得到老师和同学对于这部分理解的引导,同时在可视化成长档案中看到自己后续在类似描写理解上的进步。这一系列过程清晰地呈现出他在这个知识点上的成长轨迹,激励他在后续更复杂的文本理解中积极探索。

在《昆虫记》的"科学观察日志"任务中,AI 系统扮演着"数字导师"的角色。学生上传的观察笔记会经历三重智能反馈。

(1)事实性纠偏:若学生将"蟋蟀发声频率"误记为"每分钟 200 次",系统会自动标注错误,并推送《直翅目昆虫声学图谱》的对应章节。

(2)描述优化建议:针对"蝴蝶翅膀很美"的模糊表述,AI 会提示"请参考法布尔对大孔雀蝶翅面眼斑的描写,尝试从结构色角度进行科学描述"。

(3)跨学科关联:当学生记录蚂蚁的集体搬运行为时,AI 会推荐《群体智能算法》科普视频,引导其思考生物行为对人工智能的启示。

这种即时性反馈在《红岩》教学中还可以进一步深化。教师利用数据可视化工具,将江姐的精神成长轨迹转化为动态折线图:X 轴标注关键事件(目睹彭松涛就义—狱中绣红旗—英勇就义），Y轴显示"信仰坚定度"数值；学生在折线节点添加注释，阐明信仰强化的动因。在动态折线图上学生会发现，江姐信仰值的跃升点不在受刑时，而在听闻新中国成立消息的那一刻，他们便能理解集体理想对个人痛苦的超越性。与此同时，引入多元主体评价来丰富反馈维度。教师可以从专业的文学分析和历史背景角度出发，对学生的注释进行点评，指出其理解的深度与准确性，并给予相应的提升建议；同学们之间则可以开展互评，分享各自对江姐在特定事件中信仰变化的独特见解，拓宽思维视野。还可邀请专家或校外辅导员参与其中。他们凭借丰富的知识和阅历，能从不同视角为学生提供更为全面的指导。例如，专家可以从革命精神传承的宏观层面，深入剖析江姐精神在当时革命大环境下的意义以及对当代学生的启示。通过这样的多元主体评价，学生对江姐精神成长轨迹的理解和感悟能得到多维度的审视与反馈，进一步深化他们对"江姐"这一典型人物所代表的革命信仰的理解。

AI智能批注精准指出学生思维的盲点，成长档案记录每一次进步的足迹，多元评价则如多棱镜般折射出多维度的成长光影。学生在这种动态反馈中，不仅能清晰感知自身能力的提升，更在不断的自我超越中，体验到整本书阅读带来的成就感和内驱力。

结语

任务驱动式学习通过情境、任务、反馈的三维联动，重新定义了整本书阅读的价值坐标。当《林海雪原》的剿匪策略在虚拟沙盘上推演，当祥子的车资在数字地图上流动，当江姐的信仰在折线图中跃升，整本书便不再是静态的知识载体，而成为学生生命经验的一部分。这种转化，不仅解决了"学生读整本书浮光掠影"的实践难题，更在深层意义上回应了语文教育"立德树人"的根本使命，让阅读真正成为一场唤醒灵魂的冒险，让每本书都成为照亮学生精神世界的火把。

第二节 促进深度阅读的"催化剂"

整本书阅读的深度化不是简单的"多读几遍"，而是需要教师通过科学设计的任务，激活学生的思维潜能，引导其从"被动接受者"转化为"主动建构者"。任务驱动下的整本书阅读通过结构化、情境化的活动设计，将抽象的阅读能力转化为可操作的实践路径，使经典整本书成为学生思维发展、文化理解与人格成长的载体。它如同化学反应中的催化剂，通过降低认知门槛、加速意义生成、引导思维进阶,让学生在"任务完成"的驱动下,自然沉入整本书的深层肌理。本节结合《西游记》《简·爱》等经典作品的实践案例,系统阐释任务驱动如何通过策略引导和思维训练,成为整本书深度阅读的"催化剂"。

一、阅读方法的综合训练

阅读是一个信息接收、加工与内化的复杂心理过程。对于整本书阅读而言,学生在缺乏有效策略指导的情况下,往往只能凭借本能进行"无意识浏览"。这种阅读方式仅仅停留在文字表面的扫视,信息输入是碎片化、零散的、跳脱的,学生难以构建起完整的知识体系和深入的理解架构。这是因为人类的认知资源是有限的,在没有明确引导时,大脑会倾向于遵循最小努力原则,采用最为便捷但效率低下的阅读方式,导致阅读停留在浅层次的认知层面,如此这般很难实现对整本书内涵的深度挖掘。

任务驱动下的整本书阅读,将抽象的"阅读方法"转化为具体的"操作指南",为应对阅读中的认知困境提供了一种有效的策略。在真实的阅读情境中,精读、跳读、批注、摘抄、做笔记等阅读方法被赋予了明确的任务目标和使用场景。例如,在精读经典段落时,任务要求学生深入剖析语句的深层含义、梳理人物情感脉络,并探究作者的叙事意图。此时,精读不再是机械地逐字逐句阅读,而是带着特定问题进行有针对性的深入探究。学生通过完成任务,逐步掌握这一方法,并将其内化为自身的阅读能力。从学习迁移理论的角度来看,学生在不同阅读情境下反复运用这些具体阅读方法,能够加深对其原理的理解,提高迁移能力。如果学生在阅读《西游记》时,学会运用跳读快速定位关键情节以梳理取经主线,在阅读其他结构相似的文学作品时,便能更自如地运用这一阅读方法。这种迁移不仅提高了阅读效率,还有助于学生在多样化的文本阅读中构建起普遍适用的阅读模式。从思维发展的维度来看,任务驱动下的整本书阅读促使学生在运用阅读方法的过程中不断进行深入思考。例如,要求学生对原文进行批注,这需要学生结合已有的知识储备对文本进行解读、评价和质疑,有助于培养批判性思维;而做笔记则促使学生对所获取的零散信息进行整合归纳,锻炼其综合分析能力。当然,这些策略的运用并非孤立的,而是相互交织、层层递进,共同推动学生从"无意识浏览"向"有意识解码"转变,实现深度阅读的核心目标——培养思维能力和知识建构能力。

以《西游记》的"取经路线重构"任务为例,教师可设计分阶任务链。

(1)跳读训练:要求学生快速浏览全书,标注"八十一难"的关键节点(如"三打白骨精""火焰山借扇"),并在地图上绘制取经路线简图。这一任务使学生放弃逐字阅读的惯性,转而通过关键词检索、章节标题分析等技巧筛选核心信息,让学生真实体验到跳读不是"偷懒",而是用最短时间抓住故事骨架。

(2)精读深化:聚焦"真假美猴王"章节,设计"孙悟空身份危机"分析任务。学生需精读该章节,对比两个悟空的言行差异(如六耳猕猴对唐僧的粗暴态度与原版悟空的忠诚),并撰写"猴格鉴定报告"。教师提供批注支架:用"△"标出体现性格的关键动作,用"——"画出暴露身份的细节。通过符号标记与经典章节细读,学生发现六耳猕猴"抢行李直奔花果山"的异常行为,揭示其急于取代悟空的动机。

(3)策略迁移:最后布置"现代取经项目管理"任务,要求学生运用跳读与精读结合的技巧,为唐僧团队设计一份"风险防控手册"。例如,通过跳读梳理妖怪出现规律(如山岭、河川等高危区域),再精读分析各妖怪的弱点(如红孩儿怕观音净瓶水),最终提出"避免夜间过山""随身携带克制法宝"等策略。这一任务将阅读策略从"方法习得"升华为"问题解决工具",学生不仅掌握了策略,更理解了其应用场景。

此类设计的理论依据源于安德森的认知策略分类理论,即通过外显的任务指令,将内隐的阅读过程可视化。当学生意识到"跳读是为提取主干,精读是为解剖细节"时,方法应用便从被动模仿转为主动选择。

从教育心理学的角度来看,任务驱动式学习能够激发学生的学习动机,使他们更主动地运用阅读方法。当学生明确了阅读任务和目标时,会更有针对性地选择合适的阅读方法来完成任务,从而提高阅读效率。在整本书阅读教学中,教师应充分发挥任务驱动式学习的作用,设计多样化任务,引导学生运用多种阅读方法,在阅读中学会阅读,实现从浅层次阅读向深度阅读的转变,提升阅读素养,真正实现任务驱动式学习对整本书阅读教学的进阶推动作用。

二、批判性思维的阶梯培养

深度阅读的本质是思维的深度参与。在整本书阅读教学中,任务驱动式学习能够有效地激发学生的批判性思维,培养他们敢于质疑、善于思考的能力,并提升创新表达能力。批判性思维是学生语文素养的重要组成部分,它能够帮助学生深入理解整本书,形成独立的见解,任务驱动式学习通过创设认知冲突、搭建辩论平台、鼓励创意表达,引导学生冲破"标准答案"的束缚,在质疑与重构中发展批判性思维。

批判性思维的形成并非一蹴而就,而是一个需要持续引导和培育的渐进过程。在传统的整本书阅读教学中,学生往往倾向于接受既定的结论。这种"接受结论"的学习方式虽然在短期内有助于学生获取知识,但从长远来看,却难以真正培养他们的思维能力和创新精神。这是因为,当学生仅仅满足于接受现成的答案时，他们的思维容易被局限在预设的框架内，缺乏主动探索和深入思考的动力。而任务驱动式学习则为打破这种思维局限提供了契机。在阅读过程中，批判性思维是推动学生对整本书进行深入理解和分析的核心动力。通过创设认知冲突，任务驱动式学习能够让学生在面对与自己既有认知或普遍观点不一致的信息时，产生思维的碰撞与激荡。这种碰撞促使学生重新审视自己的理解和判断，从而激发他们内心深处的质疑精神。例如，在阅读《简·爱》时，关于简·爱与罗切斯特的婚姻背后所蕴含的社会意义和人性挣扎，不同学生可能会基于自身的生活经历和价值观产生不同的理解。教师通过巧妙的任务设计，引导学生对这些不同的理解进行碰撞和交流，让他们在面对认知冲突时，学会思考并探究背后的深层次原因，逐渐摆脱对"标准答案"的依赖。

此外，任务驱动式学习还可以通过搭建辩论平台，为学生提供展示和交流观点的舞台。在此过程中，学生需要运用批判性思维对各种观点进行分析、评估和反驳，从而不断深化自身的思考。辩论的形式打破了传统教学中教师单一主导的模式，使学生成为学习的主体。在辩论中，他们相互启发、相互质疑，促使自己对问题的理解更加全面和深入。例如，在探讨《西游记》中孙悟空的形象时，学生可以围绕"孙悟空是否是一个具有完全独立意识的反抗者"这一主题展开辩论。在这场思维的碰撞中，学生需要从不同角度分析文本，挖掘证据来支持自己的观点，这一过程正是他们批判性思维得到锻炼和提升的过程。再以《水浒传》整本书阅读教学为例，教师可以组织一场辩论会，设置辩题：梁山好汉的行为是"义举"还是"暴力行为"？在准备辩论的过程中，学生需要进一步深入阅读《水浒传》，分析梁山好汉的各种行为，并从不同角度思考其性质。正方可能认为梁山好汉劫富济贫、替天行道，是正义的化身，他们的行为是对黑暗社会的反抗；反方则可能指出梁山好汉在某些行动中存在暴力过度、伤害无辜的情况，不能简单地称之为"义举"。在辩论过程中，学生各抒己见，通过引用书中的具体情节作为论据，展开激烈的思想交锋，学生的批判性思维得到了充分锻炼。他们不再盲目接受书中的观点，而是对梁山好汉的行为进行理性分析，敢于质疑传统看法。同时，学生在辩论中学会了从不同角度思考问题，综合运用逻辑推理、辩证分析等方法，提升思维的深度和广度。

除了辩论，创意写作任务同样能够有效培养学生的批判性思维与创新表达能力。在整本书阅读的基础上进行创意写作，学生需要对书中的内容进行深入分析、客观评价以及有机整合。这种认知加工过程促使他们主动对文本信息展开批判性思考，他们不再只是简单地接受表面信息，而是深入挖掘作品背后的意义、价值及其局限性，从而培养批判性思维。与此同时，创意写作为学生提供了自由表达的空间，鼓励他们突破传统观念和固定格式的束缚，充分激发自身的想象力。这就像一场思维的冒险,学生需要挖掘自身独特的视角和观点,并运用新颖的方式表达对整本书的理解。在此过程中,学生不断探索和尝试新的表现手法与语言表达方式,以更有效地传达自己的思想和情感,这无疑进一步锻炼了他们的批判性思维与创新表达能力。在《简·爱》的阅读教学中,教师可以布置创意写作任务:假如简·爱生活在现代社会,她会如何追求自己的幸福? 请以《现代版简·爱》为题,创作一篇短篇小说。学生在完成这个任务时,需要深入理解简·爱的性格特点、价值观以及她对幸福的追求方式,同时结合现代社会的背景和特点进行创作。在创作过程中,学生会思考现代社会的爱情观、价值观与简·爱所处时代的差异,以及简·爱可能面临的新挑战和新机遇。有的学生可能会创作简·爱在现代职场中凭借自己的努力和智慧获得成功,同时坚守自己的爱情原则,找到真正理解和尊重她的伴侣;有的学生可能会想象简·爱利用现代社交媒体传播自己的理念,为女性争取平等权利。在这样的创意写作任务中,学生不仅提升了写作技巧,更重要的是,在对经典作品进行再创作的过程中,他们对作品的主题和人物有了更深入的理解,同时批判性思维和创新表达能力也得到了增强。

在整本书阅读教学中,教师应充分利用任务驱动式学习设计具有启发性和挑战性的辩论、创意写作等任务,激发学生的批判性思维,鼓励学生善于思考、敢于质疑,并通过创新表达展现自己的思考成果。这样,学生在阅读整本书的过程中,不仅能够理解整本书的表面内容,还能深入挖掘文字背后的意义,提升思维品质和语文素养,从而实现任务驱动式学习在整本书阅读教学中促进学生思维发展的重要价值。

结语

任务驱动式学习对深度阅读的催化作用,实际上是将"被动接收"转化为"主动建构"。当学生为辩论查证资料、为创作解剖文本、为策展整合知识时,阅读便不再是应付考试的"苦役",而是探索世界的"钥匙"。未来的整本书阅读教学,应继续深化任务驱动的"催化剂"角色,让每一次翻页都成为思维的跃迁,让每一本书都成为素养生长的沃土。如此,语文教育方能真正实现从"教书"到"育人"的升华。

第三节　锻造阅读素养的"熔炉"

新课标指出整本书阅读旨在引导学生"积累整本书阅读经验,养成良好阅读习惯，提高整体认知能力，丰富精神世界"。① 可见，整本书阅读教学最终应指向素养的生成、精神的涵养。通过精心设计的系统性任务，推动阅读经验、阅读习惯、认知能力与精神世界的有机融合，这一过程恰似冶金熔炉中的淬炼——经验如同原矿，习惯如同火候，而能力则如同锻锤，精神世界则是经过千锤百炼后的精纯金属。只有当这四者协同作用，才能将零散的认知碎片锻造成一把坚韧的素养之刃。

一、阅读经验的系统积累

在整本书阅读的语境中，阅读经验的系统积累，是指学生在阅读完整书籍的过程里，对所获取的知识、信息进行有条理地整理、归纳与内化，逐步形成并不断完善的一套综合认知与实践能力体系。它涵盖了对书籍内容的理解与解读、阅读方法与策略的运用、阅读情感与态度的培养等多个维度。从对书籍内容的梳理、主题的把握，到对作者写作风格的感知，再到运用不同阅读技巧如精读、跳读等以获取信息，这些都构成了阅读经验的具体内容。

任务驱动下的整本书阅读中，积累整本书阅读经验具备充分的合理性与必然性。任务驱动为整本书阅读提供了明确的目标导向。常规阅读中学生可能缺乏清晰的方向，导致阅读较为随意、零散。而任务驱动下，学生带着特定任务展开整本书阅读，如分析小说中人物关系的演变、探究科普书籍中的科学原理应用等。这些任务促使学生专注于书籍内容，有针对性地获取信息。例如在阅读《骆驼祥子》时，若任务是分析祥子性格转变的原因，学生便会主动关注祥子在不同情节中的表现、与他人的互动以及社会环境的描写，从而深入挖掘文本，这种有目标的阅读方式能够更高效地获取与任务相关的知识，避免盲目阅读，有助于系统积累阅读经验。

任务驱动还能激发学生主动运用多种阅读方法与策略。为完成任务，学生需根据书籍类型和任务要求，灵活选择合适的阅读技巧。阅读经典文学作品时，若任务是赏析语言艺术，学生会采用精读策略，品味字词的精妙、语句的韵味；而在获取书籍大致内容以完成概括主题的任务时，跳读则更为适用。在不断尝试和实践这些阅读方法的过程中，学生对不同阅读技巧的运用愈发熟练，逐渐掌握何时、何种情况下运用何种阅读方法最为有效，这种实践经验的积累对提升阅读能力至关重要。

此外，任务驱动通常伴随着反馈与评价机制。学生在完成任务的过程中，会

---

① 中华人民共和国教育部. 义务教育语文课程标准：2022 年版［S］. 北京：北京师范大学出版社，2022.

得到来自教师、同伴或自我的反馈,以此了解自己对书籍的理解是否准确、任务完成质量的高低。这些反馈能让学生发现自己在阅读过程中的不足,进而调整阅读策略,深化对书籍的理解。比如在小组讨论分享阅读《简·爱》的任务成果时,他人的观点和评价会促使学生重新审视自己对简·爱人物形象的分析,进一步挖掘书中细节,完善自己的认知,这无疑是阅读经验积累的重要环节。

以《昆虫记》整本书阅读教学为例,教师围绕"科学观察的'双重视界解码'"这一主题,设计了三个阶段任务,助力学生深入阅读,积累阅读经验。首先,在科学信息的结构化提取阶段,教师指导学生运用跳读与精读协同的策略来绘制"昆虫行为特征矩阵"。矩阵中,横向清晰地标注着螳螂、蟋蟀、粪金龟等典型昆虫物种,纵向则细致地设置了"捕食策略""生存智慧""社会行为"等维度。就拿蝉的"四年地下蛰伏"来说,学生需要将法布尔笔下幼虫蜕壳的细节与生物学教材里昆虫变态理论进行对比,认真标注其中的差异点,并深入溯源法布尔科学观察的独特之处。通过这样的操作,学生能够从书中纷繁复杂的描述里有效筛选出关键信息,初步搭建起"文学描写—科学事实"的双轨认知框架,为后续深入阅读打下坚实基础。紧接着,进入跨学科阅读策略的运用阶段,也就是进阶任务阶段。此时聚焦于对"科学诗性语言"的解析,要求学生精心挑选法布尔对昆虫鸣叫的拟人化描写内容,例如蟋蟀"时而是轻声低吟,时而是歌声嘹亮"[1]这样充满诗意的语句,然后与《唐诗三百首》里"徒劳恨费声"[2]营造意境的手法相互对照,进而撰写《科学与诗学的共鸣》分析报告。这一阶段的任务巧妙地促使学生在科学实证与文学想象之间搭建起思维的桥梁,使其在运用阅读策略时,越发注重结合不同的语境特点,进一步深化了阅读的深度与广度。而终极任务"校园昆虫观察日志"则将阅读延伸到了实践层面,开启了观察实践的认知迭代阶段。学生要模仿法布尔"用诗意记录科学"的笔法,连续两周对同一种昆虫,像蚂蚁觅食路径进行跟踪观察,并且参照《昆虫记》原著内容进行交叉验证。不仅如此,教师还利用AI批注系统对学生的观察记录给予分层反馈,用绿色标注客观描述部分,红色提示主观臆断之处,蓝色推荐相关延伸文献。学生依据这些反馈,多次修订自己的观察日志,最终形成了兼具科学严谨性与文学表现力的观察文本。通过这样"信息筛选—策略迁移—实践验证"环环相扣的任务链,《昆虫记》已然成为学生阅读经验锻造的绝佳试验场,它让法布尔的观察精神不再仅仅停留在书页之间,而是化作了学生探索世界的认知透镜,引领着他们在阅读与实践的道路上不断前行,有力地印证了任务驱动在助力学生系统积累阅读经验方面所具备的强大

---

① 法布尔. 昆虫记[M]. 北京:人民文学出版社,2018.

② 蘅塘退士. 唐诗三百首[M]. 北京:人民文学出版社,2024.

熔铸效能。

二、阅读习惯的持续养成

在整本书阅读的范畴中,良好的阅读习惯是指学生在长期的阅读过程中逐渐形成的一种相对稳定的行为模式和心理倾向,它并非仅仅指定期阅读、专注阅读等表面阅读行为,而是涵盖了从阅读兴趣的激发、阅读时间的有规律安排、阅读方法的熟练运用,到阅读思维的构建以及自我监督与反思机制形成的综合素养。它意味着学生能够自主、积极地投入阅读活动,并且在阅读过程中不断优化阅读方式,从书籍中汲取最大价值,进而将阅读融入日常生活,成为一种生活方式。

那么,为什么任务驱动下的整本书阅读能够助力学生养成良好阅读习惯呢?从心理学动机理论角度来看,任务驱动赋予了整本书阅读明确的目标与意义,能够有效激发学生的内在阅读动机。传统的随意阅读缺乏明确的指向性,学生容易感到迷茫和无所适从,难以持续投入精力。而在任务驱动模式下,无论是分析文学作品中的人物形象,还是梳理历史书籍中的事件脉络,这些具体任务都为学生设定了清晰的目标。学生为了完成任务,会主动投入时间和精力,逐渐培养起主动阅读的意识。例如,当面对一个关于"分析作品主题与时代背景关系"的任务时,学生为了完成任务,会主动规划阅读时间,以更加专注的态度投入到阅读中,因为只有认真研读文本,才能挖掘出作品主题与时代的深层关联。这种由任务激发的有目的性阅读,促使学生逐渐养成规律阅读和专注阅读的习惯。

任务驱动还促使学生在阅读过程中不断探索和运用有效的阅读方法。完成任务往往需要学生根据书籍的类型和任务的要求,选择合适的阅读策略。例如,在阅读学术类作品时,为了理解抽象的概念和复杂的逻辑关系,学生可能需要采用精读和批注的方法,结合选择性阅读策略,培养阅读的主动性和灵活性;而在阅读小说时,为了快速把握故事情节和主要人物关系,跳读和略读则更为高效。在不断应对任务挑战的过程中,学生能够熟练掌握多种阅读方法,并学会根据不同的阅读情境灵活运用,逐渐摸索出最适合自己的阅读方法,并在后续的阅读中自然而然地运用这些方法,从而养成熟练运用恰当阅读方法的习惯。

任务驱动下的整本书阅读还能培养学生的自我监督和反思能力,这也是良好阅读习惯的重要组成部分。在完成任务的过程中,学生需要不断地检查自己的阅读进度和理解程度,思考自己是否达到了任务的要求。当发现自己在阅读过程中存在问题时,他们会主动调整阅读策略,寻找解决问题的方法。例如,在完成"分析小说主题"的任务时,如果学生发现自己对小说中的某些情节理解不够深入,影响了对主题的把握,他们可能会重新阅读相关内容,或者查阅资料,加深对小说的理解。这种自我监督和反思的过程能够帮助学生不断改进自己的阅读方法,提高阅读质量,从而逐渐养成自我管理的阅读习惯。

在《红岩》整本书阅读教学时,为了让学生深入理解书中革命信仰的内涵,培养良好的阅读习惯,教师设计了以"革命信仰的'精神成长日志'"为主题的系列任务。第一阶段是阅读规划与框架搭建,布置"红岩人物时间轴"任务。学生自主规划阅读进度,每周读完指定章节后,要在时间轴上标注像"江姐被捕""许云峰就义"这样的关键事件,同时记录自己的阅读时长和专注度。通过制作这个时间轴,学生慢慢养成了规律阅读的习惯,初步构建起"任务—时间—专注"的阅读行为框架。到了第二阶段,是策略迁移与深度投入,安排了"信仰强度曲线"绘制的进阶任务。学生需要精读江姐受刑、成岗写《挺进报》等重要情节,每天写"三问日志",也就是梳理当天读的情节、记录当下的思考感悟、预设第二天阅读时想要探索的疑问。在完成任务的过程中,学生从被动接受故事,变成主动探究背后的历史背景,自然而然地学会了批注、跨文本对比等深度阅读的方法。第三阶段是元认知反思与习惯内化,组织了"信仰对话圆桌会"的终极任务。学生分组模拟"穿越时空的狱中座谈会",根据《红岩》全书内容回答"若你在渣滓洞会如何坚守信念"这类问题,还要把讨论过程录制下来。活动结束后,学生通过回看视频进行自我评估。借助 AI 分析系统生成"阅读策略优化报告"。这个案例,把《红岩》这部厚重的革命作品变成了学生养成阅读习惯的平台,阅读不再是被迫完成的任务,而是变成了学生内心的需求。《红岩》也不再只是记录历史的书籍,更成为了塑造学生阅读习惯、传承革命精神的精神熔炉。这种从被动阅读到主动深入探究的变化,充分证明了任务驱动为良好阅读习惯的养成提供了有力支持。

三、整体认知能力的阶梯提升

整体认知能力是指学生在对整本书进行全面深入阅读后,所达到的一种能够从宏观到微观、从整体到局部,综合理解、把握和评判文本内容及相关思想情感的能力。它不仅包括对文本表面信息的获取,如故事的情节、人物的基本特征等,更涵盖了对书籍深层内涵的挖掘,如主题思想、文化背景、作者的创作意图以及作品的文学价值等方面的理解。同时,整体认知能力还涉及将书中的各种信息进行整合、分析,构建起一个有机的知识体系,并能将其与自身已有的知识和生活经验相联系,形成独特的见解和感悟,是一种相对稳定且层次分明的综合性素养。

整体认知能力的阶梯提升是一个循序渐进、逐步深化的过程。学生在阅读初期,可能仅能对书籍的表面信息有所了解,随着阅读的深入,逐渐能把握作品的整体脉络和关键细节,进而对作品所蕴含的深层意义和价值有所洞察。这种提升是一个由浅入深、由简到繁的发展过程,每一个阶段都是构建下一阶段的基础,环环相扣。

第一环,任务驱动为阅读设定了明确的目标和具体的任务,激发了学生的探索欲望和求知欲。在传统的阅读模式中,学生可能只是泛泛地阅读,缺乏明确的方向和重点,难以深入挖掘书籍的内涵。而任务驱动则不同,它将整本书的阅读分解为一个个具体的任务,如分析小说中人物性格的形成原因、探讨科普书籍中的科学理论对现实生活的影响等。这些任务就像一个个引导学生深入阅读的"路标",促使学生有针对性地去思考和探究与任务相关的文本内容,从而逐渐聚焦注意力,不再是在书中漫无目的地浏览。这种有指向性的阅读方式,使得学生能够更深入地挖掘文本的内涵,对整体认知能力的提升起到重要的推动作用。

第二环,任务驱动下的整本书阅读过程要求学生运用多种思维方式和阅读策略,这有助于锻炼和提升学生的思维能力,进而促进整体认知能力的发展。为了完成任务,学生需要在阅读过程中进行分析、综合、比较、归纳、演绎等思维活动。例如,在阅读一部历史题材的小说时,为了完成"分析历史背景对人物命运的影响"这一任务,学生需要分析小说中不同历史时期的社会环境、政治制度等因素,综合考虑这些因素对人物行为和命运的作用,比较不同人物在相同历史背景下的不同选择,归纳出历史背景影响人物命运的一般规律,并运用这些规律对小说中的其他人物进行演绎推理。通过这样的过程,学生的思维能力得到了充分的锻炼,能够更加深入地理解书籍的内容,实现整体认知能力的提升。

第三环,任务驱动还能促进学生之间的交流与合作,拓宽学生的认知视野。在整本书阅读中,学生往往需要与同伴进行讨论、分享和合作。不同的学生有着不同的知识背景、生活经验和思维方式,他们在交流和合作的过程中,能够相互启发、相互补充,从不同的角度看待问题。这种多元视角的碰撞和融合,能够让学生看到自己原本忽略的内容,深化对书籍的理解,进一步提升整体认知能力。

在《儒林外史》整本书阅读教学中,教师可以设计"科举制度的'文化基因解码'"主题任务,目的是通过一系列任务驱动学生深入理解作品,提升阅读能力与认知水平。教学伊始,教师布置第一阶段任务:信息整合——重构士林生态图谱。学生需要运用跳读的方法,对《儒林外史》全书进行快速浏览,梳理复杂的人物关系,并绘制"科举晋升路径图"。在绘制过程中,学生以范进、周进等典型人物为关键节点,详细标注他们在科举道路上的沉浮经历,比如范进二十余次落第后才中举;同时,关注人物社会关系的变化,像胡屠户在范进中举前后前倨后恭的态度转变;还要留意经济地位的改变,对比范进中举前后田产的差异。通过这个任务,学生从书中庞杂的叙事中提炼出"科举—权力—人性"之间的显性关联,初步构建起对士林生态的宏观认知框架,学会从整体上把握作品中科举制度对人物和社会的影响。随着阅读的深入,进入第二阶段:逻辑推演——解剖制度异化机制。教师给学生布置了进阶任务,聚焦"中举疯癫现象"进行归因分析。学生需要精读范进中举的章节,仔细研读文本细节,如张乡绅突然赠房、邻里态度的巨大转变等。然后,运用社会学的"结构功能理论"撰写诊断报告。这一任务促使学生从简单的现象描述深入到因果推理,培养了批判性思维,让学生对文本的深层逻辑有了更深刻的认知。最后是第三阶段:价值判断——科举文化的现代转译。在"科举制度模拟听证会"中,学生分别扮演清代士人、现代教育学者、文化评论家等不同角色,以《儒林外史》中的内容为实证材料,围绕"应试教育的文化基因遗传"展开激烈辩论。正方引用周进撞号板痛哭的细节,来论证"考试焦虑的历史延续性";反方则以匡超人变质的例子,警示"功利主义对人格的腐蚀性"。在角色代入和观点交锋中,学生逐渐形成辩证的认知。这一案例通过三级任务链,成功驱动学生完成了"信息拼图—逻辑建构—价值重构"的认知跃迁。跳读训练提高了学生的信息筛选能力,归因分析深化了学生的批判思维,角色辩论则提升了学生的文化反思能力,充分展现了任务驱动在整本书阅读教学中对学生整体认知能力的提升作用。

四、精神世界的多维丰富

阅读素养的终极指向在于通过经典与生命的深度对话,促进学生精神世界的多维丰富与持续成长。这种丰富并非简单的情感积累或认知范围的扩大,而是学生在阅读过程中,通过与文本的深度互动,在认知、情感、意志和价值观等多个层面上实现真正的拓展与重塑。具体而言,学生的精神世界在阅读中得以重塑:内心深处的价值观、人生观和世界观不断被拓宽,情感世界变得更加细腻和多元,对人性、社会以及世界的理解也逐步走向深邃、广阔与包容。这种状态意味着学生能够从经典中汲取精神养分,并将这些养分融入自身的精神脉络,使自己的精神世界犹如一座繁茂的花园,绽放出绚丽多彩的思想之花。

然而,精神世界的丰富不能自然发生,它需要通过打破认知舒适区来推动。传统的阅读方式往往局限于"情感共鸣"的浅层互动,学生习惯于在熟悉的认知框架内理解文本,这种"安全阅读"难以引发深层次的精神变革。而任务驱动下的整本书阅读则成为打破这一局面的有效工具。通过设计批判性质疑任务,教师可以刻意制造认知失衡状态,推动学生走出舒适区,直面认知冲突,"迫使"学生重新审视整本书背后的逻辑,颠覆既有的认知图式,并在此过程中实现精神的深度重塑。与此同时,经典文本作为文化基因的载体,其精神滋养效能取决于基因解码的深度。任务驱动通过跨时空对话任务设计,将静态的文本符号转化为动态的意义生成器,这样的任务不仅激活了整本书的深层内涵,还促进了文化传承与创新。学生在解码过程中,既能深入理解历史与传统的价值,又能为现代文化的发展注入新的活力。此外,精神世界的丰富离不开主体间性的对话能力。主体间性是人类精神共生的核心,它强调个体之间在精神层面上的相互作用与影响。任务驱动通过多声部阐释任务,构建起多元意义协商的空间。在这个空间中,不同的声音和观点得以表达和交流,从而促进意义的生成与协商。通过这种协商,学生不仅扩展了认知边界,还在互动中实现了精神共生,共同创造出更加丰富多彩的精神世界。

以《钢铁是怎样炼成的》整本书阅读教学为例,教师设计了"革命信仰的'跨时代精神对话'"这一主题任务。起初,在"认知解构——保尔精神"的量化解析阶段,学生通过精读的方式绘制"保尔意志强度曲线图",将横轴设定为保尔人生的关键节点,像参军、筑路、失明、写作等,纵轴则用"意志力指数"(1—10 分)去量化其在各阶段展现出的精神韧性。比如分析"筑路工程"章节时,学生需结合文本里严寒、饥饿、匪患等艰难处境以及保尔坚持劳动、鼓舞同伴的行动,给这一阶段的保尔意志力标注为 9.5 分,并且对比自身面对学业压力时的"意志阈值",由此促使学生从单纯的感性共鸣迈向理性分析。随着阅读的深入,进入情感共振——苦难美学的创造性转化阶段,聚焦"疼痛的诗意编码",学生需选取保尔经历的核心苦难场景,如失明后的心理挣扎等,将其转化为多模态艺术表达。一组学生将"病榻写作"章节改编为沉浸式声音剧场:用盲文打印机实时输出保尔的内心独白,背景音效混合莫斯科冬季的风雪声与打字机的机械节奏,观众需蒙眼体验黑暗中的文字创作。另一组通过行为艺术再现"筑路者的体温"——用温感材料制作路基石,参与者手掌温度达到 38℃时,石块显现保尔与战友的浮雕影像。最后是主体共生——跨时空的信仰重构阶段,教师设计了"保尔数字纪念馆"这一任务,学生分组进行多媒体展项创作。有的小组运用 VR 技术重现"暴风雪中筑路"场景,让观众借助体感设备体验当时的低温与疲劳;还有小组开发互动问答 AI"保尔说",当输入像"考试失败怎么办"这类生活中的困惑时,系统能自动生成保尔式回应。更有学生别出心裁地把保尔的"生命箴言"改写成歌词,如"哪怕双眼失去光,也要用笔尖撞破命运的墙",在校园艺术节引发共鸣。当然,还可以开展"信仰薪火传递"直播活动,邀请不同职业群体与学生对话,探讨保尔精神在不同领域的实践形态。这样的任务链,让学生在阅读中从最初"旁观英雄"的状态转变为"共筑信仰",保尔的钢铁意志突破书页限制,化作照亮当代青少年精神的点点星火,为他们在面对生活挑战时提供强大的精神支撑与指引。

结语

任务驱动下的整本书阅读,本质上是一场认知的锤炼过程。在任务的熔炉中，经验、习惯、能力与精神相互交融、重新组合，最终锻造出集文化理解力、批判思维力与审美创造力于一体的素养利器。学生可以在《儒林外史》中洞察科举制度的文化沉疴，在《钢铁是怎样炼成的》中解码革命信仰的精神密码。此时，阅读便超越了学科的界限，成为滋养终身发展的精神源泉。这正是语文教育从"知识传授"迈向"生命启迪"的深刻隐喻——我们并非仅仅在教学生阅读一本书，而是在塑造他们理解世界的思维框架，使阅读素养在锤炼中不断升华。

第三章

任务驱动整本书阅读的实施路径

　　整本书阅读在提升阅读能力、培养阅读习惯、提升阅读素养方面有着不可替代的作用。然而,在实际教学过程中,整本书阅读却面临诸多严峻挑战,教学效果良莠不齐。学生在阅读时常常感到迷茫,缺乏清晰的方向指引,没有明确的目标和行之有效的方法,在浩如烟海的文字海洋中徘徊不前,阅读效率必然大打折扣。如何突破这一困境,切实提升整本书阅读的教学质量,已然成为教育工作者亟待解决的重要课题。任务驱动下的整本书阅读犹如一束穿越迷雾的光,为我们照亮了前行的方向。本章将深入探索任务驱动式学习在整本书阅读教学中的实施路径,涵盖科学激活任务设计的底层逻辑、精准规划任务设计的蓝图、有序推进教学实施流程以及多元整合教学资源的运用等多个层面,期望为一线语文教师构建起切实有效的教学框架,助力整本书阅读教学如鲲鹏展翅,迈向新的高度。

第一节　任务驱动的逻辑锚点

　　在整本书阅读教学中,任务驱动式学习为教学范式的转型提供了全新的实施路径,其重要价值在于通过三种逻辑的锚定,为任务设计奠定坚实的基础。首先,任务驱动式学习锚定学科本质,确保教学内容与学科目标高度契合。其次,它精准契合学生的认知规律,使教学活动符合学生的认知发展需求。最后,任务驱动式学习创造性地激活生活逻辑,将教学内容与学生的日常生活经验紧密相连。作为任务驱动整本书阅读的实施起点,这三种逻辑的协同作用,推动教学从"知识搬运"向"素养生成"转变,从"被动接受"向"意义创造"转化。本节将结合经典作品的教学实践,阐述任务驱动式学习通过锚定这三重逻辑,构建整本书阅读的底层支持系统,为后续教学设计提供了清晰的方向和方法论指导。

一、学科逻辑:重构语文知识谱系

整本书阅读教学的范畴内,语文学科逻辑无疑是保障教学质量与教学效果的核心要素。语文学科逻辑作为基础学科的关键内在架构,其重要性不仅体现于知识传授层面,更深度关联着学生综合素质的培育,二者相互交融,共同构筑起语文教育的整体框架。

语文学科逻辑的首要体现,在于对语言文字的深度剖析与精准运用。语言作为文化传承的重要载体以及思维活动的关键依托,承载着深厚的文化底蕴与多元的思维模式。语文教学实践中,教师扮演着引导者的角色,引领学生深入整本书的经典文本世界,挖掘语言文字背后潜藏的文化内涵,洞察其中蕴含的独特思维脉络。这一挖掘过程不能局限于表面解读,而应深入至语言的诸多微观层面,诸如修辞的精妙运用、句式的精巧变化以及篇章结构的严谨布局等,皆需细致探究。任务驱动下的整本书阅读中,教师可基于此精心设计系列任务,促使学生在完成语文实践任务的过程中,熟练掌握语言运用技巧,实现语言表达能力的切实提升,进而达成语言素养的深度发展。

再者,语文学科逻辑还包括对文学作品的审美鉴赏。文学作品作为文化宝库中的璀璨明珠,既是文化精髓的凝聚,亦是审美活动的重要对象。教学中,教师肩负引导学生领略文学作品艺术魅力的使命,需助力学生理解作者隐匿于文本之中的创作意图,体悟作品独特的艺术风格。审美鉴赏这一活动,既涉及对作品内容的全面理解,亦囊括对作品形式的深入剖析。当学生置身于任务驱动下对的整本书阅读模式时,犹如循着线索探寻宝藏一般,依托精心设计的任务去发现作品中蕴含的多元审美价值,在潜移默化中培养并提升自身的审美能力与艺术鉴赏水平,实现审美素养的进阶式发展。

此外,语文学科逻辑着重强调对学生批判性思维的培养。批判性思维作为现代社会发展所倚重的关键能力之一,在语文教学中具有不可忽视的重要地位。教师在教学过程中,应引导学生以整本书为依托,通过深入分析文本内容,积极提出独到见解,并敢于对既有观点或文本内容提出合理质疑。批判性思维的培育,不仅有助于学生深化对文本的理解程度,更能有效锻炼其逻辑思维能力,提升其解决问题的综合素养。借助任务驱动式学习模式,教师可针对性地设计契合教学目标的任务,引导学生在阅读过程中自觉开展批判性思考,逐步养成独立思考的良好习惯,为其思维能力的长远发展奠定坚实基础。

综上所述,语文学科逻辑呈现出多层次、多维度的复杂体系特征,其教育的根本目标在于塑造具备文化解码能力、秉持语言审美意识且拥有批判性思维的"完整的人",而非局限于培养仅能应对考试的"答题机器"。在整本书阅读教学实践中，任务驱动式学习以语文学科逻辑为基石，通过巧妙设计符合其内在逻辑要求的任务，将原本分散的语文知识点有机整合，编织成涵盖"文化自信—语言运用—思维能力—审美创造"的四维知识网络。如此，整本书阅读便成为核心素养落地生根、开花结果的有效实践场域，不仅有助于提升学生的学业成绩，更能在潜移默化中全方位塑造学生的综合素质，为其未来的长远发展筑牢根基。

案例：《儒林外史》的"科举基因解码"

（1）文化基因提取：学生分组梳理周进撞号板、范进发疯等事件，绘制"科举中毒症状谱系图"。通过对比分析，发现"癫狂行为—功名执念—制度压迫"的连锁反应机制。此任务引导学生从人物形象塑造的文学手法入手，深入理解作品的文学价值，并通过对比分析，拓宽文学欣赏的视野，符合文化理解的学科逻辑。

（2）语言密码破译：精选"噫！好！我中了！"[1]等标志性语句，开展"癫狂语言风格摹写"活动。学生通过模仿感叹词重复、句式断裂等手法，体会吴敬梓如何用语言暴力解构科举神话。在完成这一任务的过程中学生首先要识别书中的标志性语句，理解其作用，然后进行模仿创作，涉及对语言的理解、分析和运用能力的训练，与语文学科中语言文字运用的知识体系相契合。

（3）批判思维淬炼：设计辩论题"科举制度是文化传承还是精神枷锁"。正方以"科举推动阶层流动"为据，反方则揭露"八股文对思维的驯化"。辩论中，学生逐渐意识到"制度本身是中性的，但当它异化为权力工具时，便会吞噬人的主体性"。这有助于锻炼学生的逻辑思维和分析能力，使学生在阅读过程中学会把握作品的整体结构和主题表达之间的关系，契合语文学科对思维能力培养的要求。

（4）审美范式转化：组织"荒诞美学工作坊"，将范进中举场景改编为黑色幽默短剧。学生用夸张的肢体语言呈现"喜极而疯"的荒诞感，在表演后的讨论会上提出"悲剧用喜剧形式呈现时，讽刺的刀刃反而更锋利"。

传统教学中，阅读《儒林外史》学生对科举制度的理解往往停留在"封建糟粕"的标签化认知，任务驱动式学习则通过设计任务链，实现了知识的深度重构，这印证了威金斯"理解为先"理论的核心主张——当知识被置于意义建构的框架中时，学习便从机械记忆升华为文化解码。通过符合学科逻辑的任务驱动，学生在整本书阅读中能够系统地学习语文知识，提高语文能力，更好地把握语文学科的本质。

二、认知逻辑：搭建思维进阶支点

在整本书阅读教学中，认知逻辑是保障教学成效与促进学生思维发展的核心要素。任务驱动式学习作为一种以学生为中心的教学模式，其关键在于通过

---

① 吴敬梓. 儒林外史[M]. 北京：人民文学出版社，2018.

精心设计的任务,引导学生沿着认知发展的阶梯逐步提升。初中生正处于认知发展的关键阶段,他们的思维能力正从具体运算向形式运算过渡。这一阶段的认知特点表现为:学生开始能够处理抽象概念并展开逻辑推理,但依然需要具体实例作为支撑。因此,在设计任务时,教师需充分考虑学生的认知特点,确保任务既能激发他们的兴趣,又能契合其认知需求。

为了达成这一目标,任务驱动下的整本书阅读教学可以采用"具象操作—符号解码—概念抽象"这一认知阶梯设计。该设计思路源自皮亚杰的认知发展理论,强调通过从具体到抽象的渐进过程,帮助学生逐步构建起系统的认知体系。具象操作任务通常包含具体的实践活动,例如角色扮演、实验操作等。这类任务能够有效激发学生的兴趣,并促使他们通过亲身参与来深入理解相关概念。符号解码任务则要求学生识别并理解文本中的符号系统,如语言、图像等。这类任务有助于学生从具象操作中提炼出抽象的概念。概念抽象任务则需要学生将符号解码的结果进行抽象化处理,从而构建起系统的概念框架。这类任务能够引导学生将具体的认知经验转化为抽象的理论知识。

通过这种认知阶梯的设计,任务驱动式学习能够有效地引导学生沿着认知发展的路径逐步提升,使整本书阅读成为学生思维成长的攀岩墙。每个任务都如同岩壁上的支点,不仅为学生提供了前进的着力点,还预留了充足的思考空间,促使他们在阅读过程中不断进行深度思考与反思。

案例:《骆驼祥子》的"命运归因矩阵"构建

(1)具象操作层:北平城生存模拟。教师利用 VR 技术构建 1920 年代北平街头场景,学生化身"祥子"完成接单拉车、躲避军警、计算收支等任务。在"暴雨天拉车亏损 3 块银元"的模拟体验中,学生通过生理传感器监测到心跳加速、呼吸急促等应激反应。任务完成后的体验记录中,有学生写道:"终于明白祥子为什么拼命攒钱——那不是贪婪,是溺水者的求生本能。"

(2)符号解码层:京味儿语言考古。开展"方言侦探"活动:整理"拉晚儿""嚼谷"等多个北平车夫行话,绘制"底层社会语义地图"。学生发现,"车口"(停车点)、"抄买卖"(抢生意)等术语构成了一套完整的生存密码。进阶任务中,小组通过词频统计发现:老舍用'像'字比喻链,将人物的精神创伤物化为北平城的建筑肌理。这一任务通过直观的统计数据,学生可以梳理故事情节,初步了解祥子的命运变化,符合学生初期对具体事物的认知偏好。

(3)概念抽象层:三维归因模型建构。设计"个人性格—社会压迫—文化心理"三维分析框架,建议学生用 SWOT 分析法撰写《祥子悲剧必然性论证报告》。某小组提出"祥子的'骆驼'精神在稳定社会是美德,在崩坏时代却是致命弱点。他的固执如同沙漠中的骆驼刺,既维持生存,又加深痛苦"。这是学生对小说中的各种因素进行综合分析和抽象概括,深入思考作品的主题和内涵后方能得出的,如此任务确然促进了学生抽象思维能力的发展。

这种阶梯式设计遵循布鲁姆认知目标分类学,将"了解祥子的结局"升华为"理解悲剧的生成机制"。当学生为了论证观点而沉浸于书本时,阅读已从被动的信息接收转变为积极的探索与思考。通过任务驱动的方式,在整本书阅读教学中,教师设计符合认知逻辑的任务,引导学生逐步深入理解书籍内容,提升认知水平,从而实现认知结构的持续完善。

三、生活逻辑:激活整本书现实根系

在整本书阅读教学中,融入生活逻辑是至关重要的。如果阅读活动与学生的生活语境脱节,那么无论文本内容多么丰富,也难以在学生心中留下深刻的印象。任务驱动式学习之所以意义深远,正是因为它能够构建起整本书与现实生活之间的"意义循环系统",使阅读活动与学生的日常生活紧密相连。

语文作为一门极具人文性的学科,其核心在于促进人与世界、人与自我的沟通。在整本书阅读教学中,应引导学生将书中的知识与感悟与现实生活相融合,使阅读活动超越书本本身,成为学生理解世界和表达自我的重要方式。这种融合不仅能激发学生的阅读兴趣,还能提升他们的实践能力和批判性思维。为实现阅读与生活的深度结合,任务驱动式学习可采用"情境还原—问题解决—文化行动"三阶段路径。情境还原是指将书中的情境与学生的生活实际相联系,让学生在熟悉的情境中理解整本书的内容。问题解决则鼓励学生在阅读中发现问题,并尝试运用所学知识解决现实生活中的问题。这一过程不仅能检验学生的理解深度,还能培养他们的实践能力。文化行动是指将阅读的收获转化为实际行动,参与文化实践活动。这些行动可以包括参与社区服务、组织读书会或进行文化研究等。通过文化行动,学生能够将书中的知识和感悟转化为具体的社会贡献,从而实现阅读与生活的深度融合。

案例:《红星照耀中国》的"红色精神再生产计划"

(1)情境还原:长征路线的数字重生。学生利用 GIS 地图(地理学科工具)标注书中长征关键节点,叠加降雨量、海拔、植被覆盖度等地理数据,制作"长征自然环境挑战指数图"。数据分析显示"雪山草地段的挑战指数是平原段的 7倍,红军日均热量消耗高达 5 000 大卡"。这种量化研究让学生直观理解"革命理想高于天"的精神内涵。

(2)问题解决:微型长征的体能实验。设计"校园长征"体能挑战任务:试着绕操场快走 25 圈象征两万五千里,用运动手环监测心率、步频等数据。生理反馈显示,学生在任务中更易激发互助行为。一位学生在活动记录中写道:"到第

10 圈时,队友递来的半瓶水比甘露还甜。突然明白书中'战友'二字的重量。"

(3) 文化行动:社区记忆的跨代对话。联合社区开展"祖辈的革命记忆"口述史采集,学生将采访记录与书中内容对比,编撰《跨越时空的红色对话集》。在"长征精神创意市集"中,学生用 3D 打印制作"草鞋徽章",甚至可以试着开发"红色基因检测"互动程序,让革命文化以现代喜闻乐见的方式传播,让历史从书里走了出来,变成了可触摸、可参与的生活。

此类实践活动充分印证了杜威"教育即生活"的经典论断。当学生在 GIS 地图上标注长征路线、在运动场上体验极限协作、在社区中重构历史叙事时,整本书阅读便超越了传统课堂的界限,成为连接过去与当下、个体与社会的意义纽带。

新课标在"教学建议"中明确指出:"学习情境的设置要符合核心素养整体提升和螺旋发展的一般规律。语文学习情境源于生活中语言文字运用的真实需求,服务于解决现实生活的真实问题。创设情境,应建立语文学习、社会生活和学生经验之间的关联,符合学生认知水平;应整合关键的语文知识和语文能力,体现运用语文解决典型问题的过程和方法。"[1]由此可见,在整本书阅读教学中,任务驱动需融入生活逻辑,让学生在生活中体会阅读的价值,提升其运用知识解决实际问题的能力,从而真正实现阅读与生活的相互促进。任务驱动应成为连接整本书阅读与学生生活的桥梁,使学生感到既亲切又富有挑战性,进而在理解知识的基础上,热情且灵活地运用学科基本结构的认知图式去分析并解决社会生活中的现实问题,切实提高整本书阅读教学的实效性。

结语

任务驱动下的整本书阅读教学中,其底层逻辑建构有着至关重要的意义,它从本质上来说,是在学科本质、认知规律以及生活实践这三者之间精心架设起一座沟通的桥梁。这绝非是简单机械地将三者进行叠加拼凑,而是构建起了一种充满生机与活力的生态循环模式,即遵循"文化浸润提供意义源泉—认知阶梯锻造思维利器—生活实践检验学习价值"这样的逻辑链条,使得整本书阅读宛如一个能够孕育素养不断生长的有机生命体,展现出蓬勃发展的态势。对于奋战在教学一线的教师们而言,深刻理解这一逻辑体系所蕴含的价值,其重要性远远超过单纯地去掌握那些具体的任务设计技巧。这是因为,只有清晰地知晓"为何设计",也就是透彻理解了这一底层逻辑,才能从根源上真正突破"如何设计"这一在实际教学过程中常常面临的困境,进而实现教学实践的优化与提升。可以说,

---

① 中华人民共和国教育部.义务教育语文课程标准:2022 年版[S].北京:北京师范大学出版社,2022.

学科本质、认知规律与生活实践这三种逻辑的深度融合，无疑是任务驱动下整本书阅读实施路径得以顺利铺就的坚实基石，是开启这一有效教学模式的关键起点，为整本书阅读教学注入了源源不断的活力与价值。

第二节　任务设计的精准规划

整本书阅读教学的成败，关键在于任务设计的科学性与合理性。在任务驱动的整本书阅读教学中，"任务"是核心枢纽，它将阅读目标、学生需求与教学资源有机整合，构建起一个指向核心素养培育的行动框架。这一框架的构建，需要建立在对学情的精准分析、对课程标准的深入解读，以及对任务类型的创新探索之上。通过科学规划任务蓝图，整本书阅读教学能够实现从"模糊经验"到"精准导航"的跨越。只有这样，才能将整本书的丰富内涵转化为可操作的学习路径，让学生在任务的引导下逐步提升思维高度，攀登知识的高峰。

一、学情与课标的定位匹配

任务设计的基本准则是立足学生的认知起点与发展需求。新课标明确指出，整本书阅读应"引导学生在语文实践活动中，根据阅读目的和兴趣选择合适的图书，制订阅读规划，综合运用多种方法阅读整本书"[①]。这一要求启示教师：任务设计需既体现整本书的独特价值，又符合学生的认知规律。

（一）任务目标的双维锚定

每个学生都是独特的认知个体，在阅读方面的起点和发展需求各不相同。整本书阅读并非简单的知识传递，而是学生在语文实践活动中不断提升自身语文素养的动态过程。任务目标的双维锚定，即同时关注学生对整本书独特价值的感悟以及对其认知规律的尊重，是确保阅读活动有效性的关键所在。这是因为，整本书通常蕴含着丰富的思想内涵和独特的艺术价值，只有当任务设计能够引导学生深入挖掘这些独特价值时，学生才能真正领略整本书的魅力，获得精神上的滋养。然而，如果忽视了学生的认知规律，任务设计过于简单或复杂，都无法达到预期效果。因此，在任务设计中，对学情的考量至关重要。教师需要深入了解学生的知识储备、阅读能力、思维特点等，并以此为依据精心设计任务，使任务既富有挑战性，又处于学生的最近发展区内。只有这样，才能引导学生在整本

---

① 中华人民共和国教育部. 义务教育语文课程标准：2022 年版[S]. 北京：北京师范大学出版社，2022.

书阅读的旅程中稳步前行,收获阅读的成果,实现语文素养的逐步提升。

以《骆驼祥子》教学为例,初中生对老舍笔下的北平社会缺乏直观经验,对祥子的悲剧命运多停留于情节复述层面。教师在学情调研中发现以下关键点:其一,学生能梳理祥子"三起三落"的情节脉络,但对社会压迫的运作机制理解模糊;其二,对京味语言风格有新鲜感,但难以体悟方言背后的文化隐喻;其三,易将人物悲剧归因于个人性格,缺乏对社会结构的批判性思考。基于此,任务目标可设定为三个层级。

知识层面:掌握北平车夫群体的生存困境与社会阶层的固化特征。

能力层面:解码老舍语言中的地域文化符号,并建立整本书与现实的关联。

素养层面:形成对"个人奋斗与社会制度关系"的辩证认知。

此类目标的设定,是学情调研后的针对性设定,又与课程标准中"鉴赏文学作品""感受形象、体验情感、品味语言"等要求深度契合。

(二) 任务类型的差异化适配

针对不同类型的书籍,应根据其文体特点和内容结构设计相应的阅读任务。文学本身具有独特的语言形式、表达手法和审美特征,因此在阅读整本书时,学生需要运用不同的阅读策略和思维方式来理解与赏析。例如,文学类书籍注重情感表达、人物塑造和情节发展。通过设计与文本情境、人物内心相关的任务,如角色扮演或情感共鸣写作,可以引导学生深入体会作品中的细腻情感和复杂人性,从而培养其审美感知能力。

从学生的认知发展角度来看,不同类型的书籍对其思维能力提出了不同的要求。科普类书籍强调科学探究和理性分析能力,因此,设计科普实验或科普小论文写作等任务,可以激发学生对科学知识的兴趣,锻炼其科学思维和实践能力。而纪实类书籍则侧重于对历史事实的梳理和对人物精神品质的感悟。通过开展人物评价或精神传承活动等任务,有助于培养学生的历史思维和价值观塑造。

因此,根据书籍的文体特点和内容结构设计任务,不仅是对文学特性和学生认知规律的尊重,还能让学生在阅读中获得更有针对性的指导,提升其阅读素养,为其终身发展奠定坚实基础。

例如,《朝花夕拾》的教学可以围绕"回忆性散文的叙事艺术"这一核心展开,设计"鲁迅童年记忆博物馆"策展任务。具体要求学生通过展品陈列、解说词撰写以及互动体验区设计等实践活动,深入理解散文"形散神聚"的文体特点。这一设计不仅呼应了课标中"欣赏文学作品,有自己的情感体验"的要求,还将静态的整本书解读转化为动态的文化实践。对于纪实类书籍,如《红星照耀中国》,其真实性和历史性是重要特点。教师可以设计如下任务:"选取书中一位令你印象深刻的红军人物,为其撰写一篇小传,结合书中内容和相关历史资料,分析其革命精神的内涵与价值。"通过这一任务,学生不仅能了解人物事迹,还能感受到革命先辈的精神力量,从而培养对历史的尊重和对革命文化的认同。至于科普类书籍,例如《昆虫记》,其重点在于知识的传播和科学思维的培养。教师可以布置如下任务:"选择书中介绍的一种昆虫,制作一份科普海报,内容需涵盖昆虫的形态特征、生活习性、生存策略等方面,并向同学们进行讲解。"这一任务既能考查学生对知识的掌握情况,又能锻炼他们的信息整理和表达能力。

(三) 任务分层的动态调控

整本书阅读的任务设计应遵循"最近发展区"理论,构建具有弹性的任务体系,以实现"低门槛切入、高天花板发展"的目标。要达成整本书阅读的教学目标,关键在于精准定位任务目标,将其转化为可观测的行为指标,并进行动态的任务分层调控。

课程标准作为宏观的指导性文件,具有抽象性和概括性的特点。它为教学活动提供了方向,但在具体的教学实践中,需要将其细化为具体、可操作的行为指标,以便教师能够准确把握教学目标和要求,设计出切实可行的教学任务。学生在整本书阅读过程中的学习进度和能力发展并非匀速或线性的,而是存在个体差异和动态变化。通过将课程标准转化为可观测的行为指标,并进行任务分层的动态调控,可以更好地适应学生的学习需求。教师通过对学生学习情况的实时监测和分析,可以根据学生的实际表现调整任务难度和层次,为不同层次的学生提供个性化的学习支持,从而激发每个学生的学习潜能。此外,任务分层的动态调控还有助于培养学生的自主学习能力和元认知能力。当学生清楚了解自己的学习任务和要求,以及完成情况与目标之间的差距时,他们能够更有针对性地调整自己的阅读策略和方法,学会在整本书阅读的"长程"中进行自我监督和自我管理。

例如,针对《经典常谈》中"文化传承"的主题,可制订如下目标矩阵(见表3-1)。

表3-1 《经典常谈》目标矩阵

核心素养	具体表现	任务载体
文化自信	识别典籍的文化基因及其现代价值	"典籍解码工作坊"
语言运用	提炼朱自清阐释经典的表达策略	"大家小书"仿写任务
思维能力	辨析传统文化在当代传播中的困境与出路	"文化传承方案设计"辩论赛
审美创造	用多模态艺术重构典籍的审美意象	"《诗经》意象水墨动画"创作

这一矩阵不仅将抽象素养具象化为学习行为,更通过任务载体的多样性激发学生的参与热情。

当然,在确定任务目标时,还需遵循适度性原则。任务难度过高,容易让学生望而却步;难度过低,则难以激发学生的学习动力。教师应根据学生的实际情况,合理调整任务的难度和要求,确保每个学生都能在阅读中有所收获。

通过学情与课程标准的双维锚定、任务类型的系统设计以及分层适配的动态调控,任务驱动下的整本书阅读教学构建起"目标—路径—反馈"的精准闭环。这种规划模式不仅将经典文本转化为可操作的认知地图,更通过科学分阶与个性化适配,让每个学生都能找到适合自己的阅读路径,最终实现从"被动接受"到"主动建构"的素养提升。

二、多样化任务的协同设计

任务类型的多样性是维持学生阅读动力的关键。在整本书阅读教学中,巧妙选择多样化的任务类型对于激发学生的多元思维与能力发展至关重要。不同类型的任务能够从不同角度引导学生深入阅读,培养学生的综合素养。根据认知目标的差异,可构建"信息提取—分析评价—创意表达—实践探究"的四维任务类型体系,使学生在不同思维层级的任务中实现能力进阶。

(一)信息提取类任务:构建认知脚手架

此类任务旨在帮助学生建立对整本书的整体感知。面对整本书这种体量大、内涵丰富的文本时,学生首先需要建立起对整本书的基本认知,即掌握其核心信息和主要内容。信息提取类任务引导学生关注书中的重要信息,如人物关系、情节发展脉络等,这是学生阅读整本书的基础。只有当学生对这些基本信息有了清晰的认识,才能进一步对其进行深入分析和理解。整本书的内容通常较为庞大和复杂,学生很容易在阅读过程中迷失方向。信息提取类任务能够为学生提供一个明确的阅读方向和框架,帮助他们梳理文本信息,从而更好地理解整本书的内涵。

以《西游记》为例,"取经路线时空图谱"这一任务要求学生提取八十一难的关键信息,包括地点、妖怪、化解方式等,并标注取经团队的心理变化曲线。学生在绘制图谱时,需综合运用跳读、摘要、分类等策略,从庞杂的情节中提炼叙事主线。教师可提供数字化工具支持,如利用"时光轴"软件动态呈现取经历程,使抽象的时间流逝可视化。此类任务如同搭建认知脚手架,为后续深度阅读奠定基础。学生在完成任务的过程中,需要仔细阅读整本书,筛选出关键信息,并进行整理和归纳,这有助于提高学生的信息处理能力。

(二) 分析评价类任务:触发批判性思考

当学生具备基本认知框架后,需引入分析评价类任务促进他们思维的深化,这是基于学生思维发展的内在需求以及整本书阅读的教育价值所必然导向的教学策略。随着认知的深入,学生需要运用批判性思维对所获取的信息进行筛选、分析和判断,从而形成自己的观点和见解。分析评价类任务鼓励学生对书中的观点、人物形象、艺术特色等进行深入剖析,促使他们从不同角度思考问题,挑战既有认知。例如,在评价人物行为时,学生需要综合考虑人物所处的情境、性格特点等多方面因素,从而形成全面而深刻的理解。这不仅提升了学生的思辨能力,也培养了他们的独立思考精神。通过此类任务,学生能够更加深刻地理解作品的内涵,领略到整本书的丰富性和复杂性,还能迁移到其他领域的学习和生活实践中,使他们能够更加理性地看待问题,做出明智的决策。

例如,《简·爱》整本书阅读教学中可以设置"阁楼上的伦理天平"任务,学生分组扮演法官、律师、证人等角色,围绕"罗切斯特囚禁伯莎是否正当"展开辩论。正方从 19 世纪英国法律与男性特权角度辩护,反方则引入女性主义理论批判权力压迫。学生需要对书中人物的行为进行深入分析,从不同角度思考和评价,这不仅加深了学生对作品的理解,训练了学生的逻辑推理能力,更引导其认识到文学阐释的历史性与开放性。

(三) 创意表达类任务:释放个体创造力

创意表达的任务鼓励学生发挥想象力和创造力,是学生将阅读体验转化为个性化产物的关键过程,对于培养学生多方面的素养有着深远的意义。学生在对整本书进行深入阅读后,会形成独特的阅读体验和感悟。创意表达类任务为他们提供了一个将这些内在的思考和情感外在化的契机。在这个过程中,学生需要对自己的阅读收获进行重新梳理和整合,从而加深对作品的理解。同时,此类型任务没有固定的模式和答案,学生可以充分发挥自己的想象力,突破常规思维的束缚,尝试新的表达方式和内容,创造出独具个性的作品。这不仅在实践中锻炼了他们的语言组织和表达的能力,更重要的是能够激发他们的创新意识。

《昆虫记》教学中的"科学诗人计划"即典型例证。学生需将法布尔对昆虫行为的科学描述改写为诗歌,并配以自然录音与显微摄影。例如,某学生将粪金龟滚粪球的过程描述为"用脊背丈量大地的经纬/在腐殖质中雕刻生命的史诗",既保留科学观察的精确性,又赋予整本书诗性审美。此类任务的关键在于设定明确的创作标准,如"科学准确性""文学感染力""形式创新性"等,避免天马行空的无效创作。

(四) 实践探究类任务:促进知行合一

在整本书阅读教学中,实践探究类任务着重于在真实情境中培养学生解决问题的能力,强调其实践操作与探究能力。传统的教学方式往往侧重于知识的传授,学生可能仅仅停留在对知识的理解层面。然而,整本书中蕴含的丰富知识和深刻道理,若不能在真实的情境中加以运用,便很难真正转化为学生的素养和能力。实践探究类任务为学生提供了将所学与实际结合的桥梁,让他们在面对真实问题时,主动调动从书中获取的知识来尝试解决,从而深化对知识的理解和掌握,实现知识的内化。在实践探究过程中,学生需要自己发现问题、提出假设、进行实验或调查、分析和解决问题。这种亲身体验和操作能够锻炼他们的动手能力、思维能力和创新能力。例如,在探究书中所涉及的历史文化背景时,学生可以通过实地考察、资料搜集等方式,培养自己的信息收集与处理能力以及批判性思维。实践探究类任务培养的能力有助于学生在未来的生活和工作中更好地适应社会变化,推动个人成长和社会进步,真正实现整本书阅读教育的价值和意义。

《红星照耀中国》的"红色基因检测"任务即属此类。学生走访社区老党员,采集口述史资料,对比书中革命精神与当代价值观的传承脉络,最终设计出"红色精神传承指数"评估模型。该任务打破课堂边界,让整本书阅读实现了历史与现实的链接。在任务实施过程中教师需注意协调资源支持,如邀请历史学者讲座、联系社区合作等,确保探究的可行性。

在选择任务类型时,要根据教学目标和书籍特点进行灵活搭配。对于文学性较强的书籍,如《朝花夕拾》,可以更多地选择创意表达和分析评价类任务,培养学生的文学鉴赏和表达能力;对于科普类书籍,如《昆虫记》,则可侧重于信息提取和实践探究类任务,突出知识的学习和实践应用。整本书阅读教学中,教师应巧妙选择多样化的任务类型,为学生提供丰富的学习体验,充分发挥任务驱动的作用,提升学生的阅读能力和综合素养。

三、任务分层的个性化适配

每个学生都是独特的个体,在阅读能力、知识储备和学习风格等方面均存在差异,整本书阅读教学需回应学生个体差异的客观现实,通过科学分层与精准适配,构建"低门槛—高挑战"的弹性任务体系。

(一)学情差异诊断

整本书阅读教学中,学生的阅读能力差异呈现连续分布特征,这一现实情况决定了需要通过多维数据建模来实现对学生阅读能力的精准识别。首先进行能力维度拆解,依据学情可设计"基础层—进阶层—挑战层"梯度任务链。基础层体现学生对基础知识的掌握程度,进阶层反映学生在深度理解和运用阅读方法方面的能力,挑战层则聚焦于学生面对高难度阅读任务时的解决问题的素养。

接着,诊断工具的运用是实现精准识别的重要手段。阅读能力雷达图通过前测问卷生成"信息处理—文学鉴赏—批判思维"三维能力剖面,直观呈现学生在整本书阅读中的优势与不足;AI学情画像借助人工智能技术分析读书笔记,识别认知盲区,更深度地分析学生的阅读行为和学习特征。这些多样化的诊断工具为教师提供了丰富的数据支持,有助于更准确地把握学生的阅读能力差异。

(二)阶梯任务设计

根据诊断结果,教师可设计逐级递进的阅读任务,确保每个学生都能在适合自己的难度层级上获得成长。维果茨基的最近发展区理论强调,学生的发展存在两种水平:一种是学生的现有水平,即学生独立完成任务所能达到的水平;另一种是学生在成人或更有能力的同伴帮助下,通过努力可以达到的潜在发展水平,两者之间的差距就是最近发展区。因此,任务驱动下的整本书阅读教学应着眼于学生的最近发展区,设置"基础—进阶—挑战"三级任务链,调动学生的积极性,发挥其潜能。基础任务对应学生的现有水平,旨在帮助学生巩固已有的知识和技能,建立对整本书阅读的初步认知,只有当学生掌握了基础知识,才能有信心和能力去挑战更高层次的任务。进阶任务则处于学生的最近发展区内,需要学生在已有的知识和技能基础上,付出一定的努力,通过思考、探究和实践才能完成。这类任务能够激发学生的学习动力和思维积极性,促使他们突破自身的局限,向更高层次发展。挑战任务超越了学生的现有水平和最近发展区,鼓励学生在更广阔的知识视野和复杂的情境中进行深入探究和创新。完成这类任务,学生不仅能提升自身的阅读能力和思维品质,还能培养面对高难度任务时的坚韧精神和创新能力。

以《水浒传》教学为例。

基础层任务——聚焦情节梳理与人物辨识。如"梁山好汉身份卡"制作:学生为108将设计包含绰号、兵器、经典事迹的卡牌,并通过"英雄战力值"排名激发兴趣。此任务通过游戏化设计降低畏难情绪,适合阅读能力较弱的学生。

进阶层任务——侧重逻辑分析与意义建构。如"梁山组织管理诊断报告":学生从人力资源配置、决策机制、文化建设等维度评估梁山的兴衰原因,并提出改革方案。该任务需整合管理学知识,适合具备跨学科思维的学生。

挑战层任务——强调批判创新与文化重构。如"水浒元宇宙"设计:学生利用编程软件、人工智能搭建虚拟梁山泊,通过智能体对话还原好汉们的心理冲突,并设计"招安与否"的分支剧情。此任务融合数字素养与文学解读,为高阶学习者提供创造空间。

在实施分层任务时,教师要注重引导学生根据自己的实际情况选择合适的任务,并给予相应的指导和支持。同时,鼓励学生在完成基础任务的基础上,挑战更高层次的任务,逐步提升阅读能力。

(三) 个性化阅读响应

分层不应被视作固化标签,而应作为一种动态导航工具。在整本书的阅读过程中,随着知识的积累、思维的拓展以及学习经验的丰富,学生的阅读能力会处于不断变化和发展的状态。如果将分层简单固化,学生可能会因过早被定位于某一层次而产生自我限制,失去突破和提升的信心与动力。动态导航式的任务分层能够更精准地贴合每个学生的实际情况,为他们提供个性化的学习路径。例如,"任务难度自评表"可以让学生根据自己的实际情况,对完成任务的难度进行自我评估。这有助于学生对自己的学习能力有一个客观、清晰的认识,从而激发他们主动探索和挑战自我的意识。而"学习路径选择指南"则进一步为学生提供了多元化的学习方向。学生可以根据自己的兴趣和需求,选择适合自己的学习任务和方式。这种个性化的阅读响应能够让学生在整本书阅读中找到最适合自己的"最近发展区",充分发挥自身的潜能。此外,动态导航式的任务也有助于教师更好地了解学生的学习情况和个体差异。教师可以根据学生的自评和表现,适时调整教学策略和任务安排,使教学更加精准、有效。

千年前孔子就主张"因材施教",整本书阅读教学中,通过合理的任务难度分层与个性化适配,能够满足不同学生的学习需求,使任务驱动真正成为促进学生阅读成长的有效手段,推动整本书阅读教学的个性化发展。

结语

任务驱动的设计蓝图,本质上是将整本书的"文化矿藏"转化为可开采、可冶炼、可锻造的"学习原料"。教师需要像建筑师般精准测绘学情地基,像工程师般科学配置任务模块,像艺术家般雕琢学习体验。唯有如此,才能让每一次任务都成为通向整本书深处的路标,让每一本书都成为滋养生命的源泉。未来的整本书阅读教学,应在守正与创新之间寻找平衡,既传承"读整本的书"的教育智慧,又拥抱技术变革带来的无限可能,让经典阅读真正成为塑造"完整的人"的终身事业。

第三节　任务实施的有序推进

整本书阅读教学的成败,不仅取决于任务设计的科学性与适切性,更依赖于教学流程的系统化推进。任务驱动下的整本书阅读若想真正实现从"知识传递"向"素养生成"的跨越,须遵循"情境卷入—深度探究—协作建构—迁移创新"的螺旋式实施路径。这一流程并非线性的机械操作,而是动态的认知循环,旨在通过阶段性任务的有机衔接,引导学生逐步从整本书表层走向意义深处,最终实现阅读能力与核心素养的协同发展。本节以《骆驼祥子》《昆虫记》《红星照耀中国》等经典作品的教学实践为例,阐释任务驱动整本书阅读的实施流程,为一线教师提供可复制的实践范式。

一、阅读导入:点燃思维火种

阅读前的导入与准备,是整本书阅读教学的"点火仪式"。这一阶段的核心目标在于激发学生的阅读内驱力,激活其认知图式中的"前理解",并为后续深度阅读搭建思维脚手架。传统教学中,教师常以"作者简介—背景介绍—布置任务"的程式化导入为主,学生往往被动接收信息,难以真正进入阅读情境。任务驱动式学习则通过"情境沉浸—问题悬置—资源赋能"三重策略,将导入环节转化为一场唤醒主体意识的认知冒险。

(一) 情境沉浸:从旁观者到亲历者的角色转换

经典整本书的时空距离与当代学生的生活经验之间,往往横亘着一道认知鸿沟。任务驱动式学习通过多模态情境设计,让学生在虚拟与现实的交叠中"亲历"整本书世界。情境沉浸首先是基于认知心理学中关于知识建构的原理。知识的获取并非简单的信息接收,而是在主体与环境的互动中逐渐建构起来的。在整本书阅读中,当代学生与经典作品存在时空和经验的差距,直接解读文本可能会让学生感到陌生和困惑。通过多模态情境设计,创设与书籍相关的虚拟或现实场景,能让学生更直观地接触和感受书中的情境,为他们理解文本内容提供具体的认知依托,促进知识的建构。其次,情境沉浸式的导入打破了传统教学中学生的被动地位,让他们主动参与到整本书的阅读情境中,成为阅读的亲历者而非旁观者。这种主动参与的体验使学生更深刻地理解书籍的内涵,培养他们的阅读兴趣和探究精神。

以《钢铁是怎样炼成的》教学为例,教师可通过数字技术构建"苏联革命时期工厂劳作模拟系统":学生戴上 VR 设备后,眼前即刻呈现出机器轰鸣、热火朝天却又条件艰苦的工厂车间场景,耳边充斥着工人们相互协作时的呼喊声以及机器运转发出的嘈杂声。系统设定学生化身"保尔·柯察金",要在规定时间内"完成高强度生产任务—应对工厂里的突发状况—与工友们共同抵制不良管理"等诸多挑战。当因为劳累过度差点在操作机器时出现失误时,有学生感慨地说:"保尔他们当时的工作太艰辛了,每天都得咬牙坚持啊!"这种具身化的情境体验,使得苏联革命时期工人阶级面临的艰难处境不再是书本上干巴巴的文字,而是变成了能够切身感受到的生活重压。教师顺势抛出核心问题:"在如今相对舒适的工作环境下,保尔身上那种坚韧不拔的精神对我们有着怎样的启示呢?"由此引发对奋斗精神、面对困难的态度等问题的深入思考。

(二)问题悬置:在认知冲突中埋下探索种子

在整本书阅读教学的导入环节中,设置问题悬置策略是思维最好的催化剂。人的思维总是在不断解决问题、解构矛盾的过程中得以成长。当面对认知冲突时,个体原有的知识结构与新的信息产生碰撞,这种碰撞会促使个体主动调整和重构自身的认知体系,从而实现思维的提升。教师精心设计的"认知钩子"——矛盾情境或开放性问题,正是制造了这样一种认知冲突。学生为了解决矛盾,会不自觉地调动已有的知识储备,积极思考、探寻答案,从而激活了他们的思维。再者,开放性问题和矛盾情境能够给予学生广阔的思考空间,避免传统教学中答案唯一性对学生思维的限制。在这种宽松且充满挑战的情境下,学生不再是被动地接受知识,而是成为主动的探索者。在导入环节设置问题悬置亦符合学生的学习心理规律。这种带有一定挑战性的任务,能够极大地激发学生的好奇心和探索欲望。学生们渴望去理解、去解释所面临的不解问题,这种内在的驱动力将促使他们更加积极地投入到阅读和学习中,为后续阅读注入源源不断的动力。

例如,在《昆虫记》教学中,教师可展示法布尔手绘的"圣甲虫滚粪球"示意图,并设置悬念:"这位'昆虫荷马'为何花费 30 年观察粪金龟? 难道粪便中藏着生命哲学的密码?"学生通过观察粪球剖面模型,发现其内部竟有卵室、育婴房等功能分区,惊叹于昆虫的建筑智慧。教师继而追问:"如果让你用粪球设计一座生态建筑,你会如何规划空间?"此类问题打破学科边界,将科学观察升华为艺术创造,促使学生带着强烈的好奇心开启整本书的阅读之旅。

(三)资源赋能:构建个性化的阅读工具箱

"工欲善其事,必先利其器。"在整本书阅读教学中,教师根据整本书特性为学生提供差异化的阅读资源包,是由学生个体差异、课程学习需求以及教育目标的实现等多方面因素所决定的。学生个体差异是资源赋能的重要考量因素。每个学生在阅读能力、知识基础、学习风格等方面都存在差异。不同的整本书因其题材、体裁、文化背景等方面的不同,对学生的能力要求也各有侧重。例如,对于文学性较强的作品,学生可能需要更多的背景知识辅助理解;对于学术性较强的书籍,学生则需要具备一定的研究方法和逻辑思维能力。因此,提供差异化的阅读资源包,能够满足不同学生的个性化需求,使每个学生都能在阅读中获得有效的支持。从课程学习需求的角度看,阅读资源是学生完成整本书阅读任务的重要工具。传统的单一资源模式可能无法满足学生在阅读过程中的多样化需求。而差异化的资源包可以为学生提供丰富的学习材料,如注释、解读文章、拓展阅读、音频视频资料等,帮助学生从不同角度解读整本书,深化对书籍的理解。此外,差异化的阅读资源包能够赋予学生更大的自主空间,让他们根据自身情况选择合适的资源进行学习和探究。这不仅有助于提高学生的阅读效果,还能培养他们的问题解决能力和创新意识,更好地实现整本书阅读教学的教育目标。

例如《红星照耀中国》的导入阶段,可设计"长征资源盲盒"任务。

地理组:领取 GIS 地图与海拔数据,标注书中关键战役的地理坐标;

历史组:获取口述史档案与老照片,还原"飞夺泸定桥"的历史细节;

文学组:分析斯诺的新闻笔法,影视版与文学版的差异。

学生通过自主选择资源包,初步建立与整本书的个性化联结,并激发对整本书深入探究的兴趣。这种基于个性化的学习资源不仅使阅读过程变得更加生动有趣,而且帮助学生在学习中找到属于自己的路径,加深对知识的理解和记忆。

这里需要补充说明的是,在激发学生阅读兴趣的基础上,教师要引导学生做好阅读准备工作。这包括指导学生收集与整本书相关的资料,如作者的生平、创作背景、作品的研究评论等;自主制订个性化的阅读计划,教师可以引导学生根据书籍的篇幅、阅读时间等因素,制订合理的阅读计划。例如,对于《骆驼祥子》,教师可以指导学生将阅读过程分为几个阶段,每个阶段设定具体的阅读目标和任务,如第一周阅读前几章,了解祥子的出场和他的梦想;第二周深入阅读,分析祥子的性格变化等。

"良好的开端是成功的一半。"在任务驱动下的整本书阅读教学中,阅读前的精心导入与准备能够激发学生的阅读兴趣,引导学生做好充分的阅读准备,为整本书阅读教学的顺利开展奠定坚实的基础,使学生在阅读之旅中迈出坚实的第一步。

二、阅读推进:搭建思维阶梯

阅读中的推进阶段是整本书教学的"主战场"。任务驱动式学习摒弃"教师讲读—学生笔记"的传统模式,转而通过"问题链引导—协作式探究—策略性支架"的三维联动,帮助学生突破认知瓶颈,从而深入理解整本书,进一步提升阅读能力,实现思维能力的阶梯式跃升。

(一)问题链引导:从表层信息到深层意义的认知攀登

问题链是撬动深度阅读的杠杆。阅读是一个逐步深入的过程。学生在初次接触整本书时,通常处于对大体信息的初步感知阶段,了解整本书的大致内容、基本情节或框架结构。随着阅读的深入,他们需要聚焦于局部细节,进行精读和品味,挖掘书中的深层次含义,如人物形象的塑造、语言运用的精妙之处等。当完成局部精读后,还需要进一步思考和质疑,对整本书所传达的观点、主题进行批判性反思,形成自己的理解和判断。问题链遵循"整体感知—局部精读—批判反思"的逻辑设计具有认知梯度的任务序列,正是契合了学生的这一认知发展过程。在整体感知阶段,合适的任务能够帮助学生快速抓住整本书的重点,激发他们的阅读兴趣,为后续的深入阅读打下基础。在局部精读阶段,渐进性的任务引导学生深入分析文本,培养他们的鉴赏能力和探究精神。而批判反思阶段的任务则促使学生对整本书进行更高级别的思维加工,提升他们的思维深度和批判性思维能力。问题链引导通过精心设计的任务序列,能够逐步引导学生从表层信息走向深层意义,实现深度阅读的目标,培养学生的深度理解、分析和批判性思维能力。

以《骆驼祥子》的"命运归因矩阵"任务为例。

基础任务(信息提取):绘制祥子'三起三落'情节曲线图,标注关键事件对经济状况的影响值;

进阶任务(分析推理):从个人性格(固执)、社会压迫(车行剥削)、文化心理(宿命论)三个维度,构建祥子悲剧的 SWOT 分析模型;

挑战任务(迁移创新):假如祥子生活在我们现在这个充满机遇的时代,给他设计一份职业规划,说说你觉得他适合做什么工作,并阐述选择这份工作的理由,同时简单列举出要想做好这份工作需要具备哪些技能和品质。

此类问题链如同认知升级的阶梯,既避免学生迷失在整本书细节中,又防止思维停留于浅表结论。通过这一系列问题,学生从对整本书内容的初步感知,逐渐深入到对作者情感和思想的探究,思维不断深化。这种问题链的设置,符合学生的认知规律,能够激发学生的思考积极性,让他们在解决问题的过程中,不断挖掘整本书的丰富内涵,提升阅读理解能力。

(二)协作式探究:在对话中重构整本书意义

在整本书阅读教学中,协作式探究通过多样化形式将阅读转化为集体智慧碰撞的文化实践,是学生深入理解整本书的重要路径。社会建构主义强调知识并非是个体独立建构的,而是在社会互动和共同体中通过意义的协商而产生的。对于整本书的阅读,每个学生都会有自己独特的视角和理解方式,协作式探究为学生提供了一个共同探讨的平台。在这个平台上,学生们可以交流彼此的想法、观点和感悟,分享自己的阅读经验和见解。通过倾听他人的见解和回应他人的观点,学生能够从不同的角度审视整本书,拓展自己的思维视野。角色扮演时,学生需要深入理解角色的性格、动机和价值观,通过与同伴的互动和反馈,不断完善自己对角色的诠释。辩论会中,学生需要运用逻辑思维和语言表达能力,阐述自己的观点,反驳对方的观点,这有助于培养他们的批判性思维和应变能力。在跨界工作坊中,学生可以结合不同学科的知识和技能,对整本书进行跨界解读和研究,培养他们的创造性思维和综合素养。协作式探究还能够培养学生的合作能力和团队意识。在小组合作阅读中,学生们需要共同制定研究计划,分工合作,相互支持和协作。通过与同伴的合作,学生不仅能够提高自己的阅读能力,还能够学会如何与他人有效沟通和合作,为他们今后的学习和生活打下坚实的基础。

例如在《红星照耀中国》教学中,可以设计任务"红色精神传承论坛"。

历史考证组:对比书中"强渡大渡河"与档案馆原始记录的差异,探讨新闻写作的虚实边界;

文学分析组:统计斯诺使用的比喻类型,解码其意识形态隐喻;

社会实践组:走访社区老党员,拍摄"长征记忆"微纪录片,构建口述史与文学叙事的互文关系。

论坛最终以"跨时代对话墙"呈现成果:左侧贴满学生摘抄的革命金句,右侧展示 AI 生成的"00 后长征宣言",中间用红线串联起两代人的精神共鸣。这种协作为学生提供了交流与合作的平台,促进思维碰撞和共同进步。同时,对于阅读本身而言,学生不仅深化了对整本书内涵的理解,更让红色基因在创造性转化中焕发新生。

(三) 策略性支架:让阅读方法可见可操作

初中生的元认知能力尚在发展中,教师需将抽象的阅读策略转化为具体的操作指南,这便是策略性支架。虽然初中学生的抽象逻辑思维开始发展,但元认知能力仍处于不成熟的阶段,对于复杂的阅读策略难以理解且难以运用自如。抽象的阅读策略通常是以理论、原则等形式呈现,对于这个阶段的学生而言,理解和把握这些策略具有一定难度,他们需要更具体、可视化的指导来辅助理解和实践。具体的操作指南犹如为他们绘制了详细的地图,让他们清楚知道每一个阶段的具体行动方向,在策略性支架的引导下明白如何进行文本精读、如何分析人物形象等。而且,具体的操作指南还有助于培养学生良好的阅读习惯。当学生按照操作指南进行阅读练习时,他们会在不断重复的过程中逐渐将其内化,形成自己的阅读方法,长期坚持将对学生的阅读能力提升产生深远影响。

例如,《昆虫记》的阅读教学中,可以提供策略性支架"科学观察四步法"。

定向观察:用"形色"APP 识别校园昆虫,填写"法布尔式观察日志";

细节描摹:仿写书中"它的大腿更加地长,宛如扁平的纺缍"[①]的比喻句,完成"昆虫拟人化小传";

假设验证:设计"蚂蚁通讯路径"实验,用糖粒诱导线验证信息素理论;

① 法布尔.昆虫记[M].北京:人民文学出版社,2018.

反思迁移:撰写《假如法布尔拥有电子显微镜》科幻微文,探讨技术对科学认知的影响。

这些具体的步骤,让阅读方法可见可操作,学生在实践中不仅能理解《昆虫记》的科学精神,还能培养严谨的探究态度,激发对自然科学的兴趣,最终实现知识内化与能力提升。

任务驱动下的整本书阅读教学中,教师通过有效的推进与指导,为学生提供了清晰的阅读路径和学习支架,帮助学生在阅读过程中不断提升理解能力、思维能力和合作能力,让学生在阅读的道路上稳步前行,逐步成长为具有独立思考能力和深厚文化底蕴的个体。这种教学模式不仅提升了学生的综合素质,更在他们心中播下了热爱阅读、追求知识的种子,为其未来的学习和生活奠定了坚实基础。

三、阅读延伸:促成素养跃迁

阅读后的拓展阶段是实现素养提升的"最后一公里"。任务驱动的整本书阅读教学,借助结构化设计,可以有效打通从知识获取到素养内化的关键路径。在此过程中,通过组织读书分享会、撰写研究论文、参与学科竞赛等实践活动,学生能够将所学知识应用于解决实际问题,从而深化理解并提升综合素养。与此同时,教师应引导学生进行反思与总结,提炼阅读成果,逐步构建个性化的知识体系。

(一) 成果整合与能力进阶

阅读成果的整合在素养内化的过程中起着基础性的作用。在阅读过程中,学生获取的知识往往是零散的,如果不能将其有效整合为结构化的知识网络,知识的系统性和关联性就会显得薄弱,素养的积淀也难以实现。

多模态成果的凝练是必不可少的环节。当今信息呈现方式多样,文本之外的图像、音频、视频等多模态信息丰富了阅读资源。引导学生以多模态方式对成果进行凝练,能够促使他们主动挖掘整本书与多模态信息之间的关联。例如,通过设计"阅读成果博览会",学生可以通过思维导图、主题手抄报、数字故事等形式展示学习收获。与传统的读书报告相比,多模态展示能够显著提升知识的留存率。此外,反思性写作的深化也有助于强化素养的内化。反思性写作能够引导学生跳出阅读的舒适区,从不同视角审视阅读历程,挖掘文字背后的价值观与思想内涵,深化对知识的理解与感悟,从而实现知识向素养的内化。最后,构建"理解—分析—创造"三级能力评价体系,为促进素养内化提供方向。这一体系以层次化的形式全面覆盖阅读能力,清晰界定不同层次的目标与要求,使教学更具针对性。教师能够依据该体系评估成果,洞察学生能力的发展水平与问题,及时调整教学，实现从知识巩固到素养积淀的过渡。

（二）情境迁移与创新实践

素养的本质在于知识在真实情境中的创造性运用，而任务驱动下的整本书阅读教学则通过项目化学习搭建起知行合一的桥梁。

生活问题解决的项目与整本书阅读紧密相关。整本书阅读所积累的知识，若能恰切地应用于实际生活，在解决问题的过程中实现迁移与内化，便能突破静态积累的局限，真正扎根于个体的核心素养。例如，从《昆虫记》中对昆虫生存环境的描写，学生可以获得关于生态平衡的启示，进而尝试在校园或社区发起保护昆虫的行动。这种将阅读与生活实践相结合的方式，不仅能让学生深刻理解阅读内容的现实意义，还能培养他们解决实际问题的能力，使素养在实践中得以提升。

文化创新实践同样是整本书阅读延伸的重要方向。经典作品承载着丰富的文化内涵，对其进行青春化改造等创新实践，例如在学习《经典常谈》时，将《诗经》中的婚恋诗改编为说唱歌曲并发布到 B 站，是对传统文化的创造性传承。学生通过现代形式重新诠释经典，不仅能加深对整本书的理解，还能让经典文化在新语境中获得新的生命力，使素养在文化创新中得到升华。

跨学科融合的挑战同样不可或缺。整本书阅读所涉及的知识是多元的，跨学科项目能让学生从不同角度解读作品。例如《水浒传》经济学项目，通过分析梁山集团的财政来源，模拟宋代的货币系统，计算好汉们的购买力水平，并据此撰写《从梁山经济看古代农民起义的局限性》小论文，使学生更全面地理解作品。这种跨学科的实践有助于培养学生的综合素养和创新能力。

通过成果整合的系统化、真实迁移的项目化，任务驱动下的整本书阅读实现了从"读完整本书"到"用活整本书"的转变，这样整本书阅读才是真正成为核心素养生长的沃土。这种"读—思—行"的闭环设计，是语文教育回应"培养解决问题能力"时代要求的实践答卷。

阅读后的拓展延伸与成果展示，是学生将整本书阅读中的"吸收"进行"倾吐"的过程。通过这些活动，学生将整本书阅读中获取的知识、情感体验和思维能力进行整合与输出，不仅加深了对整本书的理解，还提升了综合素养。任务驱动下的整本书阅读教学中，教师应重视这一环节，精心设计拓展活动和成果展示形式，持续挖掘"接地气、有活力、可操作"的实践活动，让学生在阅读后能有更多的收获和成长，进一步推动整本书阅读教学向纵深发展。

四、实施流程：构建生态闭环

基于上述实践，可提炼出任务驱动下整本书阅读教学的"四阶十二步"实施模型(见图3-1)。这一模型以学生为中心,通过构建"人与整本书—人与他人—人与世界"的多维互动模式,强调"预设"与"生成"的动态平衡,成功将传统阅读教学的单一维度拓展为更为丰富和深入的多元维度,为整本书阅读教学提供了一种全新的思路和方法。

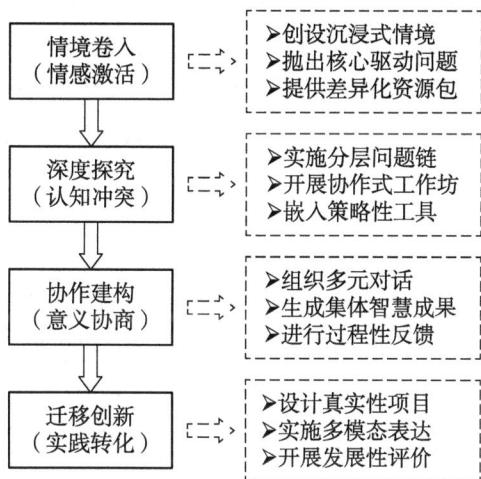

图3-1 "四阶十二步"实施模型

任务驱动下的整本书阅读教学实施流程,旨在突破传统教学中"人与书"单一对话的局限。在传统阅读教学中,学生通常只是被动接受书本知识,缺乏与内容深层次互动以及与他人、社会的广泛联系。而"四阶十二步"实施模型则强调多维互动,这是基于现代教育对培养学生综合素养的要求。学生不仅需要掌握书本知识,更需要在整本书阅读过程中培养批判性思维、合作能力、创造力和实践能力等多方面的素养。

在情境卷入阶段,提供差异化资源包至关重要。由于学生个体之间在学习水平、兴趣爱好、认知方式等方面存在显著差异,提供差异化资源包能够使每个学生从自身起点出发开启阅读之旅,满足个性化需求,激发阅读兴趣和主动性。这种个性化的设计体现了对学生个体差异的尊重,是因材施教教育理念的具体实践。

在协作建构阶段,组织多元对话的意义不可忽视。在传统阅读教学中,学生的个体认知往往被忽视,教师主导的单一讲解模式难以满足学生多样化的思维需求。而在多元对话的环境中,学生可以充分表达自己的观点和想法,倾听他人的见解,这种思想的碰撞与交流能够促进集体智慧的生成。每个学生都能从对话中汲取他人的经验和智慧,拓宽思维视野,实现知识的共享与共同成长。同时,提前规划阅读任务与流程,能够为学生提供明确的阅读方向和学习框架,确保教学有序进行。根据学生反馈灵活调整教学策略,则能够及时满足学生在阅读过程中出现的新需求和新问题。这种弹性机制能够更好地适应学生的学习节奏,促进个性化学习。

在促进深度阅读方面,从情感激活到实践转化层层递进的策略具有重要的理论依据和实践价值。深度阅读的本质要求学生投入深层的情感和思维活动。为此,可通过设计分层问题链和运用策略性工具(如思维导图、批注系统),引导学生逐步深入文本,把握整本书的深层意蕴。进而,通过协作对话和真实情境中的项目任务,推动学生将所理解的知识进行迁移与应用。这一层层递进的策略,最终帮助学生完成从浅层浏览到深度探究的阅读跃迁。

此外,该模型还注重培养学生的多元能力。协作式工作坊和多模态表达等活动的设计,有助于全面提升学生的综合素养,为学生的未来发展奠定坚实的基础。

对于一线教师而言,精准把握这一实施流程背后潜藏的教育理念与思维逻辑,灵活运用多样化的策略工具,是培育既有文化根基、又有创新魂魄的时代新人的关键。可以预见,未来的整本书阅读教学,将在任务驱动的范式革新中,迈向更广阔的育人境界。

第四节　多元资源的整合运用

整本书阅读教学的深度推进,离不开教学资源的系统性整合。任务驱动下的整本书阅读教学会充分借助各种资源的力量,实现教学效果的最大化。合理整合资源能让整本书阅读教学变得更有趣味、更具成效。任务驱动式学习强调"资源即工具",通过教材资源的深耕、拓展阅读的联动、数字技术的赋能和文化资源的活态传承,将静态的整本书转化为动态的认知工具,构建起"文本—技术—生活—文化"四位一体的资源网络,是任务驱动整本书阅读教学实施路径的"大后方"保障系统。这种整合不仅是教学内容的丰富,更是学习方式的革新,学生在多元资源的协同作用下,突破认知边界,实现更高效的整本书阅读学习。

一、教材资源的深度开掘

教材作为语文教学的核心载体,与整本书阅读具有天然的互补性。任务驱动下的整本书阅读教学通过挖掘教材单元主题、写作手法和整本书的独特价值,设计"教材—整本书"联动任务,以教材为依托,设计任务驱动的阅读活动,引导学生从单篇精读走向整体研读,构建起结构化知识体系。

（一）教材单元主题与整本书内容的联动

　　教材单元主题经过精心编排,具有明确的指向性和系统性,能够为学生提供基础性、规范性的知识架构。然而,单篇文本的局限性在于其内容相对独立,在培养学生综合运用知识和深入探究问题的能力方面存在不足。整本书阅读则以其丰富的内容、复杂的情节和深邃的思想,为学生提供了广阔的思维空间,有助于培养他们的综合素养。因此,将二者有机结合,通过挖掘教材单元主题与整本书特性,设计联动任务,能够使教育目标得以更全面、深入地实现。以统编初中语文教材七年级第三单元为例,该单元选编了《从百草园到三味书屋》《往事依依》《再塑生命的人》等课文,这些课文在内容和写作手法上都具有一定的代表性,为学生阅读整本书提供了范例。教师以此为契机,在《朝花夕拾》整本书阅读教学过程中设计任务:"对比《从百草园到三味书屋》和《朝花夕拾》中的其他散文,分析鲁迅回忆性散文在人物描写和情感表达上的特点。"通过这样的任务,引导学生发现教材课文与整本书之间的联系,学会运用在教材学习中掌握的阅读方法去阅读整本书。再如,九年级上册第六单元的《范进中举》选自《儒林外史》,这篇课文是《儒林外史》中极具代表性的片段。教师在教授《范进中举》时,可以将其作为引导学生阅读《儒林外史》整本书的切入点,设计任务:"《范进中举》中通过范进的故事展现了科举制度对读书人的毒害,在《儒林外史》整本书中,还有哪些人物的经历也体现了这一主题?请举例分析。"这样的任务能让学生从教材中的单篇文章延伸到整本书的阅读,拓宽阅读视野,加深对作品主题的理解。

（二）教材写作手法在整本书阅读中的迁移

　　从写作手法的角度来看,教材为学生提供了丰富的范例。在学习教材中涉及的环境描写、人物刻画等手法后,教师可以引导学生将这些技巧迁移到整本书的阅读中。教材中的课文在写作手法的运用上具有典范性和代表性,为学生提供了极具价值的参考。在学习这些课文时,学生对场景描写、人物刻画以及修辞手法等写作技巧有了初步的认识和理解。然而,仅仅停留在课文的学习层面是远远不够的,因为语文学习的核心目标是培养学生的语言运用能力和思维品质,而迁移运用正是实现这一目标的关键环节。

　　当学生面对篇幅更长、内容更丰富、情节更复杂的整本书时,他们需要更高级的写作手法来支撑文本的叙述和表达。此时,引导学生将在教材中学到的写作手法迁移到整本书的阅读中,能够帮助他们更深入地理解作品的深层意蕴和艺术特色。例如,在学习了《故乡》中通过环境描写烘托人物心情的手法后,可以让学生再读《骆驼祥子》,找出书中描写环境的段落,并分析其对祥子心理和命运的影响。这种将教材写作手法与整本书阅读相结合的方式,有助于提升学生的阅读鉴赏能力和写作水平。

此外,迁移运用还能够促进学生的知识整合和能力迁移。通过将教材中的写作手法运用到整本书阅读中,学生能够进一步认识到语文知识的普遍性和规律性,从而在更广泛的阅读情境中灵活运用这些知识,提升自身的语文素养和综合能力。

任务驱动下的整本书阅读教学中,教师要善于把握教材与整本书阅读的内在联系,以教材为桥梁,设计具有针对性的任务,引导学生从教材走向整本书,实现教材资源与整本书阅读的有机融合,让学生在阅读整本书的过程中,更好地理解教材知识,充分发挥任务驱动在整合教材资源与整本书阅读中的作用,推动整本书阅读教学的深入开展。

二、拓展阅读的立体构建

合理运用拓展阅读资源,能够为学生开辟更广阔的阅读视野,丰富他们的阅读体验,并深化对整本书的理解。初中阶段是学生知识积累和阅读兴趣培养的关键时期。根据学生的阅读需求和兴趣,精选并推荐合适的拓展阅读书籍,有助于突破单本书籍的限制。通过结构化设计,构建多维度的意义网络,学生可以进一步完善自身的知识体系。拓展阅读资源并非简单的书目罗列,而是通过主题关联、认知进阶和文化对话的立体化设计,从而引导学生从"读懂一本书"迈向"读透一类书"。

(一)主题关联:构建跨文本的阅读星系

初中阶段的学生正处于知识储备增长和阅读兴趣培养的关键时期。他们对于阅读有着日益增长的渴望,拓展阅读作为整本书阅读的有益补充,能为学生提供更广阔的阅读空间,丰富阅读体验。学生在深入阅读整本书的过程中,已初步建立起对某一具体文本的认知,但对于一类书籍所蕴含的共性与规律尚未有深刻认识。同类型整本书在主题、题材、写作手法等方面往往具有相似性,主题关联能够助力学生在同类型整本书中建立起深层次的意义关联。这种关联的建立有助于学生将分散的知识条理化,深化对这类书籍的整体认知,形成相对完整的知识体系。主题关联的拓展阅读还能促进学生批判性思维和创造性思维的发展。学生在比较阅读不同作品的过程中,需要对各种观点和表现手法进行分析、评价,思考其优劣之处,进而帮助其会读一类书。比如,以《骆驼祥子》为核心进行辐射关联,纵向关联老舍的《茶馆》(均涉及北平的底层生态)、茅盾的《子夜》(均折射都市生存困境);横向关联引入《悲惨世界》(均关乎阶级压迫主题)、《活着》(均体现个体命运抗争)。通过这种主题关联形成阅读网络,学生不仅能深入理解《骆驼祥子》的社会背景和人物命运,还能在更广阔的文学视野中,把握不同时代、不同文化背景下相似主题的多样表达。

（二）认知阶梯：分层拓展的思维跃迁

在拓展阅读中构建认知阶梯，进行分层拓展，是基于学生阅读能力与思维发展的内在规律所做出的必然选择。初中学生的认知水平发展呈现阶段性特征，阅读能力和思维深度也因个体差异和学习积累而有所不同。若整本书阅读的拓展始终停留在同一水平，学生的阅读成长将受到限制。因此，采用分层拓展的方式，能够契合学生个体发展的需求，让他们在自己的"最近发展区"内进行阅读探索，逐步提升阅读能力。更为重要的是，进行分层拓展有助于实现学生思维的跃迁。在阅读过程中，思维的发展是一个从低层次向高层次逐步递进的过程。通过分层设置拓展阅读内容，学生从相对简单的文本入手，能够建立起对某一类书籍的基础理解，积累相关的知识与阅读方法。随着阅读层次的深入，材料的复杂性和思维要求不断提高，学生需要运用更高级的思维方式去分析和解读文本，这促使他们突破原有的思维局限，实现思维的升级。如此，认知阶梯式的分层拓展能够引导学生在拓展阅读中逐步实现思维的跃迁，使其在阅读各类书籍时从浅层次的理解迈向深层次的鉴赏与批判。以《西游记》为例，可构建三级拓展模型。基础层关联《大唐西域记》，进行史实与虚构对比；进阶层延伸到《魔戒》，比较英雄之旅叙事结构；挑战层跨界阅读《人类简史》，探讨神话思维与文明演进。同时，配套设计任务链，初级任务为制作"取经路线古今对照图"，锻炼空间认知；中级任务是撰写《东西方英雄观的对话》，培养批判思维；高级任务是策划"神话IP开发方案"，提升创新实践能力。

（三）文化对话：跨时空的意义再生产

在任务驱动的整本书阅读拓展活动中，文化对话作为一种实现跨时空意义再生产的重要手段，具有不可忽视的价值。文学作品是特定文化和时代背景下的产物，蕴含着丰富的文化内涵。通过阅读不同类型的整本书，学生能够接触到多元的文化和思想。然而，如果阅读仅仅局限于单本书籍，学生往往难以深入理解文化之间的差异与联系。因此，开展文化对话，引导学生在跨时空的语境中对不同书籍进行比较和解读，有助于他们打破时间和空间的限制，深入理解文化内涵并探寻其演变脉络。

首先，文化对话能够有效拓展学生的思维视野。通过对比不同时代、不同地域的文化元素，学生能够形成对文化的全面认识，从而更深入地理解文化的多样性和复杂性。其次，文化对话有助于培养学生的开放包容的文化视野与批判反思能力。在跨时空的文化比较和交流过程中，学生能够对传统文化进行反思和创新，从而实现文化的传承与发展。例如，将《朝花夕拾》与《追风筝的人》进行并置阅读，引导学生对比鲁迅笔下的"童年创伤"与胡赛尼的"救赎叙事"，分析鲁迅作品中童年阴影对其创作的影响，以及胡赛尼如何通过叙述展现救赎之路。在此基础上,可以设计一个"记忆博物馆"虚拟展厅作为拓展任务,让学生选取书中典型情节与片段,展示不同文化背景下两部作品关于成长的书写。通过这种对比探索,学生可以加深对文学作品的理解,提升跨文化阅读能力。

在推荐拓展阅读书籍时,教师应向学生传授选书的原则与方法。需告知学生,可从书籍的口碑、作者的知名度以及内容的相关性等方面进行考量。同时,要引导学生依据自身兴趣和阅读水平挑选合适的书籍,以免因书籍难度过高或内容缺乏吸引力而削弱阅读积极性。丰富的拓展阅读资源如同养分,能滋养学生的精神世界。教师通过精心挑选推荐书籍,并设计相关任务,引导学生进行阅读与思考,使学生在更广泛的阅读中不断积累知识、开阔视野、提升素养,从而实现任务驱动下拓展阅读资源的有效利用,推动整本书阅读教学向更广阔的领域拓展。

三、数字技术的生态融合

随着信息技术的迅猛发展,数字资源在教育领域的应用已从辅助工具转变为重构教育生态的重要力量。任务驱动下的整本书阅读教学中,通过认知工具的迭代升级、思维范式的深度重塑以及教学结构的系统变革这三重路径,数字技术实现了从"教学手段"到"教育基因"的升维,推动整本书阅读教学从对工具的依赖转变为思维层面的进化,实现了质的飞跃。

(一) 认知工具的迭代升级

传统的整本书阅读教学中,学生通常只是进行相对孤立的信息接收,教师传递的文本信息往往是单向且抽象的,这使得学生难以将这些信息有效地整合并内化为自身的知识体系。而在任务驱动的阅读场景下,尽管学生的阅读有了明确的目标和方向,但单纯的信息传递方式依然无法满足任务完成和学生深度理解的需求。此时,数字技术通过多模态工具革新了阅读认知方式,对整本书阅读教学具有重要意义。

以智能批注系统为例,在任务驱动的整本书阅读过程中,该系统能够根据整本书的特点和学生阅读行为,为完成特定任务提供针对性的注释和提示。比如,在《骆驼祥子》整本书阅读教学中,AI批注工具能够自动识别"烈日与暴雨"的环境描写,并推送相关的北平气候史料、老舍创作手记等拓展资源。这一功能不仅丰富了学生的阅读素材,使其更深入地理解文本所描绘的环境背景及其对人物命运的影响,还能引导学生从不同角度解读经典文本,培养他们的批判性思维和探究能力。同时,学生可以使用语音批注功能记录实时感悟,系统通过情感分析生成"阅读情绪曲线图",这有助于教师了解学生在阅读过程中的情感变化,从而有针对性地调整教学策略。

此外,理科教学中常用的虚拟仿真实验室同样可以在整本书阅读教学中得到应用。在任务驱动下,学生为完成任务可能会遇到难以想象的情境或复杂的概念。通过虚拟仿真实验室,学生能够仿佛置身于故事场景中,直观感受书本所描绘的情境。例如,在《西游记》的教学中构建"取经项目管理沙盘",让学生使用数字孪生技术模拟八十一难的资源分配,如盘缠、法宝、人员调度等。这种实践操作使学生将抽象的书本内容转化为具体的项目任务,增强了他们的参与感和体验感。系统实时反馈任务进度并自动生成 SWOT 分析报告,能帮助学生及时发现问题、调整策略,培养他们的团队协作能力和问题解决能力。

综上所述,在任务驱动的整本书阅读中,多模态工具革新了认知方式,将抽象的文本转化为可操作的思维脚手架,推动学生对整本书阅读进行深度建构。

(二)思维范式的深度重塑

知识本身是一个相互关联的有机整体,尤其是对于经典整本书这样的复杂文本,其内部各元素之间的关系错综复杂。学生如果仅依赖线性阅读,很难构建起全面且深入的理解体系,从而无法真正把握整本书的精髓。数字技术的兴起,为学生带来了新的机遇,推动阅读思维从被动接受向主动建构转变。知识图谱的认知导航功能可以帮助学生构建更加系统的知识体系。通过知识图谱,整本书中繁杂的知识点得以相互关联,学生可以清晰地看到各部分内容之间的逻辑脉络。例如,在《水浒传》的教学中,可以搭建"梁山关系网络图谱",该图谱的节点标注人物属性,如宋江的"忠义值"、李逵的"暴力指数",边线则标记关系类型,包括恩义、利益、敌对等,并支持动态筛选与聚类分析。学生借助这一图谱,能够捕捉到"卢俊义入伙是权力重构的关键事件",这体现了对整本书的深度理解与创新思考。此外,生成式 AI 能够根据学生的问题和观点生成多种不同的回应,为学生创造多元化的思考情境。在任务驱动的整本书阅读教学中,学生带着特定任务探索整本书,生成式 AI 提供的多种思路和答案,促使学生超越传统理解的局限,与文本、技术展开多层次的互动,真正实现从被动接受到主动建构的思维范式转变。这无疑为培养学生的深度思维能力、创新精神以及综合素养提供了有力支持。在《朝花夕拾》的阅读中,学生与 AI 共同创作"鲁迅的现代朋友圈",输入文本片段后,AI 能够生成符合鲁迅文风的动态评论,甚至可以用绍兴方言模拟闰土的回复。学生在此基础上对 AI 的输出进行批判性修正,形成"人机协同创作日志"。这一过程不仅加深了学生对文本的感悟,还锻炼了他们的批判性思维与创造力。

(三)教学结构的系统性变革

数字技术凭借其强大的信息承载、交互和处理能力,正在重构教学要素之间的关系,逐步形成一种"师—生—机—境"协同进化的教育生态。在这一生态系统中,教师的角色转变为引导者和协作者,学生成为主动的探究者,机器提供智能化的支持,而环境则成为互动学习的场域。对于学生而言,他们可以在这一生态中充分发挥主体作用,利用数字技术提供的多样化资源,例如互动式阅读软件、在线讨论平台等,自主参与阅读任务,并在虚拟环境中与其他同学合作交流,共同完成任务。

通过数据驱动的个性化路径,数字技术能够对学生学习数据进行精准分析。每个学生的阅读能力、学习风格和兴趣爱好各不相同,通过收集和分析学生的学习行为、思维方式等数据,数字技术可以为学生提供量身定制的学习建议和资源推荐,引导他们沿着最适合自己的路径完成整本书的阅读和理解。此外,数字技术还可以构建云端协作阅读共同体,为教学提供强大的资源支持和互动交流平台。在任务驱动的学习模式下,学生需要在整本书阅读过程中不断与他人交流、合作,分享观点和见解,以深化对书本的理解。例如,在完成一部经典文学作品的相关任务时,学生可以通过云端协作共同体,与世界各地的读者、学者进行实时交流,获取不同的解读视角。这种跨地域、跨时空的交流,不仅丰富了学生的学习体验,也培养了他们的合作精神和沟通能力。

在整本书阅读教学中,应充分运用数字资源与信息技术,创新教学任务和方式,使任务驱动的整本书阅读教学更贴合学生的学习需求,成为学生自主探索和深度学习的有效工具。通过认知工具的深度赋能、思维模式的结构性革新以及教学生态的系统性重构,数字技术实现了从"教学工具"到"教育基因"的根本转变,使整本书阅读成为数字原住民思维发展的试验场。这种"工具—思维—生态"三维融合的模式,正是语文教育对数字文明时代的创新回应。

四、文化资源的活态传承

经典整本书的文化基因需要在创造性转化中得以激活。在任务驱动的整本书阅读教学中,我们可以通过记忆解码、在地活化和跨界创新这三重路径,构建起文化资源活态传承的实践框架,从而实现从"文化保存"到"文化生长"的转变。

(一) 非遗技艺资源的创新转化

通过任务设计与整本书文本解读相结合,激活传统资源的现代教育价值,作为文化基因实体承载的非遗技艺能发挥强有力的作用。

非遗技艺资源的创新转化,即实现传统工艺与文本解读的深度融合。非遗技艺蕴含着丰富的历史文化内涵和传统智慧,但现代社会非遗技艺面临传承人才匮乏、传承环境改变等挑战。将非遗技艺与整本书阅读相融合,一方面可以为非遗技艺的传承提供新的场景和途径,让更多人尤其是年轻一代了解和关注;另一方面,也为非遗技艺的创新发展提供了灵感源泉。在整本书阅读的情境中,学生可以结合文本背景和解读,对非遗技艺进行重新解读和改良,使其更好地适应现代社会的需求。

(二) 地方文化资源的在地活化

地方文化资源作为经典整本书的根系,承载着丰富的历史文化内涵和地域特色。在地实践实现文化基因的本土再生,是因为整本书阅读的理解深度需要依托其产生的地域背景和文化土壤。只有深入到特定的地域空间中,学生才能真切地体会到经典文本所描绘的风土人情、社会生活,从而深化对整本书的感悟。地域的文化空间是经典整本书诞生的天然“舞台”,重构与利用这些空间,能够为学生提供沉浸式的学习体验,将抽象的文本解读转化为具体的空间感知。例如,古老的建筑、传统的街巷等承载着丰富的文化信息,学生在这些空间中探究经典,能够更深入地理解其中蕴含的地域特色与文化内涵。此外,方言资源的教学转化也至关重要。方言作为地域文化的重要载体,承载着当地人民的生活方式、思维习惯和价值观念。将方言资源引入任务驱动下的整本书阅读教学,不仅能增强阅读的生动性和趣味性,还能让学生在熟悉的语言环境中更深刻地理解经典文本。同时,方言的学习与使用有助于培养学生对本土文化的认同感,从而实现地方文化资源的传承与发展,达到地域特色与经典文本的共生互哺。

(三) 社区艺术资源的共创实践

社区艺术资源的共创实践,旨在将整本书阅读与社区文化建设相融合,通过公共艺术项目实现文化基因在社会中的渗透。在现代社会,经典整本书的传播面临诸多挑战,例如阅读门槛较高、受众范围有限等。然而,通过与社区文化建设相结合,并借助公共艺术项目,可以有效突破这些传统传播的局限。社区作为社会的基本单元,是人们生活的重要场所,具有强大的凝聚力和互动性。在社区中开展艺术项目,能够以更直观、更形象的方式将经典整本书带入居民的日常生活,降低阅读门槛,使更多人能够接触到经典文化。例如,通过墙壁绘画等形式,将经典书籍中的精彩片段可视化,使人们无需深厚的文字功底也能对其有所感知,从而吸引更多人关注经典文本。这种做法有助于增强社区居民的文化认同感和归属感,唤起他们对特定历史时期的记忆,并引发情感共鸣。此外,还可以组织学校与社区的对话会,进一步促进居民之间的交流与互动,加深他们对社区文化和经典文化的理解与认同。另外,资源联动为这一实践提供了重要支持。市政部门、本地艺术家等资源的注入,不仅解决了壁画绘制所需的资源和专业指导问题,还整合了社区口述史素材,丰富了文化内涵。这种多元主体的协同合作,使得社区艺术共创实践得以更加顺利地开展。

以《唐诗三百首》为例,教师可设计如下任务链,助力学生感受传统文化魅力,实现文化传承与创新。

（1）文化寻根:方言吟诵品古韵。让学生用家乡方言吟诵《唐诗三百首》中的经典诗作,如《静夜思》。方言作为地域文化的"活化石",承载着丰富的历史文化信息。在吟诵过程中,学生能深切感受到唐诗的音韵之美与地域文化的紧密联系。例如,粤语保留了较多古汉语的入声,用粤语吟诵唐诗时,诗歌的节奏和韵律更加鲜明,学生能更深刻地体会到诗歌的音乐性。学生录制"乡音里的唐诗"系列视频,不仅能记录下独特的文化体验,还能在分享过程中引发他人对地域文化和传统文化的关注,增强文化认同感。

（2）艺术演绎:跨界创作展新韵。鼓励学生选择自己最喜欢的一首唐诗,运用现代音乐形式进行跨界创作。如将诗歌改编成电子音乐,通过节奏、旋律的变化赋予唐诗新的生命力;或者改写成 RAP,以富有节奏感的说唱形式展现唐诗的魅力。在这个过程中,学生需要深入理解诗歌的内涵和情感,结合现代音乐元素进行创新表达。例如,有学生将《将进酒》改编成说唱歌曲,通过强烈的节奏和个性化的歌词演绎,让这首经典诗作焕发出新的活力,使更多同龄人对唐诗产生兴趣,实现传统文化的创造性转化。

（3）社区传播:文化展演促传承。组织学生在古镇戏台、社区草坪音乐会等场合,举办"唐诗新时代"夜游会。学生身着传统服饰,以角色扮演的方式演绎唐诗故事,并结合 AR 技术,让游客扫码即可触发与虚拟诗人的对谈。这种沉浸式的文化体验活动,将唐诗从书本带入生活,让社区居民和游客在欣赏表演的同时,更深入地了解唐诗的文化内涵。在这样的活动中,学生不仅是文化的传承者,更是传播者,他们将传统文化的种子播撒在更广阔的社会土壤中,促进文化的传承与发展。

通过这样的任务设计,整本书阅读便升华为连接传统与现代、个体与社会的文化实践。这种"艺术—文本—社区"的资源整合模式,为语文教育开辟了文化传承的创新路径。学生不再将经典整本书视为遥远的知识,而是能够切身感受到其中蕴含的文化魅力,在传承文化的同时进行创新表达,实现从文化记忆到文化创新的跨越。

五、资源整合的实践模型

基于以上任务驱动下整本书阅读教学资源运用的阐述,可以提炼出"四维资源塔"模型(见图 3-2)。

该模型以学生为中心,通过多维度的资源互动,构建系统化的整本书阅读生态。它强调资源的动态流动与协同增效,教师可基于学情调整各层权重,形成个性化教学路径。在实际教学中,教师应根据不同书籍的特点和学生的需求,灵活

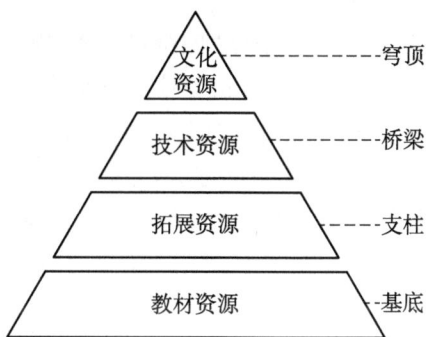

图 3-2 "四维资源塔"模型

运用各类资源,让教材资源、拓展资源、技术资源和文化资源相互配合、相互促进,共同服务于任务驱动下的整本书阅读教学。

(1)基底:教材资源——锚定学科核心素养。教材是教学的基础资源,它围绕学科核心素养精心编排,涵盖了丰富的语文知识和技能要点。在整本书阅读教学中,教师应充分挖掘教材资源,以教材为基石,引导学生掌握阅读方法、理解整本书内涵,为整本书阅读奠定坚实基础。例如,通过教材中对修辞手法、写作手法的讲解,帮助学生在整本书阅读中更好地赏析作品,提升语文素养。同时,教材中的经典篇目可作为阅读范例,引导学生学会从篇章到整本书的迁移阅读,培养系统思维。教材整本书阅读板块的"阅读指导""阅读任务"等内容,为整本书阅读教学提供了方法指引和实践建议,教师能够据此精准设计教学活动,引导学生由浅入深地走进整本书的内核世界。

(2)支柱:拓展资源——拓宽认知与文化视野。拓展阅读资源能为学生打开更广阔的知识大门。经典文学作品、科普类书籍、历史传记类书籍等拓展资源,与义务教育阶段的整本书阅读相互补充,通过对比阅读、跨学科阅读等任务设计,让学生从不同角度深入理解知识,拓宽文化视野,提升综合素养。如在阅读《西游记》后推荐《封神演义》,引导学生对比两部作品,加深对古代神话文学的理解。

(3)桥梁:技术资源——创新学习方式。数字技术为整本书阅读教学带来了新的活力。在线阅读平台、有声读物、阅读 APP、人工智能等技术资源,打破了时空限制,提供了丰富的学习功能。借助这些资源,教师可以设计多样化的任务,如在线批注、阅读测试、利用影视片段对比分析、虚拟数字人对话等,创新学习方式,激发学生的阅读兴趣,提升阅读效果。

(4)穹顶:文化资源——升华精神境界。文化资源是整本书阅读教学的重要组成部分。通过将经典整本书与非遗技艺、地方文化、艺术表达等融合,设计如方言吟诵唐诗、根据文学作品创作艺术作品等任务,让学生在文化实践中感受传统文化的魅力,实现文化传承与创新,升华精神境界。

在教学实践中,教师应充分认识到"四维资源塔"模型中的各类资源并非孤立存在,而是相互关联、相互影响的有机整体。以阅读《红星照耀中国》为例,教师可以首先利用教材中涉及革命题材的课文,如《七律·长征》《金色的鱼钩》等作为切入点,引导学生掌握基本的阅读方法,并初步理解革命文化,这是对教材资源的有效运用。接下来,教师可以推荐《苏东坡传》等拓展阅读书籍,引导学生对比不同时代人物面对困境的态度,从而拓宽学生的历史视野和认知深度,充分发挥拓展资源的作用。通过在线阅读平台,教师可以布置任务,例如"分享你在阅读《红星照耀中国》中印象最深刻的片段并说明理由",让学生通过平台进行交流互动,借助数字技术实现学习方式的创新,从而为教学赋能。同时,教师可以结合地方红色文化资源,组织学生开展以红色文化为主题的演讲活动,引导学生深入了解本土革命历史,这种文化资源的融入方式,能够使学生在文化浸润中升华精神境界。

通过这种资源整合,学生在整本书阅读过程中能够获得多方面的滋养。从知识层面来看,他们不仅能够掌握书本中的语文知识、历史知识、科学知识等,还能构建起更加系统、全面的知识体系。在能力培养方面,学生的阅读能力、分析能力、表达能力、创新能力以及团队协作能力等都能得到有效锻炼和提升。在情感态度和价值观方面,学生能够增强文化自信,培养对传统文化的热爱,树立正确的价值观和历史观,并激发强烈的社会责任感。

然而,在整合资源的过程中,我们也会遇到一些挑战。例如,如何确保拓展阅读资源与整本书阅读的紧密结合,避免资源的简单堆砌;如何合理运用数字技术,防止学生过度依赖技术而忽视对整本书的深度阅读;以及如何深入挖掘文化资源,使文化传承不仅仅流于表面形式等。这些问题要求教师不断提升自身的专业素养,增强对各类资源的筛选、整合和运用能力。教师需要深入研究教材,准确把握整本书阅读的目标和重点,根据学生的实际情况选择合适的拓展阅读书籍和数字技术工具,深入挖掘文化资源与教学内容的契合点,设计富有挑战性和趣味性的学习任务,引导学生主动探究,培养批判性思维。同时,教师还应注重反馈与评价,及时调整教学策略,确保资源整合的有效性,从而真正实现学生知识、能力和情感的全面提升。

展望未来,随着教育技术的持续进步和教育理念的不断革新,任务驱动下的整本书阅读教学资源整合将迎来更为广阔的发展前景。一方面,新兴技术如人工智能、虚拟现实和增强现实等将更深层次地融入教学,为学生打造更加沉浸式和个性化的阅读体验。例如,利用虚拟现实技术让学生身临其境地体验小说中的场景,从而增强阅读的代入感;借助人工智能的个性化推荐功能,为每位学生量身定制符合其阅读水平和兴趣的拓展阅读资源。另一方面,文化资源的挖掘和利用将更加多元化,地方文化与国际文化等都将作为整本书阅读教学的重要素材,推动文化的多元交流与融合。作为教学的组织者和引导者,教师应积极拥抱变化,不断探索创新,持续优化资源整合策略。通过开展教师培训和教学研讨等活动,促进教师之间的经验交流与共同成长,提升教师运用各类资源开展整本书阅读教学的能力。同时,鼓励教师与家长、社会机构合作,整合多方力量,共同为学生营造良好的阅读环境,提供更丰富的阅读资源。

结语

　　任务驱动下的整本书阅读资源整合,是将语文教学从"教书"升华为"育人"的艺术。在多元资源的有效整合下,整本书阅读不再只是单向的知识传递,而是一场跨越时空的文化对话。对教师而言,只有秉持开放的资源观、敏锐的课程意识以及创新的技术素养,充分发挥"四维资源塔"模型的作用,克服整合过程中遇到的种种挑战,不断探索与创新,才能在语文教育的沃土中,培育出既有文化底蕴又具备未来视野的阅读者,真正实现从"阅读"到"悦读"的转变,为学生的终身发展奠定坚实基础。这或许正是核心素养时代,整本书阅读教学最令人心动的风景。

第四章

技术赋能任务驱动的整本书阅读

随着信息技术的迅猛发展,教育领域正经历着深刻的变革与升级。在整本书阅读教学中,如何有效整合数字技术,以任务驱动为导向,创新教学模式,已成为提升教学质量和学习效果的关键。当前,技术赋能的教学实践面临双重挑战:一方面,它突破了传统课堂的局限,丰富了教学资源,实现了精准教学;另一方面,工具理性与教育本质之间的矛盾日益凸显。技术过度使用导致的认知表面化、对智能工具的依赖引发的主体性削弱,以及数据迷思掩盖的人文价值流失等问题亟待解决。本章将深入探讨数字技术在云端协作、AI 辅助、知识图谱构建等方面的应用,思考如何通过技术赋能,为任务驱动下的整本书阅读教学注入新的活力。这不仅是为了回应"培养数字时代原住民核心素养"的教育需求,更是为了坚守"以文化人"的语文教育本质。

第一节 云端协作拓展阅读时空场域

在当今全球数字化浪潮的推动下,信息技术与教学实践的融合正不断深化。作为教育领域新兴技术的重要代表,云端协作平台为任务驱动下的整本书阅读教学开辟了全新的途径。通过构建线上学习社区,云端协作实现了图书资源和教学资料的高效共享,拓宽了阅读素材的获取渠道。同时,它打破了传统阅读教学在时间和空间上的限制,学生可以随时随地通过网络接入学习社区,从而实现从单一课堂模式向泛在学习模式的转变,极大地提升了阅读的灵活性和开放性。此外,云端协作平台促进了师生之间以及学生之间的实时互动。教师能够及时为学生提供指导与反馈,而学生之间也能相互分享阅读心得与见解,营造出良好的协作学习氛围,从而激发阅读兴趣并促进思维碰撞。

一、跨时空的云端"共读圈"

在传统的整本书阅读教学中,学生的阅读体验常常陷于时间和空间泥沼,交流与协作面临诸多挑战。这一局面的产生,源于传统模式的固有局限。首先,课堂教学时间有限,学生只能在规定的课时内对书籍进行浅层次的浏览,难以进行深入研读、思考和讨论。其次,物理空间的限制使学生难以突破地域障碍,与更多同学分享阅读心得并展开协作探讨。然而,随着在线协作平台的兴起,这一困局迎来了新的突破口,为教学模式的创新提供了可能。

(一)阅读场域的拓展与重构

在线协作平台所构建的云端"共读圈",显著拓展了整本书阅读的时空边界。

从时间维度来看,传统的整本书阅读通常受限于固定的课程安排或个人的零散时间,而云端"共读圈"打破了这一局限。在网络环境下,参与者能够根据自身日程灵活地参与阅读讨论,无论是清晨还是深夜,只要网络畅通,便可随时加入共读活动。这是因为在线协作平台具备即时性和存储性的特点,信息随时可访问,无需像纸质书籍阅读那样担心阅读进度的连贯性被中断。就空间维度而言,它突破了地域的限制,真正实现了信息的即时交互。不同地区、不同文化背景的人得以汇聚在云端"共读圈"中,分享各自独特的视角和理解。传统阅读交流多局限于身边的小范围群体,而云端"共读圈"让全球各地的读者跨越空间距离,共同探讨一本书的内涵,针对书中内容展开讨论、分享感悟、交流观点,形成多元的阅读视角,为思想的多元碰撞提供了广阔的空间。这不仅丰富了学生的阅读体验,也为整本书阅读提供了持续性的场域,培养了学生的独立阅读能力与协作意识。同时,这种全新的阅读模式也激励着教师创新教学方法,更多地关注引导而非灌输。教师可以通过在线协作平台追踪学生的阅读进度,实时给予反馈和辅导,同时借助数据分析了解学生的阅读习惯,从而设计出更加个性化的教学方案。这样一来,阅读教学就从被动接受转变为主动探索,激发了学生的主动性和创造力,让他们在阅读的道路上走得更远、更深入。

(二)实时协作与互动深化

云端"共读圈"尤为注重实时协作与互动的深化。通过在线平台,学生和教师能够即时分享读书笔记、心得感悟,甚至通过在线视频会议进行面对面的讨论。当学生在阅读过程中遇到疑惑时,可以立即在平台上提问,其他参与者或教师可以实时解答,从而有效避免了传统整本书阅读中的孤立感。

以"腾讯文档"为例,它支持多人实时在线编辑文档。在多人同时编辑同一份文档的过程中,学生们的思考路径和见解得以实时呈现并交融。每个学生都有机会在自身思考的基础上,借鉴他人的思路,这种同步性促使学生们更加专注于协作任务。这是因为个体的思考往往存在局限,而多人的实时交互能够让不同的观点和方法迅速汇聚。另一方面,这种实时编辑模式打破了传统阅读的孤立性,学生需要对实时出现的其他观点进行回应和整合,这有助于培养他们的批判性思维和团队合作能力。在线协作平台还具备讨论区功能,为学生提供了一个异步交流的空间。在这个空间里,学生可以在自己方便的时候深入思考并回应其他同学的观点。不同背景和知识储备的学生针对同一阅读主题发表各自的看法,这些看法在讨论区汇聚。由于没有即时性的压力,学生能够更深入地剖析各种观点的合理性与局限性,从而引发更为深入的思考。这是因为个体在面对多元观点时,会有更强烈地探索真理的动力,进而促使整个协作群体在思想的交流与碰撞中不断深化对整本书的理解,更好地达成协作任务。例如,在《西游记》的整本书阅读教学中,教师可以创建一个在线文档,让学生共同完成"《西游记》人物形象分析"的任务。学生们可以在不同的时间、地点,通过手机、电脑等设备登录平台,同时对文档进行编辑。他们可以各自负责分析一个人物形象,如孙悟空、唐僧、猪八戒等,并在文档中详细阐述人物的性格特点、相关情节以及自己的理解。在编辑过程中,学生能够实时看到其他同学的观点和修改内容,实现了即时的交流与互动。这种实时互动的功能,促进了学生之间的思维碰撞。例如,有的学生在分析孙悟空的性格时,可能只关注到了他的勇敢无畏,而其他同学在阅读其内容后,补充了孙悟空机智灵活、叛逆反抗等特点,通过相互启发,学生们对孙悟空这一人物形象的理解会更加全面和深入。

(三) 资源整合与共享机制

整本书阅读是一个复杂且极具综合性的认知活动,需要学生从多维度、多层次去阅读和理解作品。传统教学资源在面对这样丰富且深入的任务时,往往显得捉襟见肘。云端协作平台能够聚合多样化资源,比如丰富多样的背景知识资料、不同视角的解读评论、关联拓展的辅助素材等,为学生在完成整本书阅读任务时提供全面且深入的信息基础,助力他们更好地完成任务。

再者,云端协作平台所具备的共享机制打破了教育资源的传统壁垒。在任务驱动下的整本书阅读教学中,不同地区、不同层次的学生都可能参与到同一个阅读任务中,共享功能让优质的阅读资源能够跨越地域限制,在更广泛的群体中传播,让每个学生都能获取到丰富的阅读支持材料,促进不同思维的碰撞与融合,从而提升整本书阅读教学的整体效果。在阅读《红星照耀中国》时,教师可以在云端协作平台上传相关的历史背景资料、不同学者的评论文章以及相关的纪录片链接、影视作品、B站讲解视频等,供学生们参考。学生们在阅读过程中,可以随时查阅这些资料,拓宽视野,深化理解。通过平台的共享机制,设置"红军长征的历史意义""书中印象最深刻的红军人物"等话题。学生们可以在讨论区发表自己的观点和看法，分享自己在阅读过程中的感悟和疑问。例如，有学生提出："红军长征途中面临那么多艰难险阻，是什么支撑他们坚持下来的?"其他学生纷纷回应，有的从红军坚定的信仰角度分析，有的从领袖的领导魅力方面阐述，还有的结合书中具体的战役和人物事迹进行探讨。这种讨论不仅加深了学生对整本书内容的理解，还培养了学生的批判性思维和表达能力。

在线协作平台构建了云端"共读圈"，使学生的整本书阅读不再孤立，而是在互动中汲取智慧，在交流中激发灵感。每一次讨论都如同思维的火花碰撞，每一次分享都引发心灵的共鸣，共同构建起一个充满活力与创造力的阅读共同体。在任务驱动的整本书阅读教学中，云端协作提供了远程合作环境，打破了传统阅读教学在时间和空间上的限制，为学生创造了一个更加开放、多元的阅读空间。未来教学中，教师应充分利用各类在线协作平台，设计更多富有创意的阅读任务，引导学生积极参与云端协作，让他们在更广阔的阅读时空中提升阅读能力与综合素养，从而真正实现任务驱动下整本书阅读教学的进阶发展。

二、认知图式的多元阅读任务

云端协作凭借其卓越的信息整合与资源共享能力，在整本书阅读任务中有着显著优势。在阅读过程中，学生需要处理大量的文本资料、学术研究以及多媒体素材，这些丰富的资源为阅读任务的多维度拓展奠定了坚实基础。云端协作平台能够高效整合这些分散的资源，为学生提供一站式的学习支持。与此同时，教师可以充分利用平台上的资源，设计多样化的阅读任务，例如小组项目、专题研讨和角色扮演等，引导学生在不同的任务模式下对整本书进行深入探究，从而激发他们的多元思维能力。

（一）任务形式从单一到多元

整本书阅读因其内容主题的丰富性、结构维度的复杂性以及阅读素养的综合性，蕴含着极为丰富的内涵和多元化的价值。它涉及历史、文化、社会、心理等多个领域，这就要求读者要站在不同角度去进行解读与思考，相应地，也需要多元且适配的任务形式来引导学生深入阅读。以往单一的任务形式，在这样的阅读需求面前显得力不从心，难以全面挖掘并激发学生的学习潜力。然而，借助云端协作平台，以知识竞赛、故事探究、创意写作等为代表的多样化任务形式得以更好地开展，有效弥补了传统单一任务形式的不足。它们如同多把钥匙，为开启学生多样化的学习潜能创造了有利条件，同时也为学生营造出更为丰富的语文实践场景。

知识竞赛在云端搭建起一个互动性极强的知识交流平台。学生借助云端丰富的资源库，全面回顾书中要点，通过团队协作或个人竞技的方式，精细地整合和梳理整本书的知识体系,将碎片化的知识构建成系统的信息网络。在这个过程中,学生不仅能提升信息整合能力,还能通过与同伴的交流碰撞,在云端共享思维的火花,拓宽认知边界。故事探究则借助云端的便捷性,鼓励学生在更广泛的资料支持下深入文本。学生们利用云端上丰富的文化背景资料、学术研究成果等,挖掘作品背后深厚的文化内涵,从多个层面剖析其中蕴含的价值取向,培养批判性思维。团队成员可以实时在云端分享自己的见解,不同观点在这里汇聚交流,促进思维的深度发展。创意写作环节,云端的多样化工具和海量素材库为学生提供了广阔的创作空间。学生巧妙运用所学知识,结合云端丰富多样的创意资源,进行独特创作,激发创新思维,强化语言表达能力。同时,他们可以在云端轻松获取他人的作品进行参考和学习,进一步激发创作灵感。

在《朝花夕拾》的整本书云端协作教学中,可以设计多种阅读活动。首先是知识竞赛环节,名为"人物与时代'解码战'"。教师在腾讯文档中创建《朝花夕拾》知识题库,题目涵盖书中的细节以及相关的历史文化背景。学生分组进行在线限时答题,答题时需结合原文标注依据,并补充历史背景知识。平台将自动统计得分并生成"时代解码排行榜",以此激发学生对整本书的深度细读。

接下来是故事探究活动,打造"多维透视'回忆地图'"。利用在线协作工具Padlet创建"《朝花夕拾》记忆坐标墙",学生分组认领不同篇章,借助图文、视频等资料还原场景与社会背景,并标注"情感温度计"。各小组在讨论区发起话题,展开跨组辩论,进一步完善分析。

最后是创意写作部分"时空信箱",在石墨文档中开设"跨时空对话"专栏。学生分别以书中人物的身份撰写信件,包括向现代青少年诉说童年困惑,以及以当代视角回信反思社会问题。全员投票评选"最佳对话奖",优秀作品将通过配音秀APP制作成有声书信,构建动态阅读成果库。通过这一系列云端协作活动,学生的阅读体验得以升华,从个体感悟发展为集体思辨与跨时代共鸣。

(二) 阅读方式从单向到协作

在任务驱动的整本书阅读教学情境下,云端协作凭借其独特优势,深度融入认知图式构建与多元任务创设之中,有力地推动了阅读方式从单向输入朝着动态协作方向转变,进而拓展了整本书阅读的时空场域,为学生带来全新的阅读体验与学习成长路径。

云端协作通过整合跨学科资源与多模态互动,助力学生构建更为丰富且多元的认知图式。在传统阅读中,学生往往仅基于文本本身去理解内容,形成的认知相对单一、局限。而借助云端协作,学生能够突破学科边界,广泛获取各类跨学科资源,将其融入整本书阅读过程,从而重塑对作品的认知结构。例如,在阅读一部文学作品时,学生可以通过云端平台调用历史文化相关资料,将作品放置于特定的历史背景中去考量,依据当时的社会风貌、文化思潮等元素,深入理解作品所承载的时代烙印,精准把握作者的创作意图,这使得学生对作品的理解不再浮于表面文字,而是扎根于深厚的历史文化土壤之中。同时,借助艺术审美知识,学生可以从构图、风格等角度去分析整本书的艺术特色,如同给阅读配上了一副"放大镜",使书中文字所描绘的世界以更立体、更具象的方式呈现出来,让阅读体验变得更加丰富多元,进而完善并丰富自身的认知图式。

任务驱动机制下,依托云端协作所创设的多元任务,要求学生积极参与到动态协作的阅读过程中。这些多元任务涵盖了如跨学科知识融合分析、多角度文本解读、基于现实情境的拓展探究等多种形式,引导学生从不同维度去挖掘作品内涵,锻炼综合运用知识的能力。为了达成这些多元任务目标,学生必然需要与同伴展开密切且深入的互动交流,这一过程正是基于云端协作平台得以顺畅实现的。在云端协作空间里,学生们可以跨越地域限制,毫无保留地分享自己通过对作品解读以及结合跨学科知识所形成的独特见解,同时用心倾听来自不同背景、不同思维角度的同伴观点。每一次思想的分享与碰撞,都如同在学生已有的认知图式上投入一颗石子,激起层层涟漪,促使他们不断反思、修正和完善自己的认知结构,逐步将新获取的知识内化为自身素养,实现综合能力的稳步提升。

这种从单向到协作的阅读方式转变,扎根于云端协作下的认知图式构建与多元任务驱动,是对传统整本书阅读教学的优化和创新之举。它极大地激发了学生的学习兴趣和探索精神,让整本书阅读摆脱了孤立的知识吸收模式,蜕变成为一个集知识学习、能力培养、思维拓展于一体的综合性实践活动。通过这样的云端协作,以认知图式为基石,多元任务为载体,整本书阅读教学得以在动态协作的阅读方式中,助力学生飞向更广阔的知识天空,实现素养的全面生长。

例如,在《昆虫记》的整本书阅读教学中,教师围绕"跨学科协作解密昆虫世界"这一主题,设计了一系列阅读任务,引导学生从不同角度深入探究昆虫世界,实现立体化的协作学习。

首先,"科学观察日志:云端'昆虫行为研究所'"活动通过腾讯文档创建共享表格,学生分组认领特定昆虫(如蝉、螳螂、圣甲虫等),结合书中描述与现实观察,协作记录昆虫的习性、生存策略及其科学原理。例如,蝉的鸣叫机制、螳螂捕食的"拟态战术"等内容,需要插入昆虫结构示意图或动态图,并标注法布尔文学化语言与科学实证之间的关系。各组通过在线讨论区互评日志,提出质疑或补充观点,从而形成多维的解读。

其次,"跨学科项目:'昆虫世界数字漫画展'"活动利用 Canva 协作设计平台,学生以"昆虫智慧"为主题,将书中的经典章节创作成科普漫画。科学组负责提炼生物学知识并标注关键术语,文学组分析拟人化手法,设计对话气泡与叙事旁白,艺术组则负责绘制昆虫形态与生态环境,将真实性与艺术创意相融合,最终合成电子画册并通过班级公众号发布,发起投票以延伸传播。

最后,"虚拟昆虫博览会:多模态互动策展"活动在 Padlet 平台上搭建"法布尔昆虫馆",学生分组策划主题展区,包含核心展品如书中片段摘录和学生配音朗读音频,以及互动实验如上传自制"蚂蚁路径模拟"编程小游戏(Scratch 平台)。此外,还包括跨界链接,如关联仿生学案例(无人机设计灵感来自蜻蜓)。活动邀请地理、生物、信息技术学科教师在线点评,观众可实时评论提问,策展小组则进行云端答辩。通过这一系列活动,学生的实证协作思维得到了培养,知识壁垒被打破,实现了知识的创造性转化,构建起"观察—创作—传播"的立体化协作学习闭环。

(三) 阅读能力:从浅表到深度

传统的浅表阅读常常局限于对文本表面内容的简单了解,学生获取的只是零散、孤立的信息,难以深入领会作品的深层内涵与价值。这种方式显然无法满足培养学生高阶思维与综合素养的需求。相比之下,深度阅读能力的培养则能引导学生透过文字表面,挖掘文本背后的逻辑架构、文化内涵以及作者的创作意图等,从而实现知识的内化与思维的提升。云端协作为此提供了广阔的平台和强有力的支持。通过云端协作,学生可以突破时间和空间的限制,汇聚多元的观点与资源,拓宽认知视野。在认知图式的构建方面,学生通过整合跨学科知识,不再局限于单一的文本解读角度,而是能够从多学科视角审视作品,使认知图式更加立体、全面,为深度阅读奠定坚实基础。而多元任务的创设则是推动学生走向深度阅读的关键环节。不同形式的多元任务,如跨学科知识的融合、基于现实情境的拓展等,能够引导学生运用批判性思维和创造性思维去剖析文本,主动关联不同知识板块。在解决复杂任务的过程中,学生不断深化对整本书的理解,逐步提升阅读能力。当云端协作与认知图式构建、多元任务相互配合时,便能打破浅表阅读的局限,引领学生在整本书阅读中向深度阅读迈进,实现阅读能力的质的飞跃,从而更好地适应新时代对人才素养的要求。

例如,我们可以为《经典常谈》设计一系列富有创意且结构清晰的阅读任务。首先,通过"文本细读与知识图谱构建"活动,开启对经典的深度探索之旅。在腾讯文档中创建"经典脉络协作地图",学生分组负责《经典常谈》中不同的篇章,按照"核心概念—历史背景—文化影响"的三级结构对内容进行细致梳理。以《诗经》组为例,他们需要准确界定"赋比兴"手法的定义,探讨周代礼乐制度与该经典的内在联系,并分析其对后世诗歌的深远影响,同时插入《关雎》《硕鼠》等具体例证片段。在完成各自任务后,各组通过评论功能进行互审和补充,这一过程激发了跨经典的关联讨论。

接下来是"文化溯源与批判探究"环节。其中,"溯源考证"任务要求学生聚焦于朱自清对某一经典的解读,撰写微型考证报告,并用高亮部分清晰地标注出逻辑链,以严谨的方式探究经典的源头。"批判重构"任务则围绕诸如《战国策》纵横家是否等同于当代'公关策略'"这类具有思辨性的议题展开,学生分组录制5分钟的辩论视频,并上传至班级 B 站专栏或班级公众号平台。

最后是"经典活化与跨界创作"部分,学生们借助 Canva 协作平台,开启"经典重生计划",自选《经典常谈》中的一部典籍进行二度创作。在此过程中,学生们可以充分发挥自己的特长与创意,教师也可以提供必要的支持。例如,将"阴阳八卦"这样的哲学概念改编成科幻微小说,用抽象插画呈现《楚辞》的浪漫主义基因",并配上能链接屈原《离骚》吟诵音频的二维码,或制作《汉书》治国策略与基层治理现代化"对比分析信息图等。最优作品将被汇编成《21 世纪经典解码手册》。

总体而言,这样的任务设计使《经典常谈》的整本书阅读不再局限于"知道是什么"的层面,而是深入到"追问为什么"以及"创造怎么用"的高阶阅读能力层级。

在线协作平台在任务驱动的整本书阅读教学中,通过创新阅读任务的形式,为学生提供了更加丰富和综合的学习体验,学生的阅读能力与综合素养得以协同提升。教师应充分把握这一优势,持续探索新颖且高效的任务设计,引导学生在云端协作中深入阅读,从而推动整本书阅读教学迈向新的高度,更有效地达成任务驱动下的教学目标。

三、分层干预的阅读过程

在线协作平台为整本书阅读教学的过程管理提供了有力支持,教师可以借助平台的各种功能,对学生的阅读过程进行全方位、实时的跟踪与指导,从而确保阅读任务得以顺利推进,并有效提升阅读教学的质量与效果。

(一)实时进度监控与个性化指导

在任务驱动的框架下,整本书阅读被细化为多个具体的学习任务,这些任务的有效执行直接决定了整本书阅读教学目标的实现。然而,在传统教学环境中,教师对阅读过程的管理和指导面临诸多挑战,其中难以实时精准地掌握每个学生的阅读进度就是障碍之一,它常常导致教学指导存在盲目性和滞后性。但通过云端协作的实时进度监控功能,教师就如同拥有了一枚精准的"教学指南针",能够在任务驱动的各个环节中实时追踪学生或小组的任务完成情况。这一功能的必要性,首先源于整本书阅读的复杂性和系统性。与碎片化阅读不同,整本书阅读要求学生在较长的时间内持续投入,并需要应对各种思维障碍和知识瓶颈。实时监控使教师能够及时发现学生在任务完成中的偏差或停滞,迅速调整引导策略,确保阅读任务始终沿着预设的方向稳步推进,避免学生在复杂的阅读任务中迷失方向。

其次,任务驱动下的整本书阅读教学强调学生的个性化成长。不同学生在面对同一阅读任务时,因其已有的知识储备、学习能力和思维方式的差异,会呈现出不同的学习进度和困难点。实时进度监控使教师能够敏锐捕捉到每个学生的这些独特特征,赋予教师深入了解学生"思维地图"的能力。教师可以敏锐地察觉到学生在理解、分析和感悟等方面的困惑与瓶颈。基于这些即时信息,教师提供的个性化指导就像量身定制的工具,精准地解决学生的问题,增强他们的阅读信心与动力。

例如,在《昆虫记》整本书阅读教学中,围绕"昆虫观察实验室"这一主题,教师设计了三大任务模块:分阶任务与实时进度可视化、个性化干预与资源精准推送、动态激励与能力成长档案。

第一模块:通过腾讯文档搭建"三阶段阅读任务墙",将整本书内容划分为"基础观察—科学探究—批判反思"三个递进式任务。阶段一,学生以小组为单位认领一种昆虫,每周上传阅读笔记,内容涵盖原文摘录、现实观察对比以及疑问标注。教师通过文档的"修改记录"功能监控提交频率和内容完整性,对进度滞后的小组触发系统提醒,并推送相关微课资源。阶段二,学生基于笔记生成"昆虫行为分析表",进行在线协作填写数据,平台自动生成进度条。教师通过数据面板识别异常值后,定向邀请生物教师进行直播答疑。阶段三,学生独立撰写反思报告,教师利用"金山表单"结合 AI 初评和人工批注,提供分层反馈,并针对不同层次的学生提出差异化的改进建议。

第二模块:基于 Obsidian 构建"学生阅读能力图谱",通过动态关联任务数据实现个性化干预。平台通过分析学生批注的关键词,识别知识盲区,自动将《昆虫分类对比图》推送至资源库。针对不同进度的学生,平台会推送分层任务包:进度滞后的学生需完成"昆虫卡片速记"游戏,达标学生参与"跨学科挑战"编程模拟食物链,而超前学生则开展"法布尔与达尔文观察法对比"小论文研讨。

第三模块:通过动态激励与能力成长档案强化学习动力。学生每完成一个阶段性任务后,平台会自动解锁虚拟勋章,如"细节观察家""科学质疑者"等。平台还会生成多维能力雷达图,展示学生在文献检索力、逻辑严谨性等维度的成长曲线,帮助学生对比不同阶段的表现,并针对性地强化薄弱项。

通过这种云端协作方式,整本书的阅读进度得以透明化,教师借助实时监控和分层干预,将标准化任务转化为个性化的阅读成长路径,助力学生突破认知瓶颈,完成从"被动记录者"到"主动研究者"的深度阅读转型。

（二）动态互动反馈与教学策略调适

云端协作平台的互动环境里,学生可以不受诸多限制地表达自己内心的想法,从互动交流中的表现来看,他们所展现出的是对书籍最为真实的理解、困惑以及思考。这些互动信息恰似一面镜子,映射出学生思维发展的轨迹,它们是学生在与书籍对话、与同伴交流过程中思想碰撞的直接体现。教师将这些互动转化为教学决策依据,进而实现"以学定教",这是对学生阅读主体地位尊重的最佳渠道。任务驱动下的整本书阅读教学,核心在于让学生执行任务期间提升阅读能力、思维品质等多方面素养。倘若忽视学生在任务进行中的反馈,教学极有可能脱离学生的学习起点。因为学生的认知发展是动态的,在阅读过程中的疑惑、感悟等反馈信息是他们当前学习状态的重要体现,以学定教能够使教学引导方向更好地契合学生的学习进程。例如,当学生在关于书中人物关系的互动环节表现出诸多疑惑时,教师便可依据这一情况调整教学策略,增加针对人物分析的任务指导或者专门组织相关的深入讨论。这样的调整能够让教学更具针对性,学生能够更深入地剖析人物形象、情节发展等重要阅读元素,不仅有助于提高学生对整本书的全面理解,而且能使阅读任务更为有效地达成预期的培养目标,在提高学生阅读素养的道路上迈出坚实的步伐。

以《简·爱》的整本书阅读教学为例,教师借助云端协作平台如 ClassIn、钉钉等,以"角色镜像·跨时空对话"为主题设计阅读任务。任务启动阶段,以"简·爱的精神成长"为线索,学生在讨论区发表章节批注,用思维导图梳理人物关系链,围绕"女性独立意识"等议题展开讨论。平台自动聚类高频关键词,实时生成"困惑热力图"。依据热力图数据,教师及时调整教学策略。在"人物性格分析表"任务中嵌入"伯莎的现代辩护书"子任务,请学生在协作文档中撰写伯莎内心独白。同时开启"跨时代对话"虚拟圆桌会,学生在 ClassIn 分组室扮演角色辩论,其他学生实时弹幕发表看法。最后,通过石墨文档的版本追溯功能,可视化学生思维演进路径,教师为仍有解读偏差的学生推送拓展阅读包,形成"群体诊断—精准干预—个体提升"的闭环。

（三）自主阅读与协作能力的培养

借助云端协作进行阅读过程管理,不仅能有效培养学生的自主管理能力,还能增强他们的团队协作精神。在平台上,学生可以清晰地了解自己的任务和责任,并按照要求自主规划阅读时间和进度。与此同时,在小组合作中,他们将学会如何与他人沟通、协调,从而共同高效地完成任务。

自主阅读能力的培养方面,云端协作环境为任务驱动的整本书阅读提供了理想的自主空间。在这种教学模式中,阅读内容被细化为具体的任务,学生通过云端协作平台能够清晰地了解自己承担的任务与责任。这种明确的任务导向是激发学生自主规划阅读时间和进度的关键因素。学生不再受限于统一的教学进度,而是可以根据自身的能力和阅读节奏自主安排学习进程,这正是自主管理能力的体现。学生需要依靠自我约束和监督机制来确保任务的推进,这就像给自己设定了一个内在的"任务闹钟",时刻提醒自己朝着目标前进,从而有效提升自主阅读能力。从团队协作精神培养的角度来看,任务驱动下的整本书阅读有很多阅读任务是需要小组合作的,成员间的协作是能否顺利完成任务的重要条件,云端协作平台为这种协作提供了便捷的沟通与交互空间。小组中的每个成员都带着各自的优势参与到阅读任务中,这不仅提升了他们的阅读能力,还锻炼了团队协作和项目管理能力。

在《唐诗三百首》的整本书阅读教学中,教师可以借助 Notion 平台构建"唐诗学习中心",为学生提供自主选择研读路径的机会。任务开始前,学生可以根据自己的兴趣和特长,自由组队,加入诗人专研组、主题探究组或诗体创编组。各组别会有不同的任务要求,例如,诗人专研组需制订"周读计划",主题探究组需创建"诗境时间轴",而诗体创编组则需设计"仿写进度表"。平台将自动生成个人学习甘特图,帮助学生直观规划学习进度,培养自主学习与自我监督的习惯。接着,通过腾讯文档举办"跨时空诗会",不同诗人小组之间进行互动创作,并借助 AI 技术和历史组进行审核,以确保创作内容的文学性和历史准确性。在诗境共创方面,学生可以使用 Canva 协作设计"唐诗数字画卷",各诗体小组结合自身特点添加多媒体元素,形成交互式 H5 作品并接受投票。此外,还可以组织"疑难词库众筹"活动,并基于此创建"唐诗障碍词协作词典",让学生共同解决阅读中的疑难问题,对表现突出的学生给予徽章奖励。最后,学生可以自主制订"协作能力量规",通过 UMU 互动平台进行互评并生成雷达图,针对薄弱环节组建"补短协作营"。在云端协作的辅助下,学生在自主阅读《唐诗三百首》的同时,还锻炼了多方面的综合能力,在实践中学会了如何有效沟通、分工合作,实现个人与团队的共同成长。

综上所述,在线协作平台不仅打破了时空限制,构建了云端"共读圈",还进一步推动了阅读任务的多元化发展。它为学生提供了丰富多样的学习体验,使他们在阅读整本书的过程中,不仅能够深入理解作品内容,还能在交流协作中培养多种能力,提升综合素养。随着技术的不断进步,在线协作平台将在整本书阅读教学中扮演更加关键的角色。教师应积极探索并充分利用这一工具,推动整本书阅读教学的持续创新与发展,让学生在更广阔的阅读时空中收获知识、提升能力,最终成为热爱阅读、善于思考的学习者。

结语

　　云端协作技术为整本书阅读教学带来诸多可能,但教育核心始终是"人"的成长。教师运用该技术需把握三大原则:一是情境的真实性,虚拟体验要辅助学生理解书本内容,避免沦为炫技式设计,确保服务于整本书阅读教学根本目标。二是参与的平等性,关注数字鸿沟可能造成的参与差异,提供多样接入通道,保障每位学生平等参与云端协作阅读活动,避免有人因技术障碍被排除在外。三是文化的浸润性,技术运用应导向领悟整本书的精神内核,让学生在阅读过程中受到文化的滋养,触及学生的心灵深处,发挥出其应有的教育价值。当云端协作浪潮退去,我们期待看到学生眼中闪烁思考光芒,而非屏幕上的数据流光。唯有遵循这些原则,云端协作才能化作滋养经典阅读的活水,助力学生在数字时代实现"读整本书,育完整人"的理想,让教育借技术之力绽放光彩,为学生成长筑牢根基。

第二节　人工智能助力个性化阅读指导

　　随着教育数字化转型的深入推进,人工智能(AI)技术如同一位智能导航员,正悄然改变着整本书阅读指导的传统模式,为学生的个性化整本书阅读之旅带来了诸多新颖元素。本节将从学情动态画像、自适应任务推送、智能交互辅导三个维度展开探讨,重点解析在深度学习算法支持下,人工智能系统如何实现多模态数据的实时采集与解释性分析,如何构建个性化阅读路径的动态规划机制,以及如何通过认知激励模型促进学生元阅读能力的发展。这种技术赋能的个性化阅读指导体系,不仅为解决"统一进度与个性需求""群体讲授与自主建构"等教学难题提供了创新思路,还通过人机协同的教学智慧增强了整本书阅读机制,为构建"以学习者为中心"的智能阅读教育生态提供了重要参考。

一、学情画像的精准诊断

　　学生进行整本书阅读的过程中,AI系统能够收集多维度的数据。这些数据包括阅读时长、阅读速度、阅读停顿点、对不同章节的关注度、标记和批注内容,以及在阅读测试中的答题表现等。通过多维度数据的采集与分析,AI能够构建每个学生的"阅读能力画像"。基于这一画像,系统能够实现个性化任务推送,从而有效解决因材施教的实践难题。

（一）任务驱动的学情诊断机制

任务驱动下的学情诊断是指通过人工智能追踪学生在整本书阅读任务链中的行为轨迹,构建任务完成度与认知能力之间的关联模型,从而全面、精准地把握学生的阅读情况。由于整本书阅读教学中,学生个体差异显著,传统的统一评估方式难以深入了解每个学生在具体任务中的表现与收获。因此,借助这种机制,教师能够根据模型结果进行有针对性的教学调整,而学生也能更清晰地了解自身学习状况,从而促进自主学习能力的提升。

AI建构的学情诊断机制,主要聚焦三个维度:任务执行数据、认知发展数据、情感参与数据。任务执行数据包括章节精读时长、任务节点完成率、跨任务知识迁移表现;认知发展数据则是通过嵌入式任务捕捉学生的概念关联能力、批判性思维水平。情感参与数据方面,通过分析任务成果中的语言特征,评估学生的价值认知深度。通过多维数据融合,AI精准描绘学生阅读画像,动态调整任务难度,实现个性化指导,助力学生理解整本书内涵,提升阅读素养,构建高效、互动的智慧阅读生态。

以《骆驼祥子》整本书阅读教学为例,首先通过AI采集学生阅读《骆驼祥子》的章节时长、任务完成率等数据,分析其情节理解与人物剖析能力,再嵌入"祥子悲剧的根源是个人性格还是社会环境?"这样的任务,分析学生的理解深度,运用人工智能解析读书笔记中诸如"压抑""挣扎""同情"等情感倾向词,至此学情画像生成。依据学情画像,AI系统将学生分为三类,浅层理解型是快速阅读但分析浮于表面,情感共鸣型即对人物命运共情强烈但缺乏理性思辨,过度强调祥子的"可怜",深度思辨型能结合社会背景进行批判性思考,分析车行剥削制度的运作机制。教师依据AI学情画像,制订合理的教学目标,及时调整阅读任务设计,确保整本书阅读交流专题课程深入、有效地开展。

（二）破解结构性矛盾的任务分层

所谓任务分层,是指根据学生的不同学习能力和动态学情,将原本统一的任务进行分层,以满足不同学生的学习需求,使每个学生都能在自己的能力范围内有效地提升整本书阅读能力。传统任务设计的结构性矛盾主要体现在两个方面。一是同质化任务与学生多元认知需求的冲突。在传统整本书阅读教学中,常受限于"一书一任务"的粗放模式,难以兼顾不同层次学生的学习需求。高阶学习者可能因任务简单而"营养不足",无法充分挖掘自身潜力;基础薄弱者又可能因任务难度过高而"消化不良",丧失学习信心。二是静态任务与动态学情发展的错位。认知神经科学表明,学习者的"任务舒适区"会随着整本书阅读的进程而呈现出动态变化。比如上文《骆驼祥子》整本书阅读教学中,AI学情诊断机制采集的任务完成数据显示,学生在不同章节的完成情况差异明显,从前四章的积极参与到"精神堕落"后的停滞,这反映出学生的认知阻抗。读书笔记上出现"不理解""矛盾"等词汇,说明学生在这一阶段遇到了理解上的困难,原有的静态任务就无法做到适应学生的学情变化。

此时任务分层能够精准匹配学生的认知水平和学习进度,学生能在阅读过程中感受到适度的挑战,从而激发他们内在的学习动力。而且当学习进度与任务难度相匹配时,学生就能在阅读中获得成就感,保持对阅读的热情。随着整本书阅读进程推进,学生的学习需求和能力也在变化,动态的任务分层及时跟进这种变化,使阅读始终在一种良性、积极的氛围中进行。例如,AI系统在《骆驼祥子》教学中,依据学情画像,推送分层任务:浅层理解型学生接收基础任务,绘制祥子人生轨迹图,标注关键事件,并概括关键事件对他的影响;情感共鸣型学生接收进阶任务,撰写"祥子日记",模拟其在不同阶段的内心独白;深度思辨型学生接收挑战任务:对比《骆驼祥子》与《活着》中的底层生存逻辑,撰写分析微报告。对于学生遇到困难的章节"精神堕落",系统动态插入过渡性任务,如观看《觉醒年代》片段,分析"五四思潮"对传统伦理的冲击,帮助学生跨越障碍,继续深入阅读。任务分层使教学更具针对性和有效性,能更好地促进学生在阅读中的成长。

(三) 任务动态推送的三重逻辑

任务驱动下的整本书阅读教学中,教师运用AI系统能够突破传统"任务—响应"单向传导模式的局限,通过数据感知、策略生成与效果评估的三层架构,构建了"认知状态可诊断、任务难度可调节、学习轨迹可优化"的智能生态任务体系。

数据感知层借助多模态数据融合技术,犹如一个功能强大的"显微镜",全方位、深层次地剖析学生在整本书阅读任务中的各类表现。它不仅仅能够精准地解构学生在阅读任务中的认知投入度,清晰地了解学生是全身心投入还是浅尝辄止;还能洞察学生的策略选择偏好,知晓学生在面对不同阅读任务时习惯采用的思考方式与解决方法;更可以追踪学生思维发展轨迹,为后续精准教学提供依据。策略生成层则依托强化学习(RL)算法的自主决策机制,展现出高度的智能性,通过构建"学习者特征空间—任务属性空间"的映射关系,搭建起学生与任务之间的精准桥梁。当系统敏锐地检测到学生的认知层级与任务难度出现失配的情况时,AI会凭借丰富的多维特征向量,迅速而精准地生成自适应任务序列,以此来更好地适配学生的实际学习情况。效果评估层则通过实时反馈机制,动态监测任务执行效果,建立因果推断框架,突破传统教学评价往往只停留于相关性分析的局限,探寻教学行为与学生发展之间内在的因果联系,从而使整本书阅读教学不再盲目,能够真正做到有的放矢。

这种智能任务系统的技术赋能，实际上重塑了整本书阅读教学的任务生态：通过认知诊断技术，将模糊的经验判断转化为精确的数据画像；借助强化学习算法，将机械的任务堆砌升级为动态的能力发展阶梯；依托因果推断模型，实现教学效果的科学验证。技术逻辑与教育规律深度融合，动态生成"跳一跳够得着"的挑战性任务，为每个学习者构建起专属的阅读能力发展坐标系，使整本书阅读教学从"任务执行"迈向"素养生成"。

二、动态支持的智能辅导

学生在阅读整本书时，难免会遇到各种疑难问题，常常因为知识盲点或逻辑断层而陷入理解困境。如果这些问题不能及时解决，很容易阻碍学生的阅读进程，影响阅读体验和效果。AI通过即时答疑、触发认知冲突以及推荐资源，构建了一个"随时在场"的智能导师系统。它就像一位不知疲倦、随时在线的专属教师，能够为学生提供及时、有效的帮助，助力他们突破阅读障碍。

（一）任务链的认知脚手架

在任务驱动的整本书阅读教学中，AI的智能辅导功能扮演着"认知协作者"的角色，其作用主要体现在以下三个方面：任务执行支持、认知冲突管理以及资源自适应供给。

首先，任务执行支持是AI智能辅导的重要功能之一。整本书阅读因其复杂性和深度，学生在执行阅读任务时常常会遇到各种难题。例如，在分析书中人物复杂的性格特点及其背后的动机时，学生特别需要外界的引导和策略支持。此时，AI智能辅导如同一位贴心的领航员，能够为学生提供清晰明确的任务指引，帮助他们高效且顺利地完成各项阅读任务。

其次，认知冲突管理是AI智能辅导的另一关键作用。在整本书阅读过程中，由于学生的生活经验、知识储备和思维方式各不相同，他们在理解书本内容时容易产生认知冲突。例如，对于书中某些主题和价值观的解读，常会出现分歧。如果这些冲突未能得到妥善解决，将可能阻碍学生的阅读进程。幸运的是，AI智能辅导具备敏锐的"洞察力"，能够及时捕捉到这些冲突，并通过恰当的引导和启发，帮助学生重新梳理和审视自身的认知，从而推动他们进行更深入的思考。

最后，资源自适应供给是AI智能辅导的一大优势。整本书阅读是一个漫长而复杂的过程，学生在不同学习阶段对资源的需求会不断变化。AI智能辅导能够灵活且动态地提供与之匹配的学习资源，避免资源堆砌或不匹配的情况，确保学生在各个阶段都能获得适宜的学习支持。

以《西游记》"大闹天宫"章节教学为例,教师设计了"天庭权力结构探秘"任务,AI智能辅导可以提供以下支持。

(1)实时语义解析答疑解惑:当学生提问"玉帝为何不直接镇压孙悟空"时,AI不仅会阐释"道教无为而治"的哲学思想,还会联系《封神演义》中昊天上帝的角色演变进行深入分析。

(2)针对性资源推送:针对学生对"太上老君炼丹炉"的疑问,AI会推送八卦炉结构的3D动画演示,帮助学生更直观地理解。

(3)触发认知冲突:在讨论区,当学生提出"孙悟空是英雄还是破坏者"的问题时,AI智能体会与学生展开对话,引入胡适、鲁迅等名家的观点,激发学生展开辩论。

(4)观点雷达图生成:AI能够自动生成"观点雷达图",以可视化方式呈现支持率与论据分布,引导学生补充证据链,促进思维碰撞。

(5)资源精准推荐:对于佛道文化知识薄弱的学生,AI会推荐《中国神话十五讲》有声书等学习资源,满足不同学生的学习需求。

AI智能辅导为整本书阅读的任务链搭建了认知的脚手架,帮助学生跨越理解障碍,营造出更为优化、更具个性化的学习环境,助力他们深入领悟并吸收整本书所蕴含的丰富内涵与精髓。

(二)突破任务中断的困境

在任务驱动的整本书阅读教学中,任务中断所带来的双重困境是一个不可忽视的问题。一方面,知识断层常常导致任务受阻。整本书阅读任务因其文本的复杂性和丰富性,文化隔阂现象极为普遍,这容易使学生产生认知"断点"。整本书所包含的文化背景和知识体系往往多元且深厚,而学生在阅读过程中,由于自身知识储备的不足,很难对如此复杂的文化元素进行全面而深入的理解。当遇到与自身知识体系差异较大的内容时,理解障碍便随之出现,进而导致任务无法顺利推进。另一方面,思维惯性强化的浅表化任务也是一个难题。认知心理学研究表明,学生在接受和处理信息时,容易受到"证实偏差"的影响。在任务执行过程中,学生往往倾向于寻找支持自己既有观点的信息,而忽视那些与之相悖的信息,从而固守既有的认知框架,难以从更全面、深入的角度分析和解决问题,导致任务成果流于表面。

面对这些挑战,AI系统的动态干预显得尤为关键。AI能够依据学生的学习状态和思维模式,适时提供个性化的引导和资源,帮助学生突破知识瓶颈,克服思维定式,从而更高效地完成整本书阅读任务。通过实时跟踪学生的阅读进度与理解深度,AI可以精准识别认知盲区,并智能推送相关背景资料与思维导图,助力学生弥合知识断层。与此同时,AI引导学生进行批判性思考,鼓励从多角度审视问题，打破思维惯性的桎梏，促进深度学习的发生，确保任务链的连贯性与高效性。

与传统的查阅工具书或请教教师的方式相比，AI 智能辅导的反馈更加及时、全面。学生可以随时在阅读设备上点击疑惑之处，即刻获得详细的解答和指导，极大地提高了整本书阅读的流畅性和理解深度。当然，教学中使用 AI 智能辅导需要注意：人机协同方面，教师需定期审核 AI 推荐内容，避免算法偏见导致的文化误读；情感补偿方面，教师需要在 AI 反馈中嵌入鼓励性语言，弥补机器互动的温度缺失；错误容忍方面，要允许学生"反驳 AI 观点"，培养独立思辨能力，令 AI 智能辅导与人文关怀相得益彰。

（三）多维度智能策略干预

鉴于 AI 系统在构建认知框架和解决任务中断问题方面有着显著优势，一种 AI 智能辅导的实施策略——多维度智能干预模型应运而生。该模型包含以下三个维度：

第一是语义增强型答疑系统。在整本书阅读过程中，学生会接触到丰富且复杂的文本内容，难免会遇到各种理解上的困惑。传统的答疑方式往往难以深入触及文本的深层语义。而语义增强型答疑系统正是为了解决这一问题而设立的。该系统利用 AI 先进的自然语言处理技术，能够深入分析文本的语义，精准识别学生问题背后的真正难点。无论是隐晦的文学意象，还是复杂的情节逻辑，该系统都能迅速提供与整本书内涵相符的准确解答，帮助学生清除理解障碍，使其能够沿着正确的思路持续深入阅读。这是保障阅读顺利进行的基础环节。

第二是认知冲突诱发机制。在阅读过程中，如果学生始终处于平稳无挑战的认知状态，思维拓展和深化将难以实现。为此，我们引入了认知冲突诱发机制，通过 AI 巧妙设置一些与学生既有认知相悖或更具深度思考性的问题、情境等，激发学生打破原有的思维定式，主动探究和思考。这种机制旨在激发学生内在的求知欲，让他们在不断解决认知冲突的过程中，深化对文本的理解，提升批判性思维能力，从而使整本书阅读不再停留在表面，而是走向深度理解。

第三是动态资源补给网络。整本书阅读是一个动态的过程，学生在不同阶段对阅读资源的需求各不相同。动态资源补给网络能够根据学生的阅读进度、知识掌握情况以及所面临的具体任务等，灵活调配与之相适应的拓展资料、相关解读等资源（见表 4-1）。该网络避免了资源不足或冗余，实现了精准投放，为学生提供持续且恰当的支持，助力他们在整本书阅读的各个阶段都能获得充足的助力，不断提升阅读质量。

表4-1 "任务—资源"匹配度模型

任务阶段	资源类型	投放策略
任务启动期	背景知识包	全体预加载＋个性化补充
任务执行期	认知工具包	按错误类型触发式投放
任务拓展期	学术文献包	自主检索引导＋智能推荐

AI智能辅导本质上是建构主义"支架教学"的数字化拓展。它通过动态调整支持力度,既避免了因任务中断而产生的挫败感,又防止了过度辅助导致的思维惰性,从而使整本书阅读真正成为"挑战与支持平衡"的意义建构过程。当然,AI智能辅导仍需持续优化,以更好地满足不同学生的个性化需求。通过大数据分析,AI能够更精准地识别学生的阅读偏好与认知薄弱点,从而提供量身定制的学习路径。同时,引入多模态交互技术,可以增强AI的情境感知能力,使其在模拟真实阅读场景时,提供更贴合学生思维习惯的引导。此外,教师应发挥主导作用,结合AI的反馈,设计更具挑战性的阅读任务,激发学生的探究欲望,推动整本书阅读向更高层次发展。

三、自主阅读的素养迁移

人工智能(AI)在整本书阅读教学中的应用,不仅能有效帮助学生解决当前的阅读难题,更重要的是,它有助于培养学生的自主阅读能力,引导他们逐步养成良好的阅读习惯。AI的出现不是为了取代教师,而是通过促进习惯养成、策略内化和元认知发展,助力学生成为终身自主阅读者。

(一)任务链中的能力发展路径

任务驱动的整本书阅读教学中,AI智能旨在实现从外部任务驱动到内部自主阅读的素养迁移,其要义在于:通过精心设计的智能化任务链,逐步减少外部支持,使学生能够将任务执行过程中习得的阅读策略,内化为稳定的认知图式。

学生在初次接触整本书阅读任务时,往往缺乏足够的能力和经验来独立应对复杂任务。此时,外部任务如同脚手架,为学生的学习提供支持,帮助他们理解任务要求并掌握基本的阅读方法。然而,教育的最终目标是让学生实现自主阅读,仅仅依赖外部支持是远远不够的。如果外部支持持续存在,学生容易形成依赖心理,难以真正锻炼出独立解决问题的能力。当学生在完成任务的过程中逐渐将阅读策略内化为稳定的认知图式后,他们就能将这些策略灵活应用于不同的阅读情境中,实现举一反三、融会贯通。这种迁移能力不仅能提升学生的阅读能力和学习效率,还能培养他们的创新思维和批判性思维,使其在未来的学习和生活中更好地适应各种复杂的信息环境。因此,通过任务驱动,促使学生将所学策略转化为认知图式,是实现从外部驱动到自主阅读素养迁移的关键环节。

在《儒林外史》整本书阅读教学中,教师巧妙借助 AI 系统构建以"科举制度批判"为主题的任务链,引导学生层层深入探究作品内涵。初级任务中,学生需标注范进中举前后的行为变化。这一任务要求学生仔细研读文本里的具体描写,去真切感受科举制度对人物行为造成的明显影响,帮助学生初步认识到科举制度和人物命运之间存在着紧密关联。随后进入进阶任务,教师会给学生一些策略提示,引导他们对比周进与范进癫狂表现的不同之处。有了初级任务的基础,此时学生要进一步深入剖析人物,挖掘在相似遭遇下,不同人物各自独特的表现,由此更全面地领会科举制度是怎样扭曲人性的,以及这种扭曲在不同个体身上有着怎样多样化的体现。最后是高阶任务,鼓励学生进行策略迁移,自主设计"当代教育异化现象观察量表"。这一任务跳出了文本范畴,要求学生把学到的分析方法和批判性思维运用到现实生活里,通过设计与科举制度批判相关的观察量表,促使学生反思自己生活中可能存在的类似问题,进而培养他们的问题意识以及知识迁移能力。

(二) 化解任务教学的可持续发展难题

传统的任务设计往往过于具体且步骤固定,学生通常只是按部就班地完成任务。这种模式侧重于达成既定的任务目标,却缺乏对学生主动探索整本书深层内涵以及拓展阅读方法的引导。长此以往,学生容易习惯于在既定的任务框架内进行阅读活动,而一旦任务结束,便难以自主地将所学知识迁移到新的阅读情境中。这种状况极大地限制了学生自主阅读能力的发展,导致整本书阅读教学只能停留在完成单次任务的层面,无法实现知识与能力的螺旋式提升,阻碍了教学在培养学生终身阅读习惯和深度阅读素养方面的可持续发展,影响了阅读教学的长远效果。

此外,教师在处理不同章节、知识点以及多样化的阅读目标时,可能会提供多种阅读策略。然而,这些策略之间往往缺乏有效的整合与连贯性梳理。面对这些零散、碎片化的策略,学生很难在脑海中构建出清晰的阅读思路,形成完整的阅读认知架构。这无疑增加了他们的认知负担,使阅读过程变得艰难且低效。结果,学生难以将书中内容有机整合,以理解其内在逻辑与思想内涵,进而影响了认知图式的良好建构。这不仅不利于整本书阅读教学在提升学生文学鉴赏、思维拓展等综合素养方面持续发挥积极作用,也使得教学难以实现让学生举一反三、灵活运用阅读策略的目标。

针对上述难题,教师可以借助 AI 系统逐一解决。首先,在处理任务依赖性与自主性培养的矛盾时,可以采用"渐进式撤架"策略。在整本书阅读教学的初期阶段,AI 能够为学生提供详尽且全面的指导。例如,在"英雄形象比较"这类常见的阅读任务中,AI首先会提供具体的比较维度模板,如理想信念、应对挫折等,帮助学生依据这些维度对书中不同的英雄形象进行分析。随着阅读的深入,进入中期阶段时,AI会减少辅助,仅提供空白矩阵,同时保留维度提示,引导学生自主填充内容,深入思考不同英雄形象的特点。到了后期,AI则完全撤出支架,让学生凭借前期积累的经验和自主思考能力,独立构建完整的比较框架。对于策略碎片化与认知图式建构之间的冲突,AI通过构建"策略图谱"来有效解决。它会根据不同的整本书内容和具体的阅读任务类型,整合出一套具有内在逻辑关联的阅读策略集合。例如,在《简·爱》的整本书阅读中,针对"拒绝圣约翰求婚"这一关键情节的阅读分析任务,AI会先引导学生运用"阶级视角"分析简·爱当时的社会经济地位及其经济自主权,接着引入"空间隐喻"解读桑菲尔德庄园在这一情节中的象征意义。通过这种由浅入深、环环相扣的引导,AI帮助学生逐步形成多维分析能力。在构建"策略图谱"的过程中,AI不仅注重策略间的逻辑衔接,还强调策略与整本书内容的深度融合,确保学生在运用策略时能够更精准地把握整本书的内涵。

总之,借助AI系统采取针对性的策略,可以有效化解任务驱动下整本书阅读教学中存在的可持续发展困境。这不仅优化了教学过程,提升了学生的阅读素养,还推动了整本书阅读教学朝着更科学、更可持续的方向发展,助力学生在阅读领域实现更好的成长与进步。

(三)递进式能力发展路径

在成功运用AI系统解决了任务驱动下整本书阅读教学中存在的可持续发展难题后,我们进一步探讨如何通过科学合理的能力发展路径,帮助学生在整本书阅读教学中实现更全面且层次分明的成长。在此背景下,"三元递进式能力发展路径"顺势诞生,即"任务脚手架搭建—元认知唤醒—自主阅读孵化",教师可以依据这一路径,逐步引导学生从基础理解出发,循序渐进地进入深度分析阶段,最终达到创新应用的目标。通过这种层层递进的方式,确保学生在每个阶段都能获得针对性的能力提升,从而实现整本书阅读教学的整体进阶。

首先是任务脚手架搭建阶段。当学生面对复杂的整本书阅读任务时,常常会感到无从下手。任务脚手架就像建筑施工中的临时支撑结构,为学生的学习提供初始的框架和引导。它能够将宏大而抽象的整本书阅读任务分解成一个个具体、可操作的小任务,帮助学生找到阅读的起点和基本路径,从而降低任务的难度,激发他们最初的阅读动力。接下来是元认知唤醒阶段,可以通过"认知日志"来促进阅读反思。在整本书阅读过程中,尽管学生进行了阅读,但往往缺乏对自身阅读过程的有效监控和反思。"认知日志"则为学生提供了一个回顾和分析自己阅读思路、遇到的困惑以及收获的机会。这有助于学生主动觉察自己在阅读过程中的优势和不足，从而调整阅读策略，进一步提升阅读能力。最后是自主阅读阶段，构建"任务孵化器"机制。当学生在任务脚手架的引导和元认知的初步觉醒下积累了一定能力后，就需要激发他们自主阅读的意愿。"任务孵化器"机制能够创造一个适宜的环境和条件，促使学生从被动接受任务转向主动探究阅读任务。这就像在种子萌芽的过程中，提供适宜的温度、湿度等条件，从而实现真正的整本书深度阅读。以《儒林外史》整本书教学为例（见表4-2）：

表4-2　《儒林外史》三元递进式能力发展路径与实施框架

阶段	实施路径	技术工具	任务链	能力培养目标
任务脚手架搭建	1. 基础层：行为对比标注 2. 进阶层：知识图谱关联 3. 挑战层：跨时代文本对照	腾讯文档 ProcessOn	范进中举行为对比 科举异化主题图谱 古今教育观对照框架	信息提取—关联分析—批判迁移
元认知唤醒	1. 现象描述—系统归因—迁移应用 2. AI触发反思矩阵	语义分析工具 动态矩阵	严监生行为三阶分析 王玉辉事件策略迁移	系统归因能力 迁移应用意识
自主阅读孵化	1. 历史考据型任务 2. 文学创作型任务 3. 社会批判型任务	AI创写 量化分析工具	科举录取率量化研究 《范进发疯》荒诞剧改编 《新儒林群像》漫画	个性化研究设计 跨媒介表达

由表4-2我们看到，"任务脚手架搭建"构建起"科举批判"的任务链，并通过不同层次的设置动态调整支持力度。基础层利用腾讯文档创建"儒林行为对比表"，借助AI推送范进中举前后的典型片段，引导学生标注对比维度，让学生在具体实例中初步感知科举对人的影响；进阶层在ProcessOn平台生成动态知识图谱，AI自动关联多个事件并提示"科举异化"主题关键词，助力学生深入理解科举制度下人性的变化；挑战层开放"当代教育焦虑镜像"任务，推荐相关跨时代文本并提供分析框架，引导学生将古今教育观念进行对照分析。接着步入"元认知唤醒"阶段，通过AI的语义分析工具监测学生任务成果并触发针对性反思。例如，针对学生在分析严监生形象时的局限，推送反思矩阵，引导其从现象描述、系统归因到迁移应用进行深入思考，促使学生修订报告并实现策略迁移。最后，自主阅读孵化阶段则基于学生兴趣图谱生成个性化拓展方案。无论是历史考据型、文学创作型还是社会批判型任务，都能充分满足学生不同的兴趣需求，培养其探索精神与批判性思维。如此，学生的思维从"任务应答"转向"问题生成"，真正实现了语文素养的内生。

结语

在以任务为导向的整本书阅读教学实践中,人工智能技术的引入显著推动了教学的精确化与个性化发展。然而,教育的根本宗旨在于"以文化人",它要求教师在应用人工智能技术时,必须慎重地平衡各种复杂关系。一方面,教师需要在工具理性和价值理性之间找到均衡点。人工智能应被视为辅助教学的工具,而非评价的主导者。过分依赖数据,片面追求"数据至上",可能会导致文学审美的简化,进而使得整本书阅读教学丧失其应有的人文深度和温度。另一方面,确保技术的赋能与伦理关怀的和谐统一亦至关重要。在利用人工智能技术收集学生学习情况数据以增强教学针对性的同时,必须充分尊重学生的隐私权,避免算法歧视等伦理问题的发生,以确保教育的公平性和正义性。此外,还需实现效率追求与深度思考的和谐共存。尽管人工智能能够显著提高阅读过程的效率,但教师仍需为学生安排适当的"留白时间",以便他们能在阅读中进行深入的思考和品味,从而深化对作品内涵的理解,促进知识的内化与提升。只有当学生在人工智能的辅助下,既能够高效地完成阅读任务,又能在阅读的道路上独立探索、不断前进时,技术赋能教育的真正价值才能得到彰显。

第三节　知识图谱优化阅读任务架构

知识图谱技术通过可视化呈现整本书的复杂关系网络,为整本书阅读教学提供了结构化、系统化的认知工具。本节从知识图谱的构建与应用、基于图谱的任务设计、数据驱动的任务优化三个维度展开论述,阐释知识图谱如何帮助学生突破碎片化阅读困境,并为教师提供科学的教学设计框架。

一、认知结构的可视化重构

传统的整本书阅读教学往往因线性叙事方式,导致学生对人物关系和主题脉络的理解趋于片面化。而知识图谱通过节点与连线的可视化方式,将整本书中复杂的人物关系、情节线索以及主题思想进行系统化的梳理,使书中隐含的逻辑关系变得清晰明了,从而帮助学生构建起全局性的认知框架。

(一)任务驱动的认知导航系统

知识图谱用节点网络的可视化技术,将整本书中隐性的认知结构转化为显性的任务地图,堪称任务驱动的认知导航系统。它具有要素解耦、关系显影和路径导航三大功能,助力学生在整本书阅读中构建更完善的知识体系。

第一,要素解耦,化繁为简。整本书的知识体系犹如一座复杂的迷宫,内部要素相互交织、嵌套,学生在探索过程中很容易迷失方向,难以准确地抓取关键信息。知识图谱的要素解耦功能就像是一把精准的"手术刀",依据整本书独特的教学价值、内在逻辑结构以及学生的认知发展规律,将复杂、混沌的内容细致地"解剖"成一个个独立且可操作的小任务。这些经过"拆解"的任务单元,就如同迷宫中的一个个路标,为学生在阅读之旅中指明方向,帮助他们逐步理解整本书的关键知识点,为后续的深入学习打下坚实基础。

第二,关系显影,揭示关联。整本书中的繁复内容均不是孤立的存在,而是紧密相连,形成一个有机的整体。但这些潜在的关系往往隐藏在表面之下,学生常常因为自身认知和阅读经验的局限,难以察觉。知识图谱通过科学的分析与算法,自动挖掘并清晰呈现这些隐藏的关联,将原本碎片化的内容整合为一个连贯、有序的知识网络。学生借此站在更高的视角,全面、系统地审视整本书,从而深入领悟作品的深层内涵,提升对整本书的知识统摄能力。

第三,路径导航,引领方向。面对整本书纷繁复杂的内容和众多任务要求,学生在阅读过程中容易陷入盲目和困惑,无法高效地推进阅读进程。知识图谱的路径导航功能基于整本书的结构脉络和学生的认知规律,为学生规划出一条科学合理的阅读路径,引导他们循序渐进地开展阅读任务。这就像是为一场漫长的旅程绘制了详细的地图,让学生清楚知道每一步该走向何处,避免阅读的盲目性,有效提升阅读效率和认知质量。

比如在《水浒传》整本书阅读教学中,知识图谱将《水浒传》这部巨著拆解为"人物关系图谱""江湖规则体系""起义动因分析"等具体任务。这些任务就像拼图的碎片,每一块都聚焦于作品的一个重要方面。学生通过逐一研究这些任务,就像拼图一样,逐步还原出整本书的全貌。接着,发挥其"关系显影"功能的效用,揭示书中隐藏的深层联系。以林冲的故事为例,呈现出林冲被逼上梁山与高俅专权之间的因果关系链。这一因果链条就像一条红线,将相关的情节和人物串联起来,让学生能够更清晰地理解故事发展的内在逻辑。同时,在分析"林冲被逼上梁山"这一任务时,路径导航功能自动关联前文高俅专权、误入白虎堂、风雪山神庙等节点,并提示学生对比王进、杨志等人物相似遭遇下的不同命运。通过这样的引导,学生能够从孤立的情节出发,逐步构建起一个关于"官逼民反"的逻辑链,实现从局部到整体、从孤立事件迈向系统性批判的思考。

(二) 突破传统任务设计的认知瓶颈

整本书阅读是一个复杂的认知过程,书籍内容之间存在着千丝万缕的内在联系,宛如一张庞大而细密的知识网络。然而,传统教学往往呈现线性特征,教师通常按照章节顺序或单一的逻辑线索布置任务,例如依次安排学生完成情节概括、人物分析和内涵领悟等任务。这些任务相对独立,缺乏有机整合,导致学生在阅读时只能碎片化地理解整本书,如同盲人摸象,难以构建起全面且系统的网状认知。他们或许能够了解各个部分的内容,却无法将其融会贯通,洞察深层次的逻辑关联与整体架构,这在一定程度上限制了学生对整本书的理解与把握,进而影响阅读素养的培养。此外,教师在设计任务时多依赖自身教学经验,布置的任务有时未能充分考虑学生的认知规律和实际能力。从认知负荷理论的角度来看,学生的工作记忆容量是有限的,过于复杂且无条理的任务容易使他们的认知负荷超载。例如,若要求学生同时分析多个人物的多重性格特点、梳理众多情节线索以及探讨背后的主题意义,却没有合理的引导和任务分解,学生便会陷入信息过载的困境,导致学习效率低下,无法有效内化知识,最终阻碍整本书阅读教学目标的达成。此时,利用知识图谱进行任务嵌入,实现认知结构的可视化重构,能够以直观的方式呈现复杂的整本书结构。它可以精准地将任务与知识节点相联系,帮助学生在面对复杂文本时,快速梳理各元素之间的关系,同时便于教师根据学生的认知情况合理拆解和引导任务,使任务驱动下的整本书阅读教学更加靶向明确。

(三) 任务嵌入的实施方式

任务驱动下的整本书阅读教学中,知识图谱构建任务嵌入是优化阅读任务架构的重要方式,它主要包含结构化数据采集与动态标注、交互式任务场景设计以及自适应图谱进化机制三个方面。之所以要进行这样的构建,是出于提升整本书阅读教学效果的需要。

整本书阅读涉及海量且复杂的信息,要想构建有效的知识图谱,精准的数据采集与合理标注至关重要。学生分组参与构建像《水浒传》"好汉特征矩阵"这类任务,能够充分调动学生的主观能动性,让他们沉浸到整本书的阅读中,去挖掘不同好汉的特征,在合作交流中加深对整本书的理解。AI 实时校验逻辑合理性,是为了确保学生所整理的信息符合整本书的内在逻辑,避免出现认知偏差。例如"鲁智深倒拔垂杨柳"这一情节,若不与后续大相国寺事件关联起来理解,就无法完整把握鲁智深这一人物形象及相关情节发展脉络,AI 的校验能引导学生形成正确且连贯的认知链条。情感量化分析则可运用 NLP 技术分析读书笔记,将"义气""背叛"等情感词频,转化为关系连线粗细,直观地呈现人物之间情感亲疏、利益关联等情况,帮助学生从情感维度去洞察书中人物关系网络,更好地理解故事背后的人际互动与情节走向,辅助他们构建起更立体的整本书认知结构。

交互式任务场景设计是通过创设与书中具体情节或关键议题紧密结合的互动情境,使学生在虚拟或模拟的环境中主动探索、分析问题,从而深化对整本书内容的理解,重构自身的认知结构。这一设计方式打破了传统阅读教学中学生相对被动的接受模式,充分调动了学生的主观能动性,提升了他们的阅读体验和学习效果。在具体的教学实践中,这种设计有着诸多生动的表现形式。比如,在"招安争议"节点设置分支任务。若学生选择"接受招安",随后便进入到方腊起义镇压模拟环节,他们需要考虑梁山好汉的兵力调配、战术运用以及招安后与朝廷的关系等诸多因素;若学生选择"拒绝招安",则要去推演梁山经济崩溃路线,分析梁山的产业结构、物资储备等方面如何受影响。通过这样的模拟让学生站在不同立场去思考书中人物面临的复杂局势,深刻理解情节发展的多种可能性以及背后蕴含的社会、历史等多方面因素,培养学生的批判性思维和深度阅读整本书的能力。

自适应图谱进化机制是依据学生在阅读过程中产生的讨论热度、观点分歧等动态信息,对知识图谱进行实时调整和优化的机制,旨在为学生提供更贴合学习需求、更具启发性的学习资源,助力他们完善认知结构。之所以要构建自适应图谱进化机制,是因为整本书阅读是一个复杂且多元的过程,学生在阅读中会产生各种各样的思考和疑问,静态知识图谱难以满足学生个性化的学习需求。自适应图谱进化机制能够根据学生的实际情况和学习反馈,灵活地对知识图谱进行调整和完善,使整本书阅读的教学内容更具针对性和时效性,从而更好地引导学生进行深度阅读和思考。我们来看具体的教学实践:在讨论"宋江忠义悖论"时,当学生的讨论热度超过设定的阈值,系统会自动关联《三国演义》中刘备形象的对比分析框架。通过这种关联,学生可以从不同人物的角度去思考"忠义"这一概念的内涵与外延,拓宽思维视野,深化对《水浒传》中宋江这一人物的理解。再如,对于"招安是否背叛兄弟"这一存在多元观点的问题,系统会生成红色虚线标注学术流派分歧图谱,如金圣叹评点本与现代革命史观的不同视角。这样的呈现方式能让学生清晰地看到不同学术观点之间的差异和联系,培养他们的批判性思维和学术探究能力。

知识图谱通过对整本书知识的可视化呈现,帮助学生在阅读过程中迅速理清复杂的信息,把握作品的整体架构和内在逻辑,为深入理解作品奠定坚实基础,使学生能够从全局视角出发,更全面、深入地理解书籍内容,提升阅读效果。

二、深度思辨的图谱任务设计

在任务驱动的整本书阅读教学中,基于图谱的任务设计是一种创新方法,它利用知识图谱来优化阅读任务的架构。这种方法不仅仅是对书籍内容静态关系的简单呈现,而是将知识图谱作为任务设计的核心逻辑支撑点。基于此,教师能够巧妙地设计出层次多样、维度丰富的阅读任务。这些任务根据不同的认知难度进行分层设置,引导学生从多个角度对整本书的内容进行深入剖析,从而全面提升学生的综合阅读能力，尤其注重培养他们的批判性思维，帮助学生实现从表层理解到深度思辨的跨越。

（一）知识图谱的认知跃迁功能

知识图谱的认知跃迁功能在任务驱动的整本书阅读中，表现为将静态的关系网络转化为动态的思维训练场。它引导学生通过完成阅读任务，经历"信息整合—关系分析—价值重构"的三阶段思维跃迁。

学生在阅读整本书时，起初获取的只是碎片化的知识，这属于基础的信息层面。若不对这些信息进行整合，它们就如同散沙，难以聚成整本书的整体架构。知识图谱通过可视化认知框架呈现，类似于搭建了一个有序的知识收纳系统，促使学生主动梳理整本书中的各个要素，完成信息整合这一基础步骤。在信息整合之后，关系分析成为深入理解的关键。整本书的内容是一个有机整体，各个元素之间存在着千丝万缕的隐性联系，这些联系影响着对作品主题和意义的把握。学生需要深入探究这些联系，才能真正理解作品的内在逻辑。知识图谱凭借其呈现关联性的优势，能够引导学生深入分析各元素之间的关系，挖掘书中隐藏的知识脉络。这使得学生的思维从单纯知晓表面信息，转变为剖析内在联系，实现思维的进阶。

更为关键的是价值重构这一阶段。不同时代背景和不同的阅读视角会赋予作品不同的价值内涵。学生在完成前两个阶段后，需要站在整合好的信息与明晰的关系基础上，将所学知识内化为自己的价值观和思维方式，对整本书的内容进行重新审视和建构。知识图谱能够引导学生站在更宏观的角度思考问题，引发对知识的价值思考和自我认知的更新。这有助于学生形成自己独特且深刻的理解，实现从简单的信息接收者到深度思考者的转变。

（二）打破浅层任务导致的思维固化

传统的整本书阅读教学里，教师布置的任务往往呈现出离散的特点，就像在《西游记》教学中安排的"妖魔分类""法宝整理"这类孤立任务。从认知科学角度来看，这种碎片化任务容易致使学生陷入"隧道视野效应"，也就是说，学生的注意力会被局限在各个分散的任务细节上，难以跳脱出来从整体上去把握书籍内容，构建系统性的认知。实际上，整本书有着内在的逻辑架构和复杂的关联性，需要学生运用系统思维去理解，但离散任务却切断了这种关联性，使得学生在整本书阅读过程中容易深陷细节泥潭，无法形成对故事全貌以及背后深层逻辑的清晰认知。知识图谱的出现，为解决这一矛盾提供了有效途径。它通过构建结构化任务链，将原本孤立的任务元素按照一定的逻辑顺序和层次进行整合。例如，设计"取经战略推演"任务体系，基础层要求学生绘制 GIS 路线图，这一任务促使学生先对取经路线这一基础信息进行梳理，对应着记忆与理解层面；进阶层让学生进行 SWOT 分析,此时学生需要运用所学知识去分析取经过程中的各种情况,涉及应用与分析能力;到了挑战层,学生要重构取经方案,这就需要他们站在更高的角度,综合考量多方面因素,发挥评价与创造能力。

再者,布鲁姆认知目标分类学明确指出,高阶思维的发展必须依托结构化的认知支架。学生不应仅停留在对知识的简单记忆和理解层面,而应能够深入分析、评价并创造。然而,传统阅读教学中的任务往往较为平面化,仅让学生在较浅层次上完成任务,缺乏对不同思维层次的引导以及相应的认知支撑结构的搭建。例如,在阅读"三打白骨精"这样的经典情节时,如果仅仅要求学生复述故事经过等基础任务,学生很难深入触及人物心理变化、事件背后的深层寓意以及与现实情境的结合等立体认知维度。在此,知识图谱发挥了关键作用,它通过多维映射实现思维可视化,为学生搭建起从基础到高阶的思维阶梯。这种映射清晰地对应了任务层级与不同的认知目标,引导学生在完成任务的过程中逐步提升思维层次。基础层任务,学生要标注三次打斗的差异,这有助于夯实他们的记忆基础;进阶层任务则要求对比悟空的心理变化,学生需要运用分析能力深入探究人物的内心世界;到了挑战层任务,学生需要设计"现代职场版团队危机处理方案",这促使他们将经典情节与现代场景相结合,发挥创造能力,实现从平面认知向立体认知的跨越。

(三)阶段任务架构的思维建模

三阶段任务架构是一种依托知识图谱,助力学生实现从表层理解迈向深度思辨的系统性任务设计模式。它涵盖了认知基模构建、批判思维激发以及迁移创新能力培养三个阶段,每个阶段都有着特定的任务设计与功能,引导学生在阅读过程中逐步构建起深入且全面的认知体系,将整本书阅读从单纯的知识积累转化为思维建模。

1. 认知基模构建阶段

整本书阅读通常涉及大量复杂的信息,对于学生而言,构建起坚实的认知基础便成了首要任务,而知识图谱恰能助力达成这一目标。

知识图谱通过动态数据融合的方式,对整本书中的关键信息进行系统整合,依据书中内容的内在逻辑以及各要素之间的关联,梳理出清晰的知识脉络,进而形成一个初步的知识框架。这一框架就如同为学生搭建起了理解整本书的"脚手架",帮助他们建立起对书本整体内容的初步理解。以《西游记》的阅读任务为例,在借助知识图谱整合地理信息系统(GIS)时,当学生去标注八十一难的经纬度,知识图谱便能依据其强大的信息关联功能,自动叠加与之相关的如唐代西域的气候数据、人口分布图谱等多维度信息。这些信息原本在书中可能是分散呈现,或者是学生很难自主建立起联系的,但通过知识图谱的整合,便能够清晰地展示在学生面前。如此一来,就能为学生提供丰富且全面的背景知识,使得他们能够置身于更立体的情境之中,去深入理解故事发生的时空背景以及情节发展的逻辑,避免出现孤立地、片面地看待文本内容的情况。不仅如此,知识图谱还支持设置多模态交互功能,进一步优化学生的阅读体验,助力认知基构建。比如,当学生点击"火焰山"这一知识图谱中的节点时,能够触发增强现实(AR)场景,让学生进入到虚拟环境中,完成"芭蕉扇借用谈判"的角色扮演任务。传统阅读方式大多局限于文字阅读,形式相对单一且枯燥,而多模态交互这种借助知识图谱实现的功能,巧妙地打破了常规,将虚拟与现实有机结合起来,极大地增强了学生的阅读体验感和参与度。学生在这样有趣且富有实践操作性的过程中,会更主动、更深入地投入到整本书的阅读之中,并且在实践操作里不断加深对书本内容的理解,为后续更高层次的思维发展筑牢坚实的基础。

2. 批判思维激发阶段

在整本书阅读教学中,借助知识图谱的独特作用,能够更好地引导学生学会对书中内容进行思考、质疑和辨析,以此激发学生的批判性思维。其中,采用争议点爆破策略来设计高阶任务,能有效契合这一教学需求,知识图谱在这一过程中有着关键的引导与支撑作用。

以《西游记》中"狮驼岭抉择"这一情节为例,在学生们对该话题的讨论热度逐渐达到临界点时,意味着这个话题已然充分激发了学生浓厚的兴趣以及深入思考的意愿。此时,知识图谱系统便会依据其对整本书内容梳理后所构建的知识网络,精准捕捉到这一关键争议点,并自动生成与之对应的辩论任务。知识图谱能够清晰呈现出与"狮驼岭抉择"相关的诸多要素,比如狮驼岭众妖魔的特点、取经团队当时的状态以及前后情节中所涉及的应对策略等信息。基于这些,正反双方学生可以顺着知识图谱所提供的线索,从不同角度去收集论据、阐述观点。正方小组顺着知识图谱中关于佛教精神相关的知识脉络,通过引用佛经中"舍身饲虎"的典故,来论证直面磨难的必要性;而反方小组则参考知识图谱里取经团队协作等方面的内容,分析绕行方案对团队磨合的积极影响。与此同时,仲裁组同样依托知识图谱所整合的全面信息,制订出一个包含"妖魔战力值"和"团队士气指数"等贴合书中情节设定的量化决策模型。通过这样的任务设计,借助知识图谱的引导,学生能够站在不同立场,深入挖掘书中情节背后潜藏的多种可能性,打破常规的思维定式,切实锻炼自身的批判性思维,进而从多个角度去审视整本书的内容,实现对作品理解深度的有效提升。

3. 迁移创新能力培养阶段

在整本书阅读中,借助知识图谱构建"文学—现实"转化通道,对于培养学生的迁移创新能力有着重要意义。以《西游记》阅读为例,可基于知识图谱呈现出的书中隐性认知结构,设计相关任务。知识图谱能够梳理出《西游记》里取经路线涉及的诸多要素,如各地的地理特点、遇到的妖魔鬼怪情况以及相应的应对策略等,将这些内容拆解并关联起来后,通过战略推演,把优化后的取经路线导入仿真系统测试物资消耗曲线。在此过程中,学生能依据知识图谱所清晰展现的内容,把书中奇幻的情节与现实中的资源管理、策略规划等知识紧密联系起来,实现知识从文学情境到现实情境的迁移运用,切实培养他们运用所学知识解决实际问题的能力。同时,在动态评估环节,借助 AI 结合知识图谱对学生任务表现进行深度分析,生成"思维发展热力图"。该热力图依据知识图谱所构建的知识体系框架,精准突出显示学生在分析过程中存在的思维盲区,有助于学生基于知识图谱所呈现的全面认知结构,及时且清晰地了解自己的思维短板,从而有针对性地进行改进和提升,进一步推动迁移创新能力的发展。通过这样的方式,学生能够更加灵活地运用在阅读《西游记》过程中,借助知识图谱积累的知识以及掌握的思维方法,在不同现实情境中创造出新的认知成果,真正实现将文学知识与现实生活有机结合,全方位培养他们的创新能力和实践应用能力。

依据知识图谱设计阅读任务,教师能够引导学生全面、深入地理解整本书的内容,提升学生的阅读素养,让学生在阅读中学会思考、学会探究,真正实现任务驱动下整本书阅读教学的目标。

三、图谱完善任务逻辑

知识图谱不仅能够助力教师设计多维度的阅读任务,还能优化任务之间的逻辑关系,使整个阅读任务序列更加贴合学生的认知规律。通过知识图谱与学习分析技术的结合,任务设计得以突破经验主义的局限,实现基于实证的持续改进。

(一) 动态反馈的任务适配

知识图谱优化任务逻辑的实质,是通过学习行为数据的实时采集与分析,构建"任务设计—执行反馈—动态调适"的闭环系统。其核心在于突破传统经验主义教学设计模式,借助知识图谱的行为轨迹热力图、概念关联网络等可视化工具,实现任务难度、认知负荷与学生能力的精准匹配。传统的教学设计教师往往凭借过往教学经验和主观判断来设计任务,缺乏对学生个体差异和学习过程中实际表现的有效考量。整本书阅读教学中,不同学生的阅读能力、认知水平和学习进度各不相同,统一化、预设性的任务设计难以满足所有学生的需求。而知识图谱能够实时捕捉学生在阅读过程中的行为数据,精准匹配任务难度、认知负荷与学生能力,为优化任务逻辑提供了有力支撑。

此外,动态调整任务的设计有助于激发学生的学习动力和自主学习能力。

当学生感受到自己的学习情况被关注和重视,且任务难度能够随着自己的进步而调整时,他们会更积极地投入到整本书阅读学习中,主动探索和思考,逐步提升自己的阅读素养。例如,在共读《骆驼祥子》的过程中,有些学生可能对"车行剥削"这一情节理解较慢,在该节点停留的时间较长,批注关键词密度也较高,这表明他们在这一部分可能遇到了困难。此时,知识图谱能实时监测到这些数据,并动态调整后续任务的认知挑战层级,就能更好地适应学生的学习节奏,避免学生因任务过难或过易而产生的挫败感或学习倦怠感。

这样的动态反馈机制是以数据为驱动、以学生为中心的教学理念的生动体现,知识图谱的恰当运用,能让每个学生都在自己的"最近发展区"内接受适度挑战,从而不断深化对整本书的理解,实现阅读能力的有效提升,这是贴合学生认知发展规律、提升整本书阅读教学质量的应然选择。

(二)突围经验任务的教学困境

任务驱动下的整本书阅读教学中,传统经验型教学面临着诸多难以突破的困境,这也凸显出从经验判断向科学决策转变的紧迫性与必要性,知识图谱在助力突破这些困境方面发挥着关键作用。

首先来看主观预设与客观学情的脱节问题。经验型任务设计多数依赖教师的主观预设,然而教师即便经验丰富,也难以精准把握每一位学生的具体情况。每个学生都是独特的个体,其知识储备、认知水平、思维能力等方面存在诸多差异。比如,在开展整本书的阅读教学时,教师凭借过往经验设置的任务难度可能对部分基础较好、阅读能力强的学生而言过于简单,他们无需过多思考就能完成,使得任务无法有效激发其思维的进一步拓展,阅读仅停留在浅层次。而对于一些基础薄弱、理解能力稍差的学生来说,同样的任务又可能难度过高,让他们在阅读过程中屡屡受挫,久而久之,甚至会丧失阅读的兴趣和信心。这种因主观预设而造成的任务难度失配,严重阻碍了学生在整本书阅读中的有效学习与成长,无法实现因材施教,难以满足不同层次学生的学习需求。此时,知识图谱便能发挥其独特优势来改善这一状况。知识图谱能够实时采集学生阅读过程中的各类数据,像是阅读的速度、对不同内容的停留时长、批注的内容特点等,通过对这些数据的深度分析,精准把握每一位学生的实际学情,从而避免主观预设与客观学情的脱节。

再聚焦静态任务与动态发展的矛盾。认知发展研究表明,学生的阅读能力并非呈线性匀速发展,而是有着非线性跃迁的特征。他们在不同阶段、接触不同的整本书时,阅读能力的提升速度和表现形式各不相同。而传统的任务设计多是静态的,缺乏灵活性,一旦设定便难以根据学生实时的发展变化做出相应调整。例如,在一个学期的阅读教学中,学生可能在某段时间因课外阅读积累或思维开窍，阅读能力有了质的飞跃，可静态的任务却依然按部就班，无法为其提供更具挑战性、能匹配其新能力水平的任务，这就限制了学生向更高阅读层次迈进，不利于培养他们深度阅读的能力和素养。正因如此，借助技术赋能，突破经验型教学的局限，采用更科学合理的任务设计逻辑，显得尤为迫切和必要。

在《骆驼祥子》的初读阶段，传统的任务设计暴露出了明显的问题。教师凭借主观经验判断，布置了"三起三落情节梳理"这一任务，原本期望学生借此能较好地把握小说的主要情节脉络，然而实际效果却不尽如人意。大部分学生在梳理情节时，只是机械地罗列祥子买车、丢车等事件，却难以洞悉这些事件背后深层次的因果逻辑，这充分体现出基于主观预设的任务难度与学生客观学情出现了严重的脱节情况。不过，有了知识图谱的介入就不一样了。知识图谱能够通过数据感知，深入且细致地分析学生的学情。比如，系统监测发现，多数的学生在"祥子买新车"这一节点时，会标注"开心""希望"等情感词，这表明学生对祥子此时的心境有着清晰的感受和理解；但到了"小福子之死"节点，却出现了认知断点，学生平均在此停留的时长不足 1 分钟，这意味着他们对这一关键情节的理解存在明显障碍，难以深入挖掘其背后的意义。基于这样精准的学情分析，知识图谱动态地为学生插入了过渡性任务，以帮助他们更好地理解文本，弥补认知上的不足。其中，情感衔接任务要求学生对比祥子两次失去洋车后的心理描写差异，通过这样的任务引导，学生能更细腻地体会祥子内心的变化，把握其心态随着经历起伏而产生的微妙转变，从而建立起情节之间的情感逻辑联系；还有社会隐喻任务，让学生分析"暴雨拉车"场景与阶级压迫的象征关联，促使学生从社会背景层面去思考情节所蕴含的深刻意义，加深对小说主题的理解。

（三）层级数据驱动的实施路径

层级数据驱动是一种以知识图谱为依托、以数据为核心驱动力、致力于优化阅读任务架构、推动教学从经验判断向科学决策转变的模型。它涵盖了认知基模诊断阶段、任务动态优化阶段以及跨周期素养迁移阶段这三个层级，各层级相互配合、层层递进，通过精准分析学生的学习情况，动态调整教学任务，助力学生实现整本书的深度理解与跨学科迁移，提升学生的阅读素养与综合能力。

认知基模诊断阶段，知识图谱发挥其强大的数据整合功能，通过多源数据融合的方式，将诸如阅读时长热力图、概念关联网络以及情感词频矩阵等各类数据进行有机整合。例如，它能够清晰地呈现出学生在阅读过程中不同内容板块的停留时长情况，梳理出各个概念之间的关联强弱，以及分析学生在整本书各处所使用的情感词汇的频率等信息，进而构建出全面且细致的学生认知画像。同时，借助自然语言处理（NLP）技术，知识图谱可以对学生的读书笔记展开深入分析，凭借其智能算法,精准检测出学生在阅读过程中存在的潜在误解。教师则可以依托知识图谱所生成的数字画像,直观且深入地了解每个学生的认知特点以及存在的薄弱环节,从而能够有的放矢地开展教学指导工作。任务动态优化阶段,依托知识图谱所构建的认知框架,采用强化学习框架,依据学生的阅读行为数据,根据学生的实时学习情况调整任务难度和方向,为不同层次的学生推送个性化的学习任务和工具。知识图谱为任务的动态调整提供了精准的依据,确保推送的任务与学生的实际需求紧密匹配。在跨周期素养迁移阶段,借助知识图谱所搭建的知识体系,引导学生将文学作品中的内容与现实生活相联系,提升学生的综合素养。

以《骆驼祥子》的教学为例,在认知基模诊断阶段,知识图谱整合多源数据后发现,学生在"小福子之死"节点停留时间较短,情感词频较低,通过 NLP 技术分析读书笔记,识别出部分学生将祥子的悲剧简单归因为"性格软弱"这一潜在误解。在任务动态优化阶段,对于在"三起三落"节点停留超 20 分钟的学生,系统推送"关键事件因果链"构建工具,帮助他们深入理解情节之间的逻辑关系;对于频繁关联"骆驼"意象的学生,开放"动物象征数据库"对比分析功能,引导他们探究意象背后的深层含义;高阶学习者则引导其仿真祥子收支模型,推演不同选择的人生轨迹。在跨周期素养迁移阶段,教师引导学生进行"祥子消费指数"数据分析,发现其烟草支出与绝望情绪的正相关性,进而完成《我看贫穷陷阱心理机制》跨学科小论文,实现了从文学分析到社会科学研究的认知跃迁。

这种数据驱动的任务优化机制,实质上是教育神经科学与人工智能的深度融合。它通过将隐性的认知过程转化为显性的数据流,使整本书阅读教学从"经验试错"转变为"循证实践",为素养导向的阅读教育提供科学化的解决方案。通过知识图谱优化任务逻辑,教师能够更有效地引导学生进行深度学习,从而提升整本书阅读教学的质量。这种任务驱动的教学模式,旨在促进学生思维能力的全面发展,让他们在阅读过程中不断提升思维水平,为其终身学习和长远发展奠定坚实的思维基础。

结语

知识图谱技术为任务驱动下的整本书阅读教学注入了结构化与科学化的元素,正在重塑语文教育的认知格局。从重构文本隐性逻辑的任务设计,到激发批判性思维的进阶方案,再到数据驱动的动态决策支持,这一技术范式构建起一个多维立体的教学框架。它突破了传统教学模式的局限,精准契合认知发展的内在规律,犹如为迷茫的阅读者提供了一幅星象罗盘,既引导着学生穿越人物关系与主题脉络的迷雾,又赋予他们绘制个性化认知图谱的自主权。这种技术赋能的教育转型,不仅正在改变课堂中的阅读生态,更预示着文学教育从经验传承迈向认知科学的新阶段。在未来教育的版图上,知识图谱或许将标记出连接文学审美与核心素养的认知坐标,为培养具有系统思维与创新能力的终身阅读者开辟新的航道。

第五章

任务驱动整本书阅读的案例呈现

    任务驱动下的整本书阅读教学旨在通过系统化、结构化的任务序列设计,引导学生实现从浅层阅读走向深度理解,最终达成高阶思维能力发展与阅读素养的梯级提升。这一教学范式需在整本书阅读价值、学习者认知发展规律与学科核心素养目标之间实现动态平衡,进而构建具有逻辑关联性与实践操作性的任务驱动系统。基于前四章已确立的理论基础、效能生成、实施路径及技术赋能所形成的系统化方法论框架,本章聚焦理论向教学实践的转化,通过典型课例的深度解析呈现方法论的具体应用。

    依据《义务教育阶段语文课程标准(2022年版)》要求,本章对义务教育教科书(五·四学制)初中语文教材中的"整本书阅读"推荐书目进行了分类。分类标准基于三维度耦合模型具体包括:整本书类型的教育功能适配性、阅读能力发展的螺旋式规律,以及任务驱动机制的实践性转化路径。

    第一,整本书类型的教育功能适配。

    经典作品承载着多元育人价值,不同类型的整本书在认知建构、情感涵育、文化传承等方面具有独特功能。根据前四章提出的"文化浸润—思维进阶—语言淬炼—审美体验"目标框架,义务教育教科书(五·四学制)初中语文教材"整本书阅读"推荐书目可划分为四类:

(一)回忆性文本:个人经验与经典对话的桥梁

    《童年》《朝花夕拾》作为自传体与回忆性散文的代表,以个体生命叙事为切口,架设学生个人经验与经典整本书的对话通道。六年级学生初涉整本书阅读,《童年》通过高尔基苦难与温情交织的童年叙事,消解学生对"经典"的距离感;七年级则借《朝花夕拾》中鲁迅"朝花"与"夕拾"的双重视角,引导学生理解回忆文学的重构功能。此类整本书的教学需紧扣"生命经验的镜像效应",通过撰写"我的成长地图"、设计"记忆博物馆"等任务,实现从"读他人故事"到"悟自我成长"的转化。

(二)红色经典文本:革命精神与时代价值的共振

《林海雪原》《红星照耀中国》《红岩》共同构筑了红色经典的三大支柱:革命传奇、纪实文学与信仰史诗。六年级下册《林海雪原》以"智取威虎山"的侠义叙事激发阅读兴趣,培养基础阅读习惯;八年级上册《红星照耀中国》通过斯诺的新闻笔法与历史细节,训练非虚构文本的批判性阅读能力;《红岩》则以江姐、许云峰等英雄群像,引导学生思考信仰的力量如何在当代延续。此类整本书阅读教学需避免口号化解读,可通过"剿匪战术推演""红色精神可视化设计"等任务,让革命精神在实践探究中具象化。

(三)社会批判文本:制度反思与人性洞察的叩问

《骆驼祥子》《水浒传》《儒林外史》唱响了社会批判的三重奏。七年级下《骆驼祥子》聚焦个体命运与社会结构的博弈,通过"祥子生存成本核算""算法时代的骆驼祥子"等任务,培养社会反思意识;九年级下册《水浒传》以古典小说的宏大叙事,引导学生分析"替天行道"的正义悖论;《儒林外史》则通过描绘科举制度下的众生相,以讽刺的艺术手法,揭示了制度对人性的异化以及人性本身的复杂张力。此类整本书阅读教学需注重"历史语境与当代问题的对话",在古今映照中锻造批判性思维。

(四)跨文化文本:视野拓展与理性精神的融合

《经典常谈》《简·爱》《昆虫记》《唐诗三百首》分别指向学术著作、外国文学、科普经典与古典诗歌的阅读范式。《简·爱》的教学需突破"爱情小说"的刻板标签,通过"阁楼上的女性宣言""勃朗特姐妹的文学突围"等任务,建构跨文化性别视角;《经典常谈》作为学术启蒙读本,需通过"典籍解码工作坊""传统文化基因检测"等活动,培养选择性阅读与学术思辨能力;《昆虫记》则需融合科学观察与文学想象,设计"法布尔实验室""昆虫微距摄影展"等任务,实现科学与人文的跨界对话;《唐诗三百首》的教学更需突破机械背诵,通过"方言吟诵地图""AI写诗擂台"等创新形式,激活古典诗歌的现代生命力。

第二,遵循阅读能力的螺旋式进阶。

本书前四章提出的"三阶能力模型"(表层理解—中层分析—深层迁移),在案例设计中体现为学段目标的梯度衔接:六年级侧重阅读兴趣与习惯养成,七年级聚焦各种阅读策略与能力,八年级强化批判思维与文化理解,九年级则指向学术思维与跨文化对话。例如,《童年》通过"苦难与温情"的主题对比任务,培养六年级学生的整体感知能力;《红星照耀中国》则要求八年级学生分析斯诺的意识形态倾向,完成从"事实提取"到"意义评判"的跃升。

第三,任务驱动的实践性转化。

所有案例设计均遵循任务驱动式学习的核心原则:真实性、层次性、协作性。例如《骆驼祥子》的"人力车夫生存模拟系统",将整本书阅读转化为经济决策实践;《昆虫记》的"校园昆虫生态报告",让科学观察从书本走向自然。这种设计不仅强化了阅读与生活的联结,更使素养目标在实践中得以具象化检验。

本章案例分类构建起"文本功能—能力进阶—任务转化"的互动模型,旨在既与前四章理论框架形成有机衔接,又为一线教师搭建起可迁移的教学施工架,和学生一起在任务驱动的触发下,有效激活自身思想仪器的全息功能。

第一节　回忆性文本的教学实践

那些散落在记忆深处的碎片——外婆手心的温度、课桌下悄悄传递的纸条、盛夏午后蝉鸣中的一场争执——往往在某个瞬间与书页中的文字悄然重叠,这些文字早已超越了时空的界限,成为一面映照读者生命的镜子。回忆性文本的独特魅力,就在于它模糊了"他人的故事"与"自己的往事"的边界。学生在阿廖沙的苦难中瞥见成长的阵痛,在鲁迅的童趣里打捞自己的天真,这种跨越时空的对话,让经典不再是高悬的文字符号,而是化为流动的生命体验。教学的意义,正是要在这片记忆的交汇处,点燃一盏灯,让少年人捧着属于自己的"成长地图",循着书中的光,走向更辽远的自我认知。

一、《童年》整本书阅读教学

教学 价值 ▶

《童年》作为高尔基自传体三部曲的开篇,其教学价值的挖掘需植根于整本书独特的文学肌理与社会文化语境的双重土壤。这部作品以孩童视角展开叙事,既是一幅俄国底层社会的浮世绘,也是一曲关于人性韧性的生命赞歌。阿廖沙的童年记忆在苦难与温情的交织中徐徐展开:外祖父的暴戾与外祖母的慈爱、染坊大火的毁灭性与伏尔加河水的永恒性、小茨冈之死的血腥与"好事情"的哲思……这些看似矛盾的意象,实则构成了理解整本书教学价值的密钥。

从文学叙事的角度看,《童年》的独特性在于其双重视角的复调结构。成年的高尔基以理性之眼回望童年,而童年的阿廖沙则以感性之躯经历当下,这种时空交错的叙述形成了独特的张力。例如染坊火灾的场景中,既有孩童眼中"火焰正玩得高兴,往染坊的宽宽的墙缝里灌满了红光"①的奇幻画面,又潜藏着成人

---

① 高尔基.童年[M].北京:人民文学出版社,2018.

视角下对俄国手工业文明衰落的隐喻。这种叙事策略不仅为语言教学提供了"白描中的诗意"这一典型范例，更在认知层面搭建了"经验—反思"的思维阶梯。当学生尝试模仿这种双重视角撰写自己的童年片段时，他们不仅在习得文学技巧，更在进行自我生命的二重解读。这正是回忆性文本的深层教育价值：让阅读成为照见自我的镜鉴。

在文化符号的维度上，《童年》堪称俄国近代社会的微型标本。染坊不仅是故事发生的物理空间，更是农奴制残余与工业文明碰撞的象征场域。染布工人在化学染料与传统工艺间的挣扎，恰似俄国社会转型期集体焦虑的缩影。教学实践中，引导学生将染坊与当代中国城中村、老工业区等空间进行跨时空对话，能够激活整本书的历史纵深感。这种从文本符号到现实空间的迁移，使《童年》的教学超越了文学鉴赏的范畴，升华为文明演进的社会学启蒙。

就生命哲学层面而言，阿廖沙的成长叙事提供了对抗虚无的精神资源。在外祖父的鞭笞与市井的冷眼中，外祖母的民间故事、房客"好事情"的科学启蒙、小茨冈舞蹈中的生命律动，共同构成了黑暗中的点点星光。这种"在绝望中种植希望"的叙事逻辑，与当代青少年面临的心理困境形成深刻共鸣。例如在阅读中请学生用镜头记录生活中"外祖母式人物"——可能是凌晨清扫街道的环卫工，或是耐心讲解题目的同桌。这些实践表明，当整本书中的苦难叙事被转化为发现现实温情的契机时，《童年》便从经典文本跃迁为生命教育的鲜活教材。

基于上述文学特质的开掘，其教学价值自然生发出四个维度：在知识积累层面，学生透过阿廖沙的眼睛窥见 19 世纪俄国的社会风貌，同时掌握自传体文学"真实与虚构交织"的创作规律；能力提升体现为双重视角的整本书分析能力，以及从具象描写中提取隐喻符号的思维习惯；策略建构方面，通过"记忆碎片拼图""虚拟朋友圈互动"等活动，学生逐步形成将个人经验与经典整本书互文解读的方法论；而精神成长的终极价值，则在学生撰写"现代生存指南"时显露无遗——当他们为阿廖沙设计"心理援助热线""社区庇护所"等解决方案时，展现的不仅是文学想象力，更是对现实苦难的人文关怀。

教学 目标 ▶

（一）核心素养导向目标

（1）感知染坊、伏尔加河等意象的文明隐喻，了解个体命运与时代洪流的共生关系。

（2）仿写"外祖母的太阳式比喻"，体会白描语言的情感张力。

（3）通过"苦难与温情"对比分析，形成辩证看待逆境的思维方式。

（4）策划"成长博物馆"社区展，用多模态艺术重构整本书美学。

（二）任务驱动式行为目标

（1）90％学生能独立完成"童年记忆对比表"，提炼整本书与自身经验的关联点。

（2）80％学生参与"跨时代对话工作坊"，提出至少三种应对困境的创造性策略。

（3）70％学生在"成长宣言"写作中，运用高尔基式隐喻表达生命感悟。

整体 规划 ▶

（一）核心任务："重构我的成长地图——与阿廖沙的跨时空对话"

通过四阶任务链，引导学生在整本书阅读中观照自我成长。

（1）记忆考古：挖掘《童年》中的苦难符号与温情碎片，建立整本书与历史的关联。

（2）镜像对照：绘制"童年情感温度曲线"，实现个人经验与文学叙事的互文映射。

（3）困境突围：设计"现代版阿廖沙生存指南"，将文学反思转化为现实问题解决策略。

（4）生命宣言：创作图文并茂的童年和解信，完成从"阅读他人"到"书写自我"的升华。

（二）实施流程

表 5-1　《童年》"整本书阅读"实施框架

阶段	关键步骤	课时	与核心任务关联
情境卷入	1. VR 或 360°全景视频体验 19 世纪俄国市井生活	2	铺垫"记忆考古"的时空感知基础
	2. 触觉记忆写作：用实物唤醒童年感知		
	3. 共读"外祖母的手"片段，撰写对比日记		
深度探究	4. 双重视角分析染坊火灾	3	完成"记忆考古"，建立整本书分析框架
	5. 隐喻符号盲盒：感知蟑螂、伏尔加河等意象		
	6. 跨时代对话工作坊		
协作建构	7. 绘制"苦难与温情"天平模型	3	实现"镜像对照"与"困境突围"的思维碰撞
	8. 设计"阿廖沙朋友圈"虚拟互动		
	9. 生存策略辩论会：隐忍 VS 反抗		

(续表)

阶段	关键步骤	课时	与核心任务关联
迁移 创新	10. 策划"成长博物馆"社区展览	4	达成"生命宣言"的实践转化与社会价值
	11. 文学疗愈工作坊:陶艺创作与治愈宣言		
	12. 发起"给童年伤痛写和解信"公益行动		

(三) 学习资源

(1) 文本资源:高尔基书信集,《俄国风俗画册》。

(2) 技术资源:俄国街景 VR 程序或 360°全景视频,情感可视化分析软件。

(3) 文化资源:列宾美术学院《伏尔加河上的纤夫》高清影像,俄国民谣《草原啊草原》。

(4) 生活资源:社区老人访谈,家庭老照片档案。

教学 活动 ▶

(一) 情境卷入阶段:搭建时空对话的桥梁

步骤 1:VR 或 360°全景视频体验俄国市井生活

教学中,教师可借助 VR 设备或 360°全景视频构建 19 世纪俄国诺夫戈罗德的虚拟场景。课前准备阶段,教师需调试设备并预设三个交互点:染坊工作区、伏尔加河码头、外祖母的厨房。学生佩戴设备后,首先进入染坊,通过手柄操作"触摸"染料桶、木制织机等物件,系统同步释放松脂与霉味混合气味,触发嗅觉记忆。当学生靠近虚拟外祖母时,程序设定其用俄语民谣调子哼唱谚语,学生需记录至少三句触动心灵的对话。课后任务为撰写《初遇阿廖沙的世界》观察日志,要求结合整本书第一章内容,对比虚拟体验与文字描写的异同。

步骤 2:触觉记忆写作

教师准备五类实物置于黑色绒布袋中:粗麻布(模拟外祖父的围裙)、结晶蜂蜜块(呼应外祖母的蜂蜜面包)、松脂块(象征染坊的劳作气息)、生锈铁钉(隐喻暴力伤害)、干枯玫瑰花瓣(暗示短暂的美好)。学生蒙眼轮流触摸,每人选择两件物品进行联想写作。关键引导语为:"让触觉带你回到某个童年瞬间——或许是外婆厨房的面粉袋,或许是操场边划破手掌的铁丝网。"写作完成后,开展"气味盲猜"活动:将学生习作匿名朗读,其他同学根据描写猜测对应的实物。此活动不仅训练细节描写能力,更激活了学生的情感记忆库。

步骤 3:对比日记写作

选取《童年》中"外祖母的手"经典段落,先以小组接龙朗读形式强化语感,再分发棉纱手套让学生体验触觉受限的书写状态。写作任务分为两阶段:先用儿童视角描写"妈妈的手"(如"妈妈的手指有股消毒水味,像医院走廊的白墙一样冷"),隔日以成人视角重写同一主题(如"现在才懂,那些消毒水味是她熬夜照顾生病的我时沾染的焦虑")。最后举办"手的温度"朗读会,学生在朗读自己或他人作品时,用手掌触摸教室墙壁上提前拓印的各式手印纹理墙纸,也可以互相触摸手纹。这种多感官联动设计,使学生对整本书理解从认知层面下沉至身体记忆。

(二)深度探究阶段:解构整本书的苦难密码

步骤4:双重视角分析染坊火灾

教师提供双色标签贴纸("蓝"或"红"),学生精读《童年》第四章节。首先,用蓝色标签标注儿童视角的感官描写,如"火焰的红花,纯净无烟的红花,在静静的黑夜里盛开着""低低的破裂声,像绸缎似的沙沙声,叩打着窗户玻璃"①;再用红色标签标记隐含批判的成人视角语句,如"这场大火烧掉了外祖父的骄傲,却烧不尽俄国农奴制的幽灵"。进阶任务要求将红蓝标签语句组合成"对话体诗歌",例如将"火焰盛开"与"农奴制幽灵"并置,形成历史与个体的张力。某小组创作的诗句中写道:"孩子看见红花在布匹上诞生/老人看见幽灵在灰烬里复活。"此活动既训练文本细读能力,又为后续社会性议题探讨埋下伏笔。

步骤5:隐喻符号盲盒

教师提前制作四个实体盲盒。

(1)染坊盒:装入靛蓝染料、焦黑布片、迷你木槌。

(2)蟑螂盒:放置橡胶蟑螂模型与放大镜。

(3)伏尔加河盒:盛有河水样本(可用蓝墨水替代)与鹅卵石。

(4)小茨冈之舞盒:内置铃铛手环与红绸带。

学生分组抽取盲盒后完成三项任务:①用黏土重塑符号形态,如将伏尔加河捏成DNA螺旋状,隐喻文明基因;②撰写50字左右的隐喻说明书,如"蟑螂＝暴力恐惧＋底层韧性";③设计符号的"现代转译",如将伏尔加河转化为城市地铁线路图。还可以展开奇思妙想,例如将染坊符号转化为"赛博染坊"——用LED灯带模拟火蛇,二维码链接至俄国工业史资料库。最具创意的作品可以制成展品,大家共同学习,也是对学生最好的鼓励。

步骤6:跨时代对话工作坊

播放纪录片《沉默的尖叫》,重点观看受害者独白片段。学生分组扮演"阿廖沙""现代心理教师""旁观同学"等角色,设计三段对话:①阿廖沙描述小茨冈之死的噩梦;②心理教师用认知行为疗法引导情绪表达;③旁观同学反思"沉默的

---

① 高尔基.童年[M].北京:人民文学出版社,2018.

代价"。随后,学生可以角色扮演"阿廖沙 VS 现代心理咨询师",模拟创伤疏导对话;再小组合作设计"故事药丸"计划,将《童年》中的温情片段制成音频,供情绪低落者收听;最后制定《现代版阿廖沙生存指南》,提出"文学照亮现实"的十项倡议。

(三)协作建构阶段:在碰撞中重塑成长光谱

步骤 7:"苦难与温情"天平模型

教师分发天平(含 10 克砝码 10 枚、羽毛 20 片)及《童年》关键事件清单。小组需从清单中选取五组对立事件,如"外祖父毒打(−8 砝码)"对应"外祖母敷药(+5 羽毛)",量化其情感权重。通过增减砝码与羽毛,探索"如何让温情之羽压过苦难之石"。一边阅读一边进行天平操作实验,学生发现外祖母的睡前故事可抵消三次毒打伤害,由此提出"语言疗愈系数"概念。

步骤 8:设计"阿廖沙朋友圈"虚拟互动

学生为阿廖沙创建 Instagram 风格(简称 Ins 风)的主页,根据章节内容发布"动态"。

(1)图文贴:今天偷看外祖父的账本被发现了(配图:带血迹的练习本)。

(2)短视频:小茨冈即兴舞蹈的 15 秒卡点剪辑(用红绸模拟血液流动)。

编写其他角色(外祖父、小茨冈、好事情)的评论互动,体现人物关系,引发小组辩论。例如,外祖父发布长文"棍棒底下出孝子",好事情用化学公式评论"暴力反应生成情感沉淀物",染坊工人晒出烧伤的手掌照片。教师引导学生分析虚拟互动中的权力关系,并延伸至现代社交媒体中的群体心理。

步骤 9:生存策略辩论会

将教室布置为环形议事厅,辩题聚焦"隐忍是否是弱者的生存智慧",要求双方必须引用文本细节,可以辅助查找资料如法律条文等。

(1)正方观点:"隐忍是弱者的生存智慧"——引用文本中阿廖沙的观察策略。

(2)反方观点:"反抗是勇者的成长宣言"——结合《未成年人保护法》设计求助流程图。

例如正方引用阿廖沙"用沉默保护自己"的情节,反方则展示《反家庭暴力法》的相关规定。辩论过程中,第三方观察组使用"情绪光谱仪"APP(通过语音识别分析愤怒、悲伤、希望值),实时投影辩手的情绪波动曲线。

(四)迁移创新阶段:让文学照亮现实

步骤 10:成长博物馆策展

展览空间划分为三个沉浸式区域。

(1)暗影长廊:墙面投影学生拍摄的《童年伤痕》系列(如瘀青的膝盖、折断的铅笔、撕毁的奖状),地面铺设碎玻璃质感贴纸(需穿特制软底鞋进入)。

(2) 微光剧场:循环播放学生自编自演的《阿廖沙的朋友圈》互动剧,观众扫码可发送弹幕(如"外祖父的棍棒也是他自己的枷锁")。

(3) 未来信箱:设置青铜色邮筒,提供信纸与火漆印章,信件由博物馆封存至 2030 年。

开展日举办"馆长导览"活动,由学生讲解展品背后的文学关联,例如某展台将外祖母的蜂蜜罐与当代抗抑郁药瓶并置,标签写道:"有些疗愈来自舌尖,有些来自时间。"展览可以邀请社区家长参与,家长们可以在留言墙写下如"我们要做孩子永远的外祖母。"这样的想法。

步骤 11:文学疗愈工作坊

在陶艺教室中,教师先带领冥想:"想象你的伤痛是一块黏土——它可能尖锐、黏腻或冰冷。"学生闭眼塑形后,用丙烯颜料与金箔进行装饰,重点引导"缺陷美学"(如裂缝处嵌入琉璃片)。写作环节提供"高尔基式比喻"模板。

"我的伤口像_____,但我知道_____。"

有学生写道:"我的孤独像被踩碎的蟑螂,但我知道甲壳下的柔软会成为翅膀。"最后举行"化茧仪式":将作品放入生态池,观察黏土在水中缓慢溶解的过程,隐喻伤痛的自然转化。

步骤 12:公益行动"和解信计划"

学生用信纸模板,边缘写上从《童年》中摘录的金句。在校园或社区广场设置"心灵驿站"帐篷,参与者可选择匿名写信,亦可录制音频故事。收集的信件经扫描后,通过投影仪映射在图书馆外墙,形成动态的《千面童年》光影秀——当观众触摸墙面时,信件会如蒲公英般散开,露出治愈性批注,如点击某匿名信"心情低落"后,浮现外祖母说的"你应当照着孩子的想法生活"①这样温暖的文字。

(五) 小结

通过以上学习活动,《童年》整本书阅读教学实现了从文本分析到生命教育的完整闭环。当学生在社区展览中看到自己的陶艺作品被观众驻足凝视,当匿名信件在图书馆外墙上绽放成星群,他们终将懂得:文学不仅是镜中的往事,更是照亮现实的火炬。这正是任务驱动式阅读的追求所在。教师的任务,就是为这束光找到生长的缝隙。

评价 量表 ▶

(1) 过程性评价:阅读档案袋收录虚拟场景体验日志。

(2) 表现性评价:博物馆策展的影响力。

---

① 高尔基. 童年[M]. 北京:人民文学出版社,2018.

（3）发展性评价:对比初阶《触觉记忆短文》与终阶《和解信》,分析思维的提升度。

表5-2　《童年》虚拟场景体验日志评价量表

评价维度	评价指标	权重	评分标准
内容完整性	日志记录了体验的全过程,包括时间、地点、体验主题、感受等	30%	完整记录所有要素(100%) 记录大部分要素(70%) 记录少量要素(40%) 记录不完整(0%)
感受表达	是否清晰表达了体验中的感受和想法	30%	感受表达清晰,能详细描述体验中的感受(100%) 感受表达基本清晰(70%) 感受表达模糊(40%) 未表达感受(0%)
创意与想象力	是否有创意地描述体验,是否能发挥想象力	20%	描述富有创意和想象力(100%) 有一定创意(70%) 创意一般(40%) 无创意(0%)
语言表达	语言是否通顺,是否能清楚传达意思	20%	语言通顺,无明显错误(100%) 语言基本通顺(70%) 语言不够通顺(40%) 语言混乱(0%)

表5-3　《童年》策展影响力评价量表

评价维度	评价指标	权重	评分标准
参观人数	策展期间的参观人数	30%	参观人数非常多(100%) 参观人数较多(70%) 参观人数一般(40%) 参观人数较少(0%)
活动效果	策展活动是否达到预期目标,是否受到社区居民欢迎	40%	活动效果非常好,受到社区居民广泛欢迎(100%) 活动效果较好(70%) 活动效果一般(40%) 活动效果不佳(0%)
活动反馈	师生、家长对活动的反馈,包括满意度和建议	30%	反馈非常积极,满意度高(100%) 反馈较好(70%) 反馈一般(40%) 反馈较差(0%)

表5-4　《童年》思维提升度评价量表

评价维度	评价指标	权重	评分标准
思维深度	是否能更深入地分析和理解主题,表达更复杂的思想	30%	思维深度大幅提升,能深入分析主题(100%) 思维深度有一定提升(70%) 思维深度提升不明显(40%) 思维深度未提升(0%)
逻辑结构	文章的结构是否更清晰,逻辑是否更连贯	30%	文章结构清晰,逻辑连贯(100%) 文章结构基本清晰(70%) 文章结构不够清晰(40%) 文章结构混乱(0%)
语言表达	语言是否更丰富、更准确,是否能更生动地表达思想	20%	语言丰富且准确,表达生动(100%) 语言基本丰富(70%) 语言较为单一(40%) 语言贫乏(0%)
创意与独特性	是否能创造更具创意和个性的表达,是否能提出新颖的观点	20%	创意与独特性大幅提升(100%) 有一定创意(70%) 创意一般(40%) 无创意(0%)

(附:评价量表使用说明:

1. 评分方式:每个指标的评分均根据学生的实际表现进行打分,最终得分通过各指标得分乘以权重后相加得出。

2. 评价周期:过程性评价:定期进行,如每学期或每学年。

表现性评价:在相关活动结束后进行。

发展性评价:在学期末或学年末进行,对比初阶和终阶作品。

3. 反馈与改进:评价结果应及时反馈给学生,帮助他们了解自己的优点和不足;鼓励学生根据反馈进行改进和提升。)

二、《朝花夕拾》整本书阅读教学

教学价值 ▶

《朝花夕拾》是鲁迅先生唯一一部回忆性散文集,其教学价值的开掘需扎根于白话文运动的语言革新浪潮与新旧文化激烈碰撞的历史土壤。这部作品以孩童的天真视角为窗口,以成年的冷峻目光为刀刃,既是一幅清末民初社会转型的微观图景,也是一部解码中国文化基因的精神密码。在私塾的戒尺声与百草园的虫鸣之间,在长妈妈的《山海经》与父亲的药方之中,鲁迅将个体生命的碎片升华为民族精神的寓言。这种"以小见大"的叙事智慧,使得《朝花夕拾》的教学价值不仅在于文学鉴赏,更在于引导学生通过整本书褶皱触摸历史脉搏,在记忆的回声中听见现实的叩问。

从文学叙事的角度看,《朝花夕拾》的叙事魅力源于其独特的"童年—成年"双重视角张力。孩童的"迅哥儿"以纯粹感官描摹世界:百草园里"碧绿的菜畦""光滑的石井栏"①是未经雕琢的生命原色;三味书屋中"拗过去"②的先生背影与"画画儿"的课本涂鸦,则是天真对规训的本能反抗。而成年的鲁迅则以启蒙者的理性目光,为这些记忆蒙上批判的滤镜——《二十四孝图》的"老莱娱亲"被解构为"虚伪的表演",中医的药引化作"有意无意的欺骗"。这种"感性体验"与"理性审判"的并置,构成了整本书的深层叙事动力。教学中,可引导学生通过"视角切换写作"活动,体会这种双重叙事的力量。例如重写《阿长与〈山海经〉》片段:先以孩童视角描写收到画册瞬间的惊喜,再以成人视角反思长妈妈作为底层妇女的文化困境。当学生发现同一事件在不同目光下的多重面相时,他们不仅掌握了文学技巧,更习得了"经验—反思"的思维范式。这种训练,恰似为学生递上一把棱镜,让他们在整本书的光影折射中,看见自我认知的更多层面。

在文化符号的维度上,《朝花夕拾》堪称近代中国知识分子的精神图谱。三味书屋不仅是物理空间,更是科举制度残影与现代启蒙思潮交锋的战场:戒尺的威严与蟋蟀的顽抗,象征着规训与自由的永恒博弈;百草园作为童年乐园的消逝,隐喻着自然天性与封建礼教的此消彼长;而《二十四孝图》中"郭巨埋儿"的荒诞叙事,则暴露出传统伦理对个体生命的吞噬。这些符号构成的文化谱系,为理解整本书提供了多重入口。教学实践中,引导学生将"百草园"与当代教育空间(如补习班、创客实验室)进行跨时空对话,能够激活整本书的现实意义。例如将学生分为"传统守卫者"与"现代革新派",围绕"三味书屋的当代转译"展开讨论:前者主张将私塾改造为国学体验馆,后者提出用 VR 技术重现百草园的生态。这种从整本书到现实的符号迁移,使《朝花夕拾》的教学超越文学课堂,成为透视文化传承与断裂的社会学实验。

就生命哲学层面而言,鲁迅的成长叙事提供了对抗虚无的精神资源。长妈妈递来的《山海经》,是愚昧土壤里开出的赤诚之花;藤野先生红笔批改的解剖图,代表着超越国界的理性之光;甚至无常鬼"鬼而人,理而情"的诙谐,也暗含对僵化伦理的嘲讽。这种"在绝望中寻找希望"的叙事逻辑,与当代青少年面临的认同危机形成深刻共鸣。例如班级在阅读中发起的"精神药方计划":学生用拼贴画形式将《朝花夕拾》的温情片段与现代社会病症(如内卷、信息过载)并置,创作"文学诊疗手册"。当整本书中的温情叙事被转化为发现现实美好的契机,《朝

---

① 鲁迅. 朝花夕拾[M]. 北京:人民文学出版社,2018.
② 鲁迅. 朝花夕拾[M]. 北京:人民文学出版社,2018.

花夕拾》就升华为生命教育的鲜活读本了。

基于上述文学特质的开掘,其教学价值自然生发出四个维度:在知识积累层面,学生透过鲁迅的眼睛窥见 20 世纪初中国的文化裂变,同时掌握回忆性散文"抒情与批判交织"的创作规律;能力提升体现为双重语调的整本书分析能力,以及从日常细节中提取文化隐喻的思维习惯;策略建构方面,通过"文化冲突棋盘游戏""快闪辩论"等活动,学生逐步形成将个体经验与时代精神互文解读的方法论;而精神成长的终极价值,则在学生撰写"α世代成长手账"时显露无遗。

教学 目标 ▶

(一) 核心素养导向目标

(1) 感知百草园、三味书屋等场景的象征意义,理解新旧文化的冲突。

(2) 模仿鲁迅"温情包裹批判"的语言风格,完成片段写作。

(3) 通过"童年自由与规训"的对比分析,形成辩证思考能力。

(4) 参与"校园百草园"行动,用图文结合方式表达反思成果。

(二) 任务驱动式行为目标

(1) 85％学生能完成"我的百草园 VS 三味书屋"对比表格。

(2) 75％学生参与创意工坊,设计至少两件解构传统文化的作品。

(3) 70％学生在"成长手账"中,运用反讽或隐喻表达观点。

整体 规划 ▶

(一) 核心任务:"文化侦探行动——破解鲁迅的童年密码"

通过四阶任务链,引导学生从整本书走向现实。

(1) 线索收集:挖掘整本书中的文化矛盾符号。

(2) 密码破译:分析符号背后的社会隐喻。

(3) 重塑现场:用现代方式重构文化冲突。

(4) 觉醒宣言:发布"α世代成长手账",提出创新解决方案。

(二) 实施流程

表 5-5 《朝花夕拾》"整本书阅读"实施框架

阶段	关键步骤	课时	与核心任务关联
情境卷入	1. 虚拟场景寻宝:扫描教室二维码触发三味书屋场景,收集"戒尺""蟋蟀"等虚拟道具	2	铺垫"线索收集"的文化感知基础
	2. 味觉记忆写作:用茴香豆、甘草片唤醒童年味觉		
	3. 共读《从百草园到三味书屋》,制作"自由 VS 规训"心情手环		

（续表）

阶段	关键步骤	课时	与核心任务关联
深度探究	4. 角色扮演法庭:学生分组扮演"封建礼教辩护人"与"童年自由守护者",辩论戒尺的功过	3	完成"线索收集",建立整本书分析框架
	5. 符号改造工坊:用超轻黏土重塑《二十四孝图》		
	6. 设计迅哥儿社交平台动态		
协作建构	7. 短视频创作:将《父亲的病》改编成1分钟短剧,用现代元素(如网课、AI医生)演绎	3	实现"密码破译"与"重塑现场"的思维碰撞
	8. 文化冲突棋盘:设计大富翁游戏,格子事件对应整本书中的压抑与反抗		
	9. 快闪辩论赛:补习班是新时代的三味书屋吗?		
迁移创新	10. 举办"文化解压舱"展览:展出学生设计的"反封建符号"作品	4	达成"觉醒宣言"的实践转化与社会价值
	11. 发起"寻找校园百草园"行动:用摄影记录自由角落,配鲁迅式文案发布社交媒体		
	12. 编写"α世代成长手账":提出"打破文化枷锁"的建议		

(三) 学习资源

(1) 数字资源:三味书屋虚拟场景、鲁迅语录表情包生成器。

(2) 实物资源:仿古戒尺、艾草香囊、《二十四孝图》卡通版。

(3) 文化资源:绍兴乌篷船折纸教程、民国学生装租赁。

(4) 生活资源:学生家庭老照片、社区传统文化活动记录。

教学 活动 ▶

(一) 情境卷入阶段:激活文化记忆

步骤1:虚拟场景寻宝

教师利用 AR 技术构建虚拟的三味书屋与百草园场景。通过 HP Reveal 或 Adobe Aero 等工具,设计两个互动场景:三味书屋内放置虚拟戒尺、线装书和蟋蟀图标,百草园中设置菜畦、石井栏和鸣蝉动画。在教室墙面或课桌隐蔽处张贴触发二维码,学生四人一组,使用平板或手机扫描二维码进入场景。当学生触碰三味书屋的戒尺时,设备会播放《论语》朗诵音频,并弹出鲁迅风格的吐槽弹幕,如"背书不如捉蟋蟀有趣";而在百草园中捕捉到三只蟋蟀后,系统将解锁"童年自由勋章"作为奖励。任务结束后,学生撰写《AR 穿越日记》,对比鲁迅的私塾生活与自己的校园日常,例如:"虚拟戒尺的冰凉触感让我想起上周忘写作业时的心跳加速,而百草园的蟋蟀鸣叫却像课间操场上肆意的笑声。"这一活动通过技术沉浸与生活对比,帮助学生直观感知书中的文化冲突,并激发他们形成个性化的思考与表达。

步骤 2:味觉记忆写作

本活动旨在通过味道触发学生的文化联想。教师分发四种味觉样本:甘草片(象征中药的苦涩)、桂花糖(隐喻短暂的甜蜜)、陈醋(暗示世态炎凉)、薄荷膏(象征清醒的启蒙)。学生闭眼品尝后选择两种滋味进行联想写作,引导语可以是:"_____的味道_____,让我想起_____"写作完成后,开展"滋味解码"活动:匿名朗读习作,其他同学猜测对应的味觉符号及其文化隐喻。

步骤 3:制作"自由 VS 规训"心情手环

师生共读《从百草园到三味书屋》,聚焦文本中自由与规训的象征意象。例如,百草园的"碧绿的菜畦""蟋蟀的弹琴""油蛉的低唱"代表童真与自然的自由,而三味书屋的"戒尺声""先生瞪眼"则象征着封建教育的压抑。学生需从文本中提取关键词,如"何首乌藤""读书声",并讨论这些意象带给他们的情感联想。随后,教师分发彩色编织绳、木质珠子和符号贴纸,要求学生将手环分为两段:一段用绿色珠子、太阳贴纸等元素装饰,象征"自由";另一段用黑色珠子、锁链贴纸等元素,象征"规训"。每段手环背面需标注对应的文本关键词,如"蟋蟀"或"戒尺"。制作完成后,学生佩戴手环,分享设计思路,例如:"我的自由手环上贴了蝴蝶,因为鲁迅在百草园捉虫子的场景让我想到课间操场上追逐打闹的快乐;规训手环的锁链让我想起上周数学课偷看小说被没收的尴尬。"通过这种具象化的手工创作,学生不仅能直观感受文本冲突,还能将个人经历与经典叙事联结,深化对主题的理解。

(二) 深度探究阶段:解构文化符号

步骤 4:角色扮演法庭

"角色扮演法庭"通过辩论形式引导学生辩证分析封建礼教与童年自由的冲突。教师将学生分为原告组(童年自由派)、被告组(封建礼教派)和陪审团。原告组需引用《从百草园到三味书屋》中逃课、涂鸦等文本证据,指控"戒尺压抑天性";被告组则借助《论语》名句卡片和家长访谈录音,辩护"规矩塑造人格"。在自由质询环节,双方可互相提问,如原告质问:"戒尺打手心真能教会学生'仁'吗?"被告反驳:"没有规矩,百草园的蟋蟀也会变成无序的噪音。"陪审团投票后,全班合作设计"改良版戒尺"——例如安装消音器或贴上表情包贴纸,将辩论成果转化为实物创新。这一活动通过角色代入与证据支撑,降低抽象议题的理解难度,同时以幽默的实物改造增强学生的成就感。

步骤5:符号改造工坊

在"符号改造工坊"中,学生需用现代元素解构封建符号。教师提供超轻黏土、LED灯带、蓝牙音箱模块及戒尺模型,学生分组选择符号(如戒尺、《二十四孝图》)进行创意改造。例如,将戒尺加装蓝牙音箱,点击播放《孤勇者》或励志演讲;用超轻黏土重塑"埋儿奉母"场景,改为"智能机器人照顾老人"。创作完成后,学生以鲁迅式幽默口吻解说作品:"诸君请看,这戒尺已进化成音乐导师,专治死记硬背之症!"教师组织投票评选"最具颠覆性设计",并颁发"文化改造师"徽章。这一活动通过手工实践与科技融合,激发学生的创造力,同时以轻松的表达形式化解经典整本书的严肃性。

步骤6:设计迅哥儿社交平台动态

本活动旨在通过模拟现代社交媒体的形式,重构鲁迅童年人物的心理与互动。学生需先精读《朝花夕拾》中关于迅哥儿的片段,如逃课寻蝉蜕、偷读《山海经》等,提炼其情感关键词——好奇、反抗、孤独。随后,使用PPT模板设计"迅哥儿的朋友圈"界面:头像可手绘或AI生成Q版的童年鲁迅,动态内容需结合整本书细节与现代网络语言。例如发布一条图文动态:"今天逃课去百草园,结果被先生罚抄《论语》三遍……(配图:沾满泥巴的布鞋)",评论区则模拟书中角色的互动,如藤野先生留言"图画虽粗拙,精神可嘉",衍太太吐槽"小孩子看这些邪书小心长不高"。学生分组创作2—3条动态后,进行角色扮演,一人扮演迅哥儿回复评论,其他人扮演藤野、衍太太等角色,用幽默对话还原人物关系。最终,朋友圈截图打印张贴于教室文化墙,扫码可观看动态背后的整本书解析短视频。这一活动通过社交媒体这一学生熟悉的载体,拉近经典整本书与当代生活的距离,同时以角色扮演激发共情与创造力。

(三)协作建构阶段:连接经典与现实

步骤7:短视频创作

"短视频创作"要求学生将整本书片段改编为现代版短剧。例如,《父亲的病》可重构为"老爸拒用AI诊断,坚持喝十全大补奶茶"的荒诞故事。教师提供分镜模板,指导学生在剧本中融入网络热梗,如用"退!退!退!"驱赶庸医。拍摄时,学生使用手机或平板,借助剪映APP添加颤抖滤镜或古风配乐。成片上传至班级抖音号或班级微信视频号后,发起"最佳文化破壁奖"评选,评分标准包括创意、整本书还原度与技术效果。优秀作品在家长会放映,并授予"校园导演奖"。这一活动通过学生熟悉的短视频形式拉近经典与当下的距离,同时以热梗和幽默叙事增强参与兴趣。

步骤8:文化冲突棋盘

"文化冲突棋盘"是一款自创的实体游戏,旨在让学生通过互动体验整本书中的压抑与反抗逻辑。教师用大地图纸绘制路径格子，标注"压抑格"（如"背诵《弟子规》需回答鲁迅金句"）和"反抗格"（如"发现百草园秘密基地可获自由通行卡"）。学生四人一组掷骰子前进，触发格子事件后完成任务，例如用三句弹幕反击衍太太的谣言："谣言止于智者！""已截屏报警！"率先到达终点者获"文化突围先锋"称号，奖励鲁迅金句书签。游戏过程中，学生通过肢体参与和任务挑战，自然理解书中的对立关系，同时将网络文化融入经典解读，增强代入感。

步骤 9：快闪辩论赛

在快闪辩论赛中，学生需围绕"补习班是否如三味书屋般压抑天性"展开即时交锋。活动过程如下。

1. 辩题解析

教师提供背景："三味书屋象征封建教育对天性的压抑，而补习班是否也在以'为你好'之名剥夺童年自由？"

2. 快速组队

全班随机分为正反方（各 10 人），剩余学生为观众陪审团；

正方观点："补习班是新时代的三味书屋——填鸭式教育扼杀创造力"；

反方观点："补习班不是三味书屋——它为竞争提供必要资源"。

3. 闪电准备

正反方分别领取"弹药包"：

正方：《朝花夕拾》原文（如"我就只读书，正午习字，晚上对课"[①]）、补习班学生疲惫照片、创造力调查报告；

反方：名校录取数据、家长访谈录音（"不上补习班怎么考重点？"）、技能提升案例。

4. 快闪辩论

流程：立论（各 3 分钟）—自由辩（8 分钟）—结辩（各 2 分钟）；

规则：发言需引用文本或现实证据，禁止人身攻击；

陪审团投票并陈述理由，如："我支持反方，因为我的钢琴班让我发现了真正的爱好。"

通过短平快的辩论与后续行动，学生不仅锻炼逻辑思维，更学会将文学批判转化为现实问题的解决方案。

（四）迁移创新阶段：创意表达行动

步骤 10："文化解压舱"展览

"文化解压舱"展览分为"压力释放区"与"自由呼吸区"。前者悬挂学生制作

---

① 鲁迅. 朝花夕拾［M］. 北京：人民文学出版社，2018.

的"爆炸礼教气球",表面写满"分数至上""女子无才"等标语,参与者刺破气球可领取解压玩具;后者投影"校园百草园"摄影作品,搭配虫鸣等背景音。展览设置"文化 CT 扫描"互动:参与者扫描展品二维码,获取诊断报告,如"检测到'盲目孝道'病毒,建议服用《朝花夕拾》药方——多陪父母聊天"。学生担任讲解员,以鲁迅风格幽默导览:"欢迎来到 21 世纪文化诊疗中心,专治各种封建脑回路!"这一展览通过爆破、扫码等趣味互动,让学生在释放中反思文化压迫,同时以摄影与手工成果展现个人视角,增强展览的亲和力与启发性。

步骤 11:寻找校园百草园

"寻找校园百草园"行动要求学生以摄影与文案创作,将书中的自由空间映射到现实环境。活动伊始,教师引导学生重读《从百草园到三味书屋》,分析鲁迅笔下"百草园"的特点——自然、隐秘、生机勃勃。随后,学生携带手机或相机,在校园中寻找"现代版百草园",可能是操场角落的蒲公英、图书馆窗台的绿植,或是体育馆后墙的涂鸦。拍摄时需捕捉真实瞬间,如逆光下的飞鸟、风雨中摇晃的竹影,避免刻意摆拍。照片需配以鲁迅风格的文案,融合白描与冷幽默,例如:"连麻雀也不屑停留的围墙裂缝里,竟生出一株小野花,像教导主任永远按不下的翘发。"或"篮球场的铁丝网上,一只蝉蜕死死扒着,仿佛逃课少年最后的倔强。"作品上传至班级微博话题♯寻找校园百草园♯,并评选"最佳镜头奖"与"鲁迅精神奖"。获奖作品制成明信片,参加校园爱心义卖活动,所得款项捐赠给乡村学校图书馆。活动尾声,教师组织微型讲座,讨论"为什么我们的'百草园'越来越少?",引导学生从教育压力、城市规划等角度反思自由空间的消逝。这一行动不仅培养了学生的观察力与批判性表达,更让经典整本书的价值观照进现实,激发对社会问题的主动思考。

步骤 12:α 世代成长手账

此活动中,学生需针对"封建残余症状"提出创新解决方案。例如,用表情包反击衍太太式谣言,设计"鲁迅白眼""长妈妈护书"系列表情;或将《山海经》神兽制成盲盒潮玩,附带二维码讲解文化故事。提案整理成手册后,学生录制有声书版本,用方言、RAP 或配音秀演绎,上传至班级公众号。此外,还可以在校园文化节或社区广场设置"文化诊疗站",向师生、居民发放手账,并发起"表情包斗图大赛",鼓励用鲁迅元素反击网络暴力。这一活动将批判精神转化为社会行动,让学生从文化消费者变为改造者,在创意表达中深化对现实问题的思考。

(五)小结

《朝花夕拾》的教学活动设计延续《童年》教学设计的结构化思维与多模态实践,通过数字技术、文化符号解码、跨时代对话等策略,将鲁迅的批判精神转化为可触摸的学习体验。在"文化侦探行动"的核心任务驱动下,学生得以在文学与现实的交错中,完成从文化消费者到反思者的身份蜕变。这种从"他人的往事"到"自我的追问"的转化,正是回忆性整本书最深层的教育价值——它让经典阅读成为一场永不停歇的文化启蒙。

评价 量表 ▶

(1) 过程性评价:AR 寻宝日记、短视频创意分镜脚本。

(2) 表现性评价:"文化解压舱"展览观众互动数据、社交媒体点赞量。

(3) 发展性评价:对比"味道联想短文"与"α 世代成长手账",分析批判思维的提升。

表 5-6　《朝花夕拾》AR 寻宝日记评价量表

评价维度	评价指标	权重	评分标准
内容完整性	日志记录了 AR 寻宝的全过程,包括时间、地点、任务、发现等	30%	完整记录所有要素(100%) 记录大部分要素(70%) 记录少量要素(40%) 记录不完整(0%)
逻辑连贯性	日志内容是否条理清晰,逻辑连贯	20%	逻辑清晰,条理分明(100%) 逻辑基本连贯(70%) 逻辑不够清晰(40%) 逻辑混乱(0%)
创意与想象力	是否有创意地描述寻宝过程,是否能发挥想象力	20%	描述富有创意和想象力(100%) 有一定创意(70%) 创意一般(40%) 无创意(0%)
语言表达	语言是否通顺,是否能清楚传达意思	30%	语言通顺,无明显错误(100%) 语言基本通顺(70%) 语言不够通顺(40%) 语言混乱(0%)

表 5-7　《朝花夕拾》短视频创意分镜脚本评价量

评价维度	评价指标	权重	评分标准
内容完整性	脚本是否包含了所有必要的场景和镜头	30%	完整包含所有必要内容(100%) 大部分内容完整(70%) 部分内容缺失(40%) 内容严重缺失(0%)

（续表）

评价维度	评价指标	权重	评分标准
创意与独特性	脚本是否具有创意和独特视角	30%	创意独特,视角新颖(100%) 有一定创意(70%) 创意一般(40%) 无创意(0%)
逻辑连贯性	脚本的场景和镜头是否逻辑连贯	20%	逻辑连贯,情节流畅(100%) 逻辑基本连贯(70%) 逻辑不够清晰(40%) 逻辑混乱(0%)
语言表达	脚本的语言是否通顺,是否能清楚传达意思	20%	语言通顺,无明显错误(100%) 语言基本通顺(70%) 语言不够通顺(40%) 语言混乱(0%)

表5-8 《朝花夕拾》"文化解压舱"展览观众互动数据评价量表

评价维度	评价指标	权重	评分标准
观众参与度	观众在展览中的互动频率和停留时间	40%	高频率互动,停留时间长(100%) 中等频率互动,停留时间适中(70%) 低频率互动,停留时间短(40%) 几乎没有互动(0%)
互动质量	观众互动的深度和有效性	30%	互动深入且有效(100%) 互动有一定深度(70%) 互动浅层次(40%) 互动无效(0%)
观众反馈	观众对展览的满意度和建议	20%	反馈非常积极,满意度高(100%) 反馈较好(70%) 反馈一般(40%) 反馈较差(0%)
社交媒体互动	展览相关的社交媒体互动数据	10%	社交媒体互动活跃(100%) 互动一般(70%) 互动较少(40%) 几乎没有互动(0%)

表5-9　《朝花夕拾》思维提升度评价量表

评价维度	评价指标	权重	评分标准
分析能力	是否能更深入地分析问题,提出合理的论据	30%	分析能力大幅提升,论据充分(100%) 分析能力有一定提升(70%) 分析能力提升不明显(40%) 分析能力未提升(0%)
逻辑推理	文章的逻辑是否更严密,推理是否更合理	30%	逻辑严密,推理合理(100%) 逻辑基本严密(70%) 逻辑不够严密(40%) 逻辑混乱(0%)
批判性视角	是否能从不同角度提出批判性观点,质疑不合理之处	20%	批判性视角大幅提升,能提出新颖观点(100%) 有一定批判性视角(70%) 批判性视角一般(40%) 缺乏批判性视角(0%)
语言表达	语言是否更丰富、更准确,是否能更生动地表达思想	20%	语言丰富且准确,表达生动(100%) 语言基本丰富(70%) 语言较为单一(40%) 语言贫乏(0%)

第二节　红色经典的教学实践

雪原上的枪声早已沉寂,但杨子荣那句"天王盖地虎"的暗号,依然在少年的心中回响。当今天的孩子们捧着《林海雪原》,读到少剑波带领小分队穿越暴风雪时,他们或许不会想到剿匪的硝烟,却能读懂那份在绝境中寻找光亮的执着——就像他们面对考试失利时咬着牙整理的错题本,或是深夜刷题时台灯下不肯熄灭的那点倔强。红色经典里的英雄,从来不是博物馆玻璃柜里的蜡像:江姐绣红旗时落下的针脚里,藏着普通人对抗绝望的密码;保尔·柯察金在病榻上写作的背影,倒映着每个夜晚写日记的孩子的孤独与坚持。这些经典故事之所以能穿透时光,是因为它们从未试图说教,只是静静翻开一页页鲜活的生命答卷,等待后来者在其中找到自己的解题公式——关于信仰,关于勇气,关于如何在快餐时代的浮光掠影里,守住内心那座不灭的灯塔。

一、《林海雪原》整本书阅读教学

教学 价值 ▶

《林海雪原》以解放战争时期东北剿匪斗争为背景,通过少剑波、杨子荣等英雄人物的塑造,将革命历史的宏大叙事与个体生命的微观体验熔铸为一曲荡气回肠的英雄史诗。作为红色经典的代表作,其文学价值不仅在于对历史事件的生动再现,更在于通过文学化的叙事策略,将革命精神转化为可感、可思、可用的教育资源。从剿匪战术的精密设计到人物心理的细腻刻画,从雪原环境的象征意蕴到方言暗号的文化密码,这部作品为整本书阅读教学提供了多维度的价值切入点。

(一) 知识积累:历史语境与文学叙事的双重启蒙

《林海雪原》的教学价值首先体现在对特定历史语境的还原与阐释。小说中"智取威虎山""奇袭奶头山"等战役的文学化再现,将历史事件转化为可感知的叙事场景,既是对特定历史阶段的浓缩提炼,也为学生理解战争策略与历史复杂性提供了具象化案例。教学中融入此类知识,旨在帮助学生建立文学与历史的关联意识,避免对革命叙事的扁平化解读。通过"溜子""崽子"等东北方言的浸润,学生得以触摸到 20 世纪 40 年代东北地域文化的独特肌理;而"杨子荣化装献图""小白鸽战地救护"等情节,则为学生理解革命战争中的战略思维与人文关怀提供了鲜活案例。更为重要的是,小说通过将历史事件转化为文学叙事,揭示了"传奇"背后的历史逻辑——例如"百鸡宴"中解放军利用土匪的轻敌心理实施突袭,这一情节既是对真实剿匪战术的艺术化呈现,也为学生搭建了从文学阅读向历史探究延伸的桥梁。

(二) 能力提升:语文实践活动的素养指向

在能力培养层面,《林海雪原》的阅读价值在于能够借助任务驱动的方式,助力核心素养朝着立体化的方向不断发展。

就"阅读与鉴赏"而言,这部书中"智取威虎山"的情节里有着巧妙的悬念设置,还有对杨子荣心理描写的细腻刻画,这些都堪称是培养学生文学鉴赏能力的典型范例。比如,分析杨子荣"手心渗冷汗"这样的细节时,就能引导学生去关注英雄形象中"人性化"的特质,让他们明白文学真实性和艺术感染力之间的关系。这样的设计,目的就是要让学生超越那种只是对浅层情节进行梳理的做法,转而能够对叙事策略展开深度的解析。

在"表达与交流"层面,开展像"个人英雄主义与集体智慧"这类主题角色辩论,以及跨媒介创作(如剧本改编、短视频制作等)的活动,学生需要立足于整本书阅读的基础之上,进行创造性的表达。例如,将"威虎山谈判"的情节移植到网络反诈场景当中,在这个过程里,既要保留原著里的策略内核,又得融入现代元素,而这一过程从本质上来说,就是把文学智慧往现实进行迁移的一种表达训练。

到"梳理与探究"层面,可以通过对比小说虚构内容和历史档案之间的差异,还可以制作"虚实对照表",引导学生去辩证地分析文学创作的意图。这样的活动可不单单是强化了学生的信息整合能力,更重要的是,它能够启发学生去深入思考"英雄叙事"的建构逻辑及其在不同时代的适应性。

(三) 策略建构:整本书阅读方法的起步

《林海雪原》的教学价值还在于系统性阅读策略的建构上,其设计意图在于帮助学生形成可迁移的阅读方法论,为终身阅读奠基。将"三读法"渗透到整本书阅读的任务设计中,首先进行"略读",通过速读标记关键情节如战役节点,建立小说的整体框架,再聚焦人物心理、环境描写等"精读",训练深度文本分析能力;最后"研读",对比历史档案与文学虚构,培养批判性思维。此分层设计遵循"整体感知—局部精研—跨文本思辨"的认知规律,学生从"无序阅读"转向"方法指导下的系统性阅读"。

为进一步激发学生阅读兴趣,可挖掘《林海雪原》可操作的策略生成性,将小说中蕴含的问题解决智慧,通过任务设计转化为可迁移的学习策略。当学生通过"剿匪战术流程图解"活动梳理"侦察—伪装—突袭"的行动逻辑时,他们实质上在习得"目标分解—资源整合—风险评估"的通用思维模型;而"方言暗号破译赛"则培养了符号解码与创造性转化的能力——这种能力在破解现代网络流行语的隐喻时同样适用。更值得关注的是,整本书中集体智慧与个人勇气的辩证关系(如少剑波的全局谋划与杨子荣的孤胆行动),为学生提供了团队协作的策略范本。在"校园危机模拟"任务中,学生既需扮演"少剑波"统筹决策,又要化身"杨子荣"灵活应变,这种角色切换的实践,正是对文本策略的内化与重构。

(四) 精神成长:革命精神的当代价值转化

最终,《林海雪原》的教学价值指向精神品格的塑造。小说中"越是艰险越向前"的革命豪情,并非空洞的口号,而是通过具体情境中的人性抉择得以彰显。当杨子荣在威虎厅谈笑自若时手心渗出冷汗,当小白鸽在战火纷飞中坚持救治伤员,这些细节消解了英雄主义的符号化倾向,展现出革命者作为"人"的真实维度。这种叙事策略,使得精神教育避免了道德说教的窠臼,转而通过共情机制自然生发。教学中以此为切入点,设计"如果我是杨子荣"写作任务,引导学生将文本精神与自身经验(如应对学业压力)联结,实现价值观的情景化渗透。而"英雄语录手账"设计、班级"红色故事会"等活动,要求学生将文本精神转化为创意表达,这一过程既是艺术创作,也是精神价值的可视化传承。这种创造性转化,让革命精神从历史记忆升华为应对现实困境的精神资源,真正实现了红色的火种在新时代复燃。

这四个维度的教学价值并非孤立存在,而是通过任务驱动的整本书阅读教学设计形成有机整体。学生在设计"现代版智取方案"时,他们在锻炼策略思维;在讨论"真实与传奇"辩证关系时,他们在建构价值判断的方法论;最终,当这些学习成果以解谜游戏设计、阅读成长日志等形式呈现时,革命精神完成了从认知到实践的完整闭环。这种以文学价值为根基、以任务链为抓手的教学架构,使《林海雪原》的阅读超越了传统革命教育的范式,成为培养"有历史纵深感、有现实行动力、有未来使命感"的新时代少年的重要载体。

教学 目标 ▶

(一) 核心素养导向目标

(1) 了解方言与军事术语在叙事中的作用,撰写文学评论片段。

(2) 通过情节逻辑梳理与虚构/史实对比,形成辩证分析能力。

(3) 理解红色经典的历史价值,设计"英雄语录"手账传递革命精神。

(4) 改编"智取威虎山"剧本,用现代媒介重构经典场景。

(二) 任务驱动式行为目标

(1) 90%学生能完成"剿匪英雄档案卡"并标注关键文本证据。

(2) 80%学生完成班级"红色故事会",提出至少3条文本依据。

(3) 70%学生参与"班级智囊团",用文学智慧解决生活问题。

整体 规划 ▶

(一) 核心任务设计:"从剿匪到破局——文学策略的现实解码"

以四阶任务链串联深度阅读与实践迁移。

(1) 文本深耕:解构剿匪战役的战术逻辑与人物心理。

(2) 策略转化:将文学智慧应用于校园问题解决。

(3) 价值重估:策划"班级智囊团"行动方案。

(4) 精神传承:创作《如果我是杨子荣》跨媒介叙事作品、发布阅读成长日志等。

（二）实施流程

表 5-10 《林海雪原》"整本书阅读"实施框架

阶段	关键步骤	课时	与核心任务关联
情境 卷入	1. 方言猜谜导入	3	通过趣味活动建立阅读期待，初步感知整本书的语言特色与叙事风格
	2. 绘制"剿匪英雄档案卡"		
	3. 速读标记"最燃情节"并分享		
深度 探究	4. 精读"智取威虎山"，制作行动流程图	3	通过精读与对比分析，掌握文学手法，提升批判性思维
	5. 对比历史档案，完成"虚实对照表"		
	6. 撰写文学短评		
协作 建构	7. 改编"智取"剧本（现代版）	3	通过艺术创作与跨媒介实践，实现文学智慧的当代转化
	8. 制作"英雄语录"互动手账		
	9. 举办班级"红色故事会"		
迁移 创新	10. 发起"班级智囊团"问题解决行动	3	将阅读成果转化为实践能力，实现素养的终身发展
	11. 设计剿匪主题解谜游戏		
	12. 发布阅读成长日志		

（三）学习资源

（1）文本资源：东北剿匪档案摘录，曲波创作手记。

（2）技术资源：3D 地形建模软件，方言翻译 AI 智能体，"讯飞听见"语音转文字工具。

（3）文化资源：东北抗联纪念馆虚拟导览。

（4）生活资源：彩色卡纸，便利贴，校园行规管理手册。

教学 活动 ▶

（一）情境卷入阶段：文化感知

步骤 1：五感考古·经典气味馆

课前，教师收集并整理小说中具有代表性的东北方言词汇，如"溜子""崽子""座山雕"等，将这些词汇制作成精美的卡片，并录制了地道的东北方言朗读音频，旨在让学生在趣味活动中感受方言的魅力。课堂上完成以下阅读学习活动。

（1）猜谜互动：教师展示方言卡片，引导学生结合上下文猜测词义。例如，教师展示"座山雕"一词，提问学生："'座山雕'是土匪头子的绰号，大家猜猜为什么用'雕'这种猛禽来命名？"这一问题激发了学生的好奇心和探索欲，他们纷纷积极思考，联想这种猛禽的凶残特性与人物性格之间的关联，课堂氛围瞬间活跃起来。

（2）音频对比:播放原文片段（如杨子荣与土匪对话）的普通话版与东北方言版,可以借助方言翻译 AI 智能体,和学生一起讨论"方言对文本氛围的营造作用"。通过音频对比,学生们不仅体会到了方言的独特韵味,还深刻理解了方言在塑造地域文化特色方面的重要性。

（3）评选最佳:教师记录有效猜词数量,评选出"最佳方言侦探",并奖励他们方言文化手册或定制书签,进一步激发学生的参与热情和对《林海雪原》的阅读期待。教师还可以进一步补充"东北土匪黑话"的文化背景,深化对整本书的理解。

步骤 2:绘制"剿匪英雄档案卡"

为了让学生对《林海雪原》中的主要角色有更深入的了解,教师组织学生绘制"剿匪英雄档案卡"。

（1）**任务布置:**学生们分组选择自己感兴趣的角色,如杨子荣、少剑波、小白鸽等,然后认真阅读小说的前五章,提取与角色相关的关键信息（见表 5 - 11）。

表 5 - 11 "剿匪英雄"信息搜集卡

我选择的英雄人物是 ————	经典台词	
	高光时刻	
	性格标签	

（2）**可视化呈现:**用 A4 纸设计档案卡,要求图文并茂。在绘制档案卡的过程中,学生们充分发挥创意,设计出形式多样的档案卡,并引用信息提取所在页码作为证据。例如,一组学生为小白鸽设计的档案卡中,用红十字标志突出其"战地医生"身份,并引用"她一直忙了一夜,当她实在困得几乎捧着战士们的脚睡了时,她便走到外面,用刺骨的白雪朝脸上搓两把,回来再作"[1]的原文,使档案卡内容丰富且具有说服力。

（3）**我的英雄我代言:**完成设计后,学生们将档案卡张贴于教室的"英雄墙",并以"角色代言人"的身份介绍设计思路,分享自己对角色的理解和感悟。这一活动不仅培养了学生的团队合作精神,还提高了他们的信息提取和整理能力,让他们对小说中的主要角色有了更深刻的认识。

步骤 3:速读标记"最燃情节"并分享

为了帮助学生快速把握《林海雪原》的情节脉络,教师可组织"最燃情节"分

---

[1] 曲波.林海雪原[M].北京:人民文学出版社,2018.

享活动。

（1）限时速读：教师划定章节范围，如第 6—10 章，要求学生在 15 分钟内速读，同时用荧光笔标记自己认为"最燃情节"，比如战斗高潮、人物对峙场景等。

（2）情节竞猜：学生沉浸在阅读中，迅速筛选出关键情节后，提交标记段落（可以拍照提交，也可以用卡片），教师汇总后开展"情节排序赛"，小组合作按事件发展顺序排列情节卡片。在排序过程中，学生们积极讨论，有的小组因误将"雪原追击战"置于"智取威虎山"之前而展开激烈争论，最终通过重读文本自我纠错。教师借此机会强调"时间线索"在阅读中的重要性。错误率最高的小组需表演文中片段，比如模仿土匪暗号对话等，让阅读更具有趣味性。

（3）分享感悟：学生用一句话总结"最燃理由"，分享自己对情节的理解和感受，如"杨子荣的冷静让我想到自己在考试时不能慌"。这一活动不仅提高了学生的速读能力，还培养了他们的逻辑思维和团队协作能力，让他们对小说的情节发展有了更清晰的认识。

（二）深度探究阶段：解析叙事策略与语言特色

步骤 4：精读"智取威虎山"并制作情节流程图

在这一阶段，教师引导学生精读《林海雪原》中的经典章节"智取威虎山"，旨在帮助学生深入理解文本的叙事策略与语言特色。

（1）精读指导：基础层学生用箭头标注"献图—酒宴纵火—信号传递—总攻"等关键节点；挑战层学生则深入分析心理描写对环境氛围的烘托作用。学生们分组协作，每组分配 1—2 个节点，绘制流程图并标注文本依据。

（2）成果展示：在绘制过程中，学生充分发挥团队精神，互相讨论、补充，最终将流程图拼接成"剿匪战略墙"，并用贴纸标注"最巧妙战术"。这一活动不仅帮助学生深入理解文本，还培养了他们的逻辑思维和团队协作能力。

步骤 5：对比历史档案完成"虚实对照表"

从此步骤开始，阅读任务走向纵深。

（1）史料研读：阅读《牡丹江剿匪战报》节选（电子版），用双色便利贴标注与小说的差异点（如真实战役耗时更长、伤亡更重）；用荧光笔标出小说中的关键情节，如"献图""酒宴纵火"；用红笔在史料中标出对应事件的真实描述，如"1947年 1 月围剿张乐山部"。

（2）完成对照表：首先进行分组分工，历史组负责整理史料中的时间、战术、人物结局；文学组负责提取小说中的艺术加工细节；分析组负责撰写差异分析，探究创作意图。教师提供阅读支架，用问题链进行引导，如小说中的哪些情节明显偏离史实？这些改动如何影响故事的可读性？你认为文学虚构会削弱历史教育的真实性吗?

(3) 价值研讨:举办"真实与传奇"主题研讨会,学生分别从文学感染力与历史真实性角度论证改编的合理性,引发对历史教育功能的深层讨论。有小组提出"小说将单一联络信号扩展为'百鸡宴'多线铺垫,增强戏剧张力",获班级"最佳洞察奖"。

教师提供对照表设计框架,给出对比维度建议(见表5-12)。

> 事件背景:时间、地点、参与方;
> 战术细节:作战策略、关键行动;
> 人物形象:杨子荣原型与小说角色差异;
> 结果与影响:战役成果、历史意义。

表5-12 《林海雪原》"虚实对照表"示例

对比项	小说《林海雪原》	《牡丹江剿匪战报》节选	差异分析
事件背景	1946年冬,威虎山剿匪战役	1947年1月,牡丹江地区剿匪行动	小说将时间模糊化以增强传奇性,真实战役有明确时间节点
作战策略	杨子荣假扮土匪胡彪,献联络图混入敌营,借"百鸡宴"制造混乱,里应外合	解放军通过长期侦查、群众情报,分阶段围剿土匪据点	小说虚构"献图""百鸡宴"等戏剧化情节,真实战术更依赖情报与兵力优势
关键行动	杨子荣孤身谈判,酒宴上枪声为号发起总攻	多路部队协同作战,夜间突袭土匪营地	小说突出个人英雄主义,真实战役强调集体协作
杨子荣原型	艺术化塑造为"孤胆英雄",最终生还	杨子荣原型杨宗贵在剿匪中弹牺牲	小说改写结局以强化英雄形象,真实历史更具悲壮色彩
战役成果	全歼座山雕匪帮,缴获大量物资	击毙土匪头目张乐山(座山雕原型),瓦解土匪势力	小说夸大缴获规模,真实战役成果以战略胜利为主

教师还可以辅助使用"时间线对比软件"生成可视化图表,帮助学生直观理解虚构与史实的张力。此活动通过对比研究与价值思辨,引导学生辩证看待文学与历史的关系。

步骤6:撰写文学短评

在略读、精读的基础上,教师指导学生尝试撰写文学短评,表达阅读感受。

(1) 选题指导:教师提供选题库,如"杨子荣的手心冷汗:英雄形象的'人性化'设计","暴风雪的环境象征意义"等。

（2）写作支架：对于六年级的学生而言，撰写文学短评有一定挑战，教师可以提供结构模板：观点句—文本证据—分析—结论，同时，提示学生注意语言的规范性，学习使用"塑造""凸显"等术语。

（3）互评修改：完成初稿后，学生们互相交换短评，用"三星评分法"（内容深度☆、语言表达☆、创意观点☆）提出建议，经过修订后汇编成班级《〈林海雪原〉微评论集》。这一过程不仅提升了学生的写作能力，还培养了他们的语言表达规范意识和互评能力。

（三）协作建构阶段：重构经典场景与价值传递

步骤 7：改编"智取"剧本（现代版）

在《林海雪原》中，"智取威虎山"是一场充满智慧与勇气的较量。杨子荣假扮土匪胡彪，深入威虎山，凭借巧妙的言辞和过人的智谋，成功获取了土匪头子"座山雕"的信任，为后续的剿匪行动奠定了基础。这场谈判中的关键对话，如"天王盖地虎，宝塔镇河妖"，不仅是推动情节发展的关键，也展现了杨子荣在险境中的冷静与机智。通过改编"威虎山谈判"剧本，学生将深入理解杨子荣的策略智慧，并通过创新移植，将这一经典场景与现代生活相结合，创造出具有现实意义的新故事。同时，通过分组创作和展演评议，提升学生的团队合作能力、创新思维和表演技巧。

（1）背景移植：将威虎山设定为校园内的旧仓库，将土匪团伙设定为违规售卖零食的学生团体。杨子荣则变为学生会成员，通过巧妙的策略和对话，设计"校园零食走私案"清缴活动，化解校园内的矛盾。

（2）分组创作：保留"获取信任—制造混乱—里应外合"核心逻辑，分组进行创作：学生分为编剧组、道具组和表演组。编剧组负责撰写台词与舞台说明，将原版对话与现代场景相结合；道具组利用课桌、椅子等教室现有资源，设计简易布景，如用课桌堆叠模拟威虎山的地形；表演组则分配角色并进行排练，注重表现出人物的动机和情感。例如，在与团伙头目的对话中，学生会成员巧妙地使用了"暗号"："您好，我是新来的外卖小哥，'天王盖地虎，宝塔镇河妖'，这是我们的接头暗号。"这一改编不仅保留了原版对话的精髓，还生动地将其移植到现代校园场景中，展现了策略迁移的巧妙运用。

（3）展演评议：完成创作后，学生进行表演。也可以进行跨媒介创作，用手机拍摄 5 分钟短剧，添加"弹幕互动"功能，观众扫码发送"卧底加油""小心暴露"等实时评论影响剧情走向。表演结束后，进行评议，设置"最佳编剧奖""最佳演技奖"等奖项，激励学生积极参与。

步骤 8:制作"英雄语录"互动手账

跳读英雄的语言描写部分,完成以下任务:

(1)语录精选:学生们精读文本,摘录杨子荣"越是艰险越向前"、少剑波"谋定而后动"等金句,配以雪原插画;

(2)技术赋能:用"易企秀""草料二维码"等工具生成二维码,扫码触发学生录制的战术讲解视频;

(3)个性化拓展:手账预留空白页,留白页供学生添加"我的智取语录",如:"作业山压顶?化整为零!"并绘制对策漫画;为"谋定而后动"设计思维导图式插画,标注"制订复习计划"的实用建议,成为班级热门漂流手账。

"英雄语录"互动手账可以实物版,也可以电子版,完成的手账在班级内漂流传阅,学生们可扫码收听音频、书写评论,分享自己对语录的理解和感悟,还可以自发添加"抗压秘籍"等新篇章。此活动通过创意表达与数字技术,让革命精神转化为日常学习工具。

步骤 9:举办班级"红色故事会"

在前期阅读的基础上,梳理英雄语录、英雄行为、英雄气概和英雄精神,以整本书的内容为主要依据,讲好红色故事。

(1)故事素材的筛选与准备:学生从《林海雪原》中选取 1—2 个最具感染力的革命故事片段,如"智取威虎山""雪原追击战""小白鸽战地救护"等,要求情节完整、人物鲜明、主题突出。故事需体现"勇气""智慧""协作"等核心精神,避免简单复述情节,应加入个人理解与情感升华。

(2)故事讲述的指导与形式:教师示范讲述"杨子荣独闯威虎厅"片段,重点展示如何通过语言节奏如停顿、重音和神态动作,如模仿杨子荣的镇定眼神等增强感染力。同时,提供"故事山"模板(开端—发展—高潮—结局+感悟),帮助学生梳理叙事逻辑。为提升趣味性,设计三类讲述形式,学生可任选其一:①角色代入式讲述,即以第一人称视角讲述故事,化身杨子荣、少剑波等角色,用"我"的口吻还原心理活动。②主题串联式讲述,即围绕某一主题,如"孤胆英雄的智慧""雪原上的生命之光"等,跨章节整合多个故事片段,形成主题演讲。③细节深挖式讲述,即聚焦一个微观细节,如"杨子荣的手心冷汗""少剑波的地形图"等,以小见大阐释革命精神。

(3)故事会组织与互动:学生分组选定故事片段,填写《故事策划单》,包含故事梗概、核心精神、讲述形式;教师针对性指导,如帮助口语表达较弱的学生设计"关键词提示卡",使用"讯飞听见"等语音转文字工具,帮助学生复盘表达细节。小组内模拟讲述,同伴侧重内容完整度、语言流畅度进行互评、改进;设置"故事擂台",学生依次登台讲述,听众用"共鸣贴纸"标记最打动自己的瞬间,填写"听故事·悟精神"反馈表,记录"最震撼的一句话""我想追问的一个问题",投票选出"最具感染力奖""最佳细节奖"。

这一环节将《林海雪原》的文学价值转化为学生的口语实践能力,既强化对整本书内容的深度理解,又通过情感共鸣实现革命精神的内化,真正让红色经典"声入人心"。

(四) 迁移创新阶段:创意表达行动

步骤10:班级智囊团行动

教师指导学生制作"剿匪密码本"解决班级问题,将文学符号转化为管理工具,培养问题解决能力。

(1) 问题征集:用腾讯文档、钉钉等设计匿名问卷,在线收集班级痛点,如值日推诿、课堂窃语;

(2) 策略攻坚:运用剿匪战术设计解决方案,如针对值日问题,采用"重点突破法":优先解决争议最大的值日分工,采用"抽签分区＋流动监督"机制;

(3) 试点迭代:实施"一周行动",每日记录问题改善数据,腾讯文档实时更新数据,生成可视化进度条,提交优化建议,如"清理'奶头山'(卫生死角)需要'杨子荣'的勇气和'少剑波'的统筹。",撰写《如果我是杨子荣》叙事性微文。

此活动让学生通过问题解决实践,完整体验策略从设计到落地的全流程。

步骤11:剿匪主题解谜游戏

教师发布任务:将"智取威虎山"改编为密室逃脱游戏,和学生共读重点章节,给出游戏改编小贴士。

(1) 关卡设计:设计文本细节谜题(如暗号解密)与跨学科挑战(计算行军物资配给);

(2) 道具制作:用紫外线手电筒显示隐形墨水写的线索,雪地场景用盐粒模拟积雪;

(3) 奖励机制:通关队伍解锁"杨子荣锦囊",内含现实问题解决妙招,如"三步化解友谊危机"。

优秀游戏设计推荐纳入校园科技节,此活动通过游戏化学习,让文学智慧转化为跨学科探究的动力。

步骤12:发布阅读成长日志

通过撰写阅读成长日志,引导学生系统反思阅读过程,提炼阅读策略,规划未来阅读路径,实现从"一本书"到"一类书"的素养迁移。本环节强调元认知能力的培养,帮助学生形成自主阅读的元意识。

(1) 范例解析:教师展示优秀日志范例(见表5-13),重点讲解三个关注点:

①收获的层次性,要避免笼统描述,如"我学到了很多",需具体到知识、能力维度。②疑问的开放性,鼓励提出"文本内外"的探究性问题,如历史背景、人物关系等。③行动的可操作性,计划需明确、可检测。

表5-13 《林海雪原》优秀阅读日志范例

《林海雪原》阅读成长日志 姓名:_____		
3个收获	知识	我学会了通过方言(如"溜子")分析地域文化对叙事的影响
	能力	我能用"三读法"快速梳理长篇小说情节 (略读标记—精读分析—研读对比)
	精神	杨子荣的"越是艰险越向前"让我明白勇气需要智慧和冷静支撑
2个疑问	历史	真实的东北剿匪是否像小说一样充满传奇色彩?
	文本	少剑波为什么完全信任杨子荣? 他们是否有过矛盾?
1项行动计划		用"三读法"读《红岩》,重点对比江姐与杨子荣的英雄形象差异
个性化延伸	阅读足迹地图	🔑《林海雪原》 ✔ 🔑《红岩》➡ 🔑《红星照耀中国》
	未来书单	《青春之歌》(了解革命知识分子的成长) 《小英雄雨来》(学习儿童视角的战争叙事)
	金句收藏夹	"他六天六夜独自一人跑联络,往返六百里的林海雪原,连一匹代步的马也没有。回去连碗热饭都没吃上,马上又随小分队赶回来,参加远途奔袭。"①——批注:环境越恶劣,信念越坚定!

我们可以运用"3—2—1"法则设计日志模板。"3—2—1"法则如下:

① 3个阅读收获:从知识、能力、策略、精神任一维度总结。

② 2个未解疑问:针对文本内容、历史背景或阅读方法的困惑。

③ 1项行动计划:将阅读所得应用于未来学习或生活的具体计划。

(2)日志撰写与互评:学生根据模板完成日志初稿,手写或电子文档均可,鼓励图文混排;同伴交换日志,用"三星评分法"评价,并撰写一条"建设性建议",如"可以补充少剑波战术分析的例子"等。

(3)成果展示与延伸:精选日志编入《班级阅读成长档案》,公众号发布、家长会上展示;鼓励家长在家庭书单中加入学生计划的革命题材作品,签署"亲子共读承诺书"。

---

① 曲波.林海雪原[M].北京:人民文学出版社,2018.

这一环节通过结构化反思与个性化延伸,将《林海雪原》的阅读成果转化为学生的终身学习能力。日志不仅是学习档案,更是成长路标——当学生翻开日志中的"未来书单",或践行"行动计划"时,红色经典的种子已在心中悄然生根。

(五) 小结

《林海雪原》的整本书阅读教学通过十二个步骤的阶梯化任务设计,将文本的文学价值转化为可操作的语文实践活动。从方言猜谜的趣味导入,到剿匪密码本的现实应用,每个步骤均以学生为中心,兼顾知识积累、能力提升、策略建构与精神成长。教师在实际操作中可根据学情灵活调整,但需始终锚定核心任务——让红色经典真正成为学生"看得见、用得着、带得走"的素养工具箱。当他们面对学业压力、人际矛盾甚至未来的人生困境时,能从容取出"智取威虎山"的勇气,"分而治之"的智慧,以及"越是艰险越向前"的信念。而这,正是红色经典在新时代最生动的传承方式。

评价 量表 ▶

(1) 过程性评价:英雄档案卡完整性,虚实对照表逻辑性。

(2) 表现性评价:剧本改编的创意度,红色故事会的参与度,"英雄语录"互动手账阅读量。

(3) 发展性评价:对比"文学短评"与"阅读成长日志"的语言表达、思维进阶。

表5-14 《林海雪原》英雄档案卡完整性评价量表

评价维度	评价指标	权重	评分标准
内容完整性	英雄信息涵盖面	40%	涵盖英雄的所有关键信息(100%) 涵盖大部分信息(70%) 涵盖较少信息(40%) 信息严重缺失(0%)
准确性	信息准确性	30%	信息完全准确(100%) 基本准确(70%) 有少量错误(40%) 错误较多(0%)
规范性	记录规范性	30%	记录条理清晰,格式规范(100%) 记录较清晰(70%) 记录较混乱(40%) 记录混乱(0%)

表5-15 《林海雪原》红色故事会参与度评价量表

评价维度	评价指标	权重	评分标准
内容深度	故事选材典型,主题鲜明,细节丰富	40%	紧扣文本且升华精神(100%) 只复述故事情节(70%) 故事情节不熟悉(40%) 故事情节有误(0%)
语言表达	吐字清晰,情感充沛,肢体语言自然	20%	语言生动有感染力(100%) 照本宣科(70%) 逻辑不清晰(40%) 无情感表达不清晰(0%)
创新性	讲述形式新颖,视角独特	20%	第一人称叙事或主题串联(100%) 常规讲述(70%) 讲述视角不一致(40%) 形式混乱(0%)
听众共鸣	现场反馈(贴纸数量、提问质量)	10%	引发多人共鸣(100%) 互动较多(70%) 互动一般(40%) 无互动(0%)

表5-16 《林海雪原》思维进阶评价量表

评价维度	评价指标	权重	评分标准
思维深度	问题分析深度	40%	分析深入,见解独到(100%) 有一定深度(70%) 分析较浅(40%) 缺乏分析(0%)
思维广度	视角多样性	30%	能从多个角度分析问题(100%) 能从几个角度分析(70%) 视角单一(40%) 缺乏多角度分析(0%)
思维逻辑性	论证逻辑性	30%	论证逻辑严密,条理清晰(100%) 论证有一定逻辑(70%) 论证逻辑较混乱(40%) 论证逻辑混乱(0%)

二、《红星照耀中国》整本书阅读教学

教学 价值 ▶

《红星照耀中国》(又称《西行漫记》)是美国记者埃德加·斯诺深入中国西北革命根据地、历经十三年的实地采访后写成的纪实文学作品。作为纪实文学的典范之作,《红星照耀中国》以西方记者的独特视角切入中国革命现场,真实记录了中国共产党和中国工农红军的发展历程,揭示了中国革命的原因和目的,展现了中国共产党人的信仰和追求。首次向世界真实、客观地展现了中国共产党和红军的革命精神、生活状态与奋斗历程,具有极高的历史价值与教育意义。其教学价值需立足作品特质,从知识积累、能力提升、策略建构与精神成长四个维度展开剖析,并以此为基础构建教学目标的内在逻辑框架。

(一) 知识积累:重构历史认知的立体图谱

《红星照耀中国》的核心知识价值在于突破传统历史叙事的单一维度,以"在场者"视角还原革命现场的多重真实。斯诺通过田野调查式写作,将宏观历史进程与微观生命经验交织,形成三类知识增长点:

1. 革命史实的具象化认知

书中对红军日常生活如"用马尾毛补军装""以歌御寒"、军事策略如"游击战术十六字诀"、社会组织如"列宁小学""识字班"等细节的描写,使"长征""延安精神"等抽象概念具象为可触摸的知识单元。例如通过"红军食谱"(小米饭、南瓜汤)与"行军里程数据"(日均 70 里)的比对,学生可直观理解革命艰苦性的物质基础。

2. 跨文化认知的启蒙

斯诺的西方记者身份使其叙事天然携带文化比较视野。教学中可聚焦"他者凝视"的典型片段,如对毛泽东"不拘小节却思想深邃"的矛盾刻画,既打破西方对共产主义领袖的妖魔化想象,又暗含东西方文化对"领袖气质"的不同理解。此类文本内容为理解文化误读与对话提供鲜活案例。

3. 非虚构写作的知识谱系

作品示范了纪实文学"真实性建构"的方法论,通过精确数据引用(如"红区面积统计")、多源信息互证(如对国共双方的交叉采访)、细节场景还原(如"毛泽东窑洞访谈的煤油灯光")等策略,形成区别于小说与史论的特有知识形态。

(二) 能力提升:锻造批判性思维的实践场域

本书作为历史认知的"多棱镜",为培养学生高阶思维能力提供结构化支撑。

1. 信息处理能力的进阶

书中包含大量原始素材,如标语口号、会议记录、人物口述等,要求学生辨别

史料类型、评估证据效力。例如对比国民党"剿匪战报"与斯诺对红军纪律的描述,可训练学生通过细节矛盾进行真伪核验的能力。

2. 批判性思维的具象化培养

斯诺的观察始终在"客观记录"与"价值判断"间保持张力。教学中可引导学生解剖其叙事策略,如为何详写"红小鬼"而略写高级将领？如何通过人物语言选择塑造革命形象？此类分析帮助学生超越"非黑即白"的思维定式。

3. 跨媒介表达能力的发展

将整本书内容转化为新媒体产品,比如短视频、信息图时,需要学生提炼如"八角帽""红星徽章"这类核心符号,还要重构叙事逻辑,如采用"闯关模式"呈现长征历程。这一过程能够综合锻炼学生的信息整合能力与创意表达能力。

(三) 策略建构:非虚构阅读的方法论体系

本书为整本书阅读提供了可迁移的策略支架,形成三类方法工具箱。

1. 宏观脉络把握策略

时空定位法:将事件置于"1936 年中国政治地图"中,理解延安与南京的对抗格局。

主题聚类法:按"人物特写""军事斗争""文化建设"等主题重组整本书内容。

2. 微观整本书分析策略

细节推理法:从"朱德扁担上的刻痕"推断官兵平等制度的实践程度。

叙事视角分析法:比较斯诺对同一事件(如"西安事变")在不同章节的叙述差异。

3. 读写迁移策略

非虚构写作模板:仿写"人物采访手记",要求包含环境描写、直接引语、行为观察三要素。

历史评论框架:建立"现象描述—多因分析—现实启示"的思辨路径。

(四) 精神成长:价值观养成的启蒙之火

本书所展现的中国共产党人坚定的革命理想、无私的奉献精神和顽强的斗争意志,能够深深触动学生的心灵,激发他们的爱国情怀和社会责任感。

1. 历史同理心的培育

通过"红小鬼向季邦""老红军回忆录"等个体叙事,学生得以理解革命者的精神世界:当 12 岁孩童说出"红军替穷人打仗"[①]时,理想主义情怀获得具象载体,历史人物从符号还原为有温度的生命。

2. 现实责任感的唤醒

书中"信仰之力"的现代表达成为教育切入点:在"α 世代信仰清单"设计中,

---

① (美)埃德加·斯诺. 红星照耀中国[M].北京:人民文学出版社,2017.

学生将"红军野菜充饥"转化为"学业攻坚期的自律",实现革命精神的当代转译。

　　3. 批判性公民意识的萌芽

　　对"延安民主实验"(如选举制度)的深度探讨,引导学生思考制度创新的可能性。当学生用"斯诺之问"审视当代社会问题时,历史阅读便成为公民教育的预演。

　　在阅读过程中,学生通过与这些革命先辈的精神对话,能够汲取强大的精神力量,树立正确的价值观和人生观。同时,作品还引导学生思考革命精神在当代的传承和发扬,让学生明白在新时代背景下,他们肩负着实现中华民族伟大复兴的历史使命,从而将革命精神内化为自己的精神动力,激励自己在学习和生活中不断进取,为国家和社会的发展贡献自己的力量。

　　四个维度构成螺旋上升的能力培养体系,知识积累为能力提升奠基,策略建构使能力发展系统化,精神成长则赋予学习以价值导向。例如"手绘长征地图"(知识)—"史料对比分析"(能力)—"非虚构写作迁移"(策略)—"微长征实践"(精神)"的任务链,清晰体现"认知—思维—方法—价值"的转化逻辑。这样《红星照耀中国》的教学便超越简单的"红色经典诵读",成为培养历史思辨力、社会责任感与现代公民素养的综合性课程载体。

教学 目标 ▶

(一)核心素养导向目标

(1)理解纪实文学的历史价值与现实意义,树立理性爱国情怀。

(2)梳理红军人物群像、长征关键事件,掌握"时间轴＋地图"双线阅读法。

(3)运用批注阅读、史料对比、细节推理等策略,提升信息处理能力。

(4)通过角色代入、跨媒介转化、社会实践,实现从"读进去"到"用出来"的深度迁移。

(二)任务驱动式行为目标

(1)90％学生完成"长征地图"填色,准确标注关键事实与矛盾点。

(2)80％学生参与撰写"历史采访提纲",提出至少三个具有批判性的历史解读视角。

(3)70％学生参与"校园微长征"活动,体现革命精神与当代问题的创造性融合。

整体 规划 ▶

(一)核心任务设计:"红星侦探社——破解历史真相,点亮青春信仰"

聚焦"读透—思辨—表达—行动"能力链,以四阶任务链串联深度阅读与实践迁移。

(1) 真相勘探:解构斯诺的观察框架,建立多源互证的史料分析体系。

(2) 叙事解读:破译红色基因密码,绘制"历史—现实"价值观映射图谱。

(3) 媒介重构:用短视频、信息图等新媒体形式活化历史记忆。

(4) 精神传承:发起"讲好红星故事"行动,实现精神落地。

(二) 实施流程

表 5 - 17 《红星照耀中国》"整本书阅读"实施框架

阶段	关键步骤	课时	与核心任务关联
情境卷入	1. 启动"侦探档案"	2	建立历史现场感,铺垫真相勘探基础
	2. "长征地图"填色游戏		
	3. 盲盒解密"斯诺行囊"		
深度探究	4. 批注"真相三重门"	3	培养批判思维,完成精神解码
	5. 设计"历史采访提纲"		
	6. 制作"生存智慧卡"		
协作建构	7. 排演"红星小剧场"情景剧:改编"红小鬼参军"片段,讨论"信仰如何萌芽"	3	创新叙事形式,重构历史意义
	8. 策划"谣言粉碎海报"		
	9. 举办信仰价值微型拍卖会		
迁移创新	10. 开展"校园微长征"	3	实现精神传承的社会化表达
	11. 制作"我的红星手账"		
	12. 开展"讲好红星故事"活动		

(三) 学习资源

(1) 实物资源:手绘长征地图(A3 纸＋彩笔)、"历史盲盒"(旧军用水壶、仿制粮票等)。

(2) 数字资源:长征路线动态地图(PPT 等制作)、短视频剪辑模板(如剪映)。

(3) 文化资源:《毛泽东选集》金句卡片、陕北民歌《山丹丹开花红艳艳》音频。

(4) 生活资源:微信语音采访社区老党员口述史。

教学 活动 ▶

(一) 情境卷入阶段:建立时空认知框架

步骤 1:启动"红星侦探证"

教师课前发放定制档案袋,内含 1936 年中国地图、斯诺采访装备贴纸、阅读计划表、任务清单等,封面印"红星侦探证"编号,并启动"每日一章"阅读计划,每日阅读后完成"3W 记录"(Who/What/Why:人物/事件/疑问),每日阅读后盖章打卡,集章兑换"侦查道具"如放大镜书签等。

(1)身份赋予:教师佩戴"侦探导师"徽章,发放档案袋,并搭档教师数字人设置情境:"你们将化身历史侦探,破解 80 年前的红色密码。"

(2)仪式启动:学生在侦探证首页按下红色指印,象征任务开启。

(3)每日任务:阅读后填写"3W 记录",集满 10 个印章可解锁"侦查道具包"。

通过这种方式,学生能够初步了解整本书的主要内容,同时用仪式感激发阅读兴趣,可视化追踪阅读进度。

步骤 2:"长征地图"填色游戏

提供空白中国地图,学生阅读相关章节,完成地图填色任务。

(1)空间定位:教师示范标注瑞金、遵义、延安等关键节点,讲解地理对战略的影响。

(2)对抗标注:学生用蓝色标注国民党封锁线(如湘江战役位置),红色标注红军突破路线。

(3)事件关联:在便利贴上书写"四渡赤水""飞夺泸定桥"等事件,粘贴至对应位置。

通过这个游戏,学生能够直观地了解长征的历程,将地理、历史与整本书阅读相融合,强化空间叙事的理解。

步骤 3:盲盒解密"斯诺行囊"

准备盲盒道具,可含有旧军用水壶、草鞋、仿制粮票、仿羊皮速记本、粗布干粮袋等,发放任务卡:根据《红星照耀中国》第一章的内容,推断物品用途。

(1)触觉探索:学生蒙眼触摸道具,记录第一感受,如"水壶质感冰冷"。

(2)文本溯源:精读斯诺进入红区的描写,匹配道具与文本细节。

(3)创意联想:为每件道具设计"穿越说明书",体现其用途。如"干粮袋:装填理想与小米的勇气容器"。

通过这种方式,学生能够更好地了解书中的人物和事件,多感官沉浸,降低历史距离感。

(二)深度探究阶段:解构历史真相

步骤 4:批注"真相三重门"

首先做好材料准备,将《红星照耀中国》关键章节与同期国民党报道(片段打印版)装订成对比手册,每页留出 5cm 批注区;接着教师提供对比阅读工具包:

左侧书页批注《红星照耀中国》原文
右侧粘贴《中央日报》摘录
用"△"标事实矛盾,"☆"标文化误读

图 5-1 对比阅读工具包

(1) 事实核验层:用绿色荧光笔标注可验证事实(如"红军日行里程"),橙色标注存疑陈述(如"群众自发参军比例");

(2) 文化解译层:在页边绘制"东西方认知差异表",例如斯诺对"集体主义"的困惑 VS 毛泽东的"群众路线"阐释;

(3) 价值判断层:用便利贴标注作者隐含立场,如对毛泽东"农民智慧"的赞赏。

当然,教师也可以请学生用蓝色笔标记出斯诺亲眼所见、亲耳所闻的内容,用红色笔标记出斯诺的推测和想象。学生在小组内进行讨论和交流,分析这些"真相"和"谎言"对整本书的影响和意义。通过这种方式,学生能够学会从不同角度分析整本书的内容,批判思维能力得以提高。

步骤 5:设计"历史采访提纲"

联系已有知识,即八年级上册第一单元"新闻采访"中采访提纲的学习,重点阅读《红星照耀中国》人物特写章节(毛泽东、周恩来、红小鬼),假如穿越为斯诺,列出采访提纲,分组模拟采访并录音。

(1) 角色分析:小组抽取人物卡,提炼其核心特质,如毛泽东的"农民哲学家"形象。

(2) 问题设计:按采访提纲模板设计 5 个问题,避免封闭式提问。

(3) 模拟访谈:使用教室讲台作为"窑洞访谈室",学生轮流扮演记者与领袖,录制对话视频。

活动结束可以评选"最佳提问奖""最佳记者"等,还可以将优秀采访提纲编成《红星采访宝典》。通过这种方式,学生能够代入角色深化对整本书的理解,锻炼逻辑提问能力,提高信息处理能力和跨媒介表达能力。

步骤 6:制作"生存智慧卡"

从整本书中提取红军生存技巧,如"用歌声抵御寒冷""辨识毒野菜",设计成图文卡片,并在班级"智慧墙"展示。

(1) 密码提取:从整本书中筛选三类智慧。①自然抗争,如野菜辨识;②精神抵御,如战地歌声;③战术创新,如游击十六字诀。

（2）现代转译：将历史策略转化为当代技能，如"游击战术—时间管理碎片化利用"。

（3）密码封装：设计"生存锦囊"折叠卡，外层绘历史场景，内层写现代应用。

学生的作品在小组内进行分享和交流，评选出最具创意和价值的"生存智慧卡"班级展示。通过这种方式，学生能够聚焦实用细节，关联逆境应对策略，理解革命精神的内涵和价值，为后续活动做好准备。

（三）协作建构阶段：新媒体叙事

步骤7：排演"红星小剧场"

（1）编写情景剧：改编"红小鬼参军"片段，剧本精简至5分钟左右，保留关键对话。

（2）情景预设。

场景1：1936年延安窑洞

红小鬼："报告首长！我想学写字，将来给乡亲读报！"

场景2：2023年教室

学生甲："我想考师范，毕业后回乡支教！"

场景3：双时空对话

红小鬼＆学生甲合唱："我们都是追光者！"

（3）排演道具：用课桌搭建"窑洞讲台"，投影背景切换时空，手机录制后添加黑白或彩色滤镜区分年代。

在排演过程中，学生需要深入理解人物性格和情感，通过表演展现革命精神。排演结束后，同学之间进行评价和反馈。通过这种低成本沉浸体验，学生能够强化情感共鸣，提高团队协作能力和表演能力。

步骤8：策划"谣言粉碎海报"

针对历史谣言，用文本证据设计辟谣海报，张贴于班级宣传栏。

（1）谣言诊断：小组抽取谣言卡，用"STOP分析法"（Source来源/Truth真相/Opinion立场/Propagation传播）拆解。

（2）证据陈列：制作辟谣海报，左侧贴谣言原文，右侧附文本证据与实物照片。

（3）互动设计：设计"真相放大镜""谣言垃圾桶"等板块，图文结合破解历史谣言。添加二维码链接至红军战士后代采访视频，扫码可观看真实证言。

海报需要包括谣言的内容、真相的揭示、证据的呈现等，在班级内进行展示和交流，评选出最具创意和价值的海报。通过这种方式，学生能够学会从不同角度分析整本书的内容，从读到写，培养证据意识与公共表达能力。

步骤 9:举办"信仰价值微型拍卖会"

课前准备好拍卖品卡片,如"坚韧""奉献""创新",以及"行动积分"代币,每位学生 10 枚,完成阅读任务额外获得。

(1) 价值阐释:教师讲解每个品质的历史案例,如"坚韧——红军过草地"。

(2) 竞拍博弈:学生用积分竞拍,需陈述竞拍理由,如"我选创新,因为想用科技传承红色精神"。

(3) 签约仪式:竞拍成功者签署《践行承诺书》。

活动结束,可以在教室张贴"信仰星空图",标记每位学生的承诺星标。这种方式打通历史与现实,学生能够深入思考革命精神的当代价值,树立正确的价值观和人生观。

(四) 迁移创新阶段:社会化行动

步骤 10:开展"校园微长征"

发布 2.5 公里徒步任务,设置 3 个关卡:

关卡 1:野菜辨识

辨认校园植物(替代历史情境),任务是制作"革命能量包"(植物标本＋营养分析)

关卡 2:密电破译

埋设包含数学题(计算行军物资)、历史谜题(西安事变日期)的加密信件。破译成功可获"红星补给卡"(兑换文具奖励)。

关卡 3:信仰银行

将拍卖所得"信仰"或自己写下的奋斗誓言,存放至"信仰银行"(小程序制作),班长保管并在必要时取出,鼓励同学。

学生需要相互支持、相互鼓励,共同完成活动。活动结束后,学生进行总结和反思,分享自己的感受和体会。这种轻量化实践,能让书本中的红军精神落地于生活场景,学生能够将革命精神内化为自己的精神动力,激励自己在学习和生活中不断进取。

步骤 11:制作"我的红星手账"

结合书中精神与个人生活,运用数字手账模板如 Canva 可画平台,制作阅读手账。

(1) 时空交织页:上传祖辈参军照,扫描触发"老兵口述"动画,并插入"我的军训日记"图文对比。

(2) 精神图谱页:用时间轴展示"1936 延安精神—2023 航天精神"的演变添加音频按钮,录制个人感悟。

(3) 互动挑战页:设计"信仰问答转盘",回答正确可以解锁隐藏勋章。

学生也可以手绘阅读手账,手账中包括文字、图片、插画等多种形式,展现学生的个性和创意,班级投票评选"最佳跨时空对话奖"。学生在手账中记录自己在学习和生活中遇到的困难和挑战,以及如何用革命精神来克服这些困难。通过这样的个性化表达,促进自我反思。

步骤12:讲好"红星"故事

微信语音采访社区老党员,记录老一辈的革命故事。联系整本书,讲"红星"故事。

(1)故事挖掘:书中选取3个最具感染力的故事,如"红小鬼参军""朱德扁担""窑洞夜谈",分组讨论其情节结构和人物塑造;

(2)创意改编:演讲组可以绘声绘色讲故事;短视频组可以拍摄"平行蒙太奇"短片;播客组可以录制《红星电台》访谈节目,邀请历史老师解读背景,学生演绎角色独白等;

(3)综合展演:"抖音话题挑战:我的红星故事",学生用书中金句配音日常奋斗片段;微信公众号连载《解读〈西行漫记〉》专栏;校园广播站特辑,每日午间播放"红星故事3分钟"。

班级评选出最具价值和意义的故事,通过这种方式,学生将所学的革命精神和历史知识转化为实际行动,传承和弘扬红色文化。

(五)小结

本教学设计延续《林海雪原》的"四阶十二步"框架,针对纪实文学特性进行创新,通过"历史线＋现代线"平行叙事,破解红色经典的时代隔阂。认知层面,情境化任务将抽象历史转化为可触摸的经验,学生通过多感官参与建立时空坐标,理解革命艰苦性的物质基础与精神底色;思维层面,对比批注、模拟采访等探究性活动,培养了多源史料核验能力与批判性视角,使学生超越非黑即白的史观,辩证审视叙事建构中的文化张力;实践层面,跨媒介创作(短视频、AR手账)推动历史精神向现实问题解决能力转化,让"信仰之力"具象为奋斗、传承宣言。活动设计消解了红色经典的时空壁垒,使革命叙事焕发新生。当他们用当代语言重述窑洞灯火的意义时,斯诺笔下的红星已然照亮属于这个时代的青春征程。

评价 量表 ▶

(1)过程性评价:《侦探档案》盖章记录,"长征地图"填色游戏时的参与度和贡献度。

(2)表现性评价:谣言粉碎海报,"红星小剧场"情景剧。

(3)发展性评价:"校园微长征"活动前后的感受,"我的红星手账"。

表 5-18 《红星照耀中国》语言表达能力提升度评价量表

评价维度	评价指标	权重	评分标准
完成度	盖章数量是否达到要求	40%	达到要求(100%) 接近要求(70%) 未达到要求(40%) 远低于要求(0%)
参与积极性	学生在活动中的主动参与程度	30%	积极主动(100%) 较主动(70%) 一般(40%) 被动(0%)
任务质量	每次任务完成的质量	30%	高质量完成(100%) 较好完成(70%) 基本完成(40%) 完成情况差(0%)

表 5-19 《红星照耀中国》谣言粉碎海报评价量表

评价维度	评价指标	权重	评分标准
内容准确性	海报内容是否准确无误	40%	完全准确(100%) 基本准确(70%) 存在少量错误(40%) 错误较多(0%)
创意设计	海报的设计是否具有创意	30%	富有创意(100%) 有一定创意(70%) 创意一般(40%) 缺乏创意(0%)
信息传达效果	海报传达信息的效果	30%	传达效果好(100%) 较好传达(70%) 传达效果一般(40%) 传达效果差(0%)

表 5-20 《红星照耀中国》"校园微长征"活动评价量表

评价维度	评价指标	权重	评分标准
感受变化	学生在活动前后感受的变化	40%	感受深刻变化(100%) 有一定变化(70%) 变化较小(40%) 几乎没有变化(0%)
认知提升	学生对长征精神的认知提升	30%	认知显著提升(100%) 有一定提升(70%) 提升较小(40%) 几乎没有提升(0%)

(续表)

评价维度	评价指标	权重	评分标准
情感态度	学生对长征精神的情感态度	30%	情感态度积极(100%) 较积极(70%) 一般(40%) 消极(0%)

第三节　社会批判文本的教学实践

　　社会批判文本以其犀利的笔触穿透历史帷幕,在个体命运与制度枷锁的碰撞中,叩问人性的幽微与时代的症结。这类作品不仅是文学镜像,更是解剖社会肌理的手术刀——从《骆驼祥子》中祥子在经济绞杀下的沉沦,到《水浒传》中草莽英雄在体制压迫中的挣扎,整本书以悲剧性叙事揭露结构性暴力如何异化人性,又以人性之光反照制度的裂隙。这类整本书阅读教学的核心,在于引导学生超越对个体命运的简单共情,深入剖析社会机制与人性选择的复杂互动,从而锻造批判性思维与现实关怀的双重能力。

　　本节以任务驱动为锚点,通过"制度解码—人性透视—现实迁移"三阶路径,构建社会批判文本的阅读框架。学生将在数据化的经济链条拆解中理解祥子的生存困境,在梁山好汉的反抗逻辑中辨析正义的悖论;通过角色模拟、跨时代辩论等策略,将整本书中的压迫机制映射至现代议题,实现从文学反思到社会行动的思维跃迁。最终,这些叩问不仅指向历史的镜鉴,更成为培育理性精神、激发制度改良意识的启蒙——让经典阅读成为少年洞察社会、介入现实的起点。

一、《骆驼祥子》整本书阅读教学

教学 价值 ▶

　　《骆驼祥子》是老舍先生的经典社会批判小说,以北平底层人力车夫祥子的悲惨命运为主线,深刻揭示了20世纪30年代中国社会的经济压迫、人性扭曲以及制度性暴力。这部作品的价值不仅体现在对个体命运的细腻刻画上,更在于其多维度地对旧社会制度的批判与反思,为学生提供了一个集知识积累、能力提升、策略构建与精神成长于一体的综合教育载体。

　　(一)知识积累:社会结构与文学表达的双重启蒙

　　《骆驼祥子》的教学价值首先体现在对特定历史语境的还原与文学知识的系统习得。

1. 社会历史知识的沉淀

《骆驼祥子》犹如一部生动的社会生活史，书中翔实的经济细节，如"车份儿""窝头价格""医疗费用"等，为学生打开了一扇观察民国北平底层社会的窗口。这些具体的经济数据是老舍先生精心构建的一个微观社会模型。通过核算祥子的"生存成本"，学生可以清晰地看到人力车夫所处的经济困境：车厂主的高额租金、乘客的压榨以及警察的敲诈，共同编织成一张无形的剥削之网，将祥子这样的底层劳动者紧紧束缚。例如，祥子三次买车失败的经历，看似是个人的悲剧，实则是社会制度缺陷的缩影。这种基于文本的社会历史学习，让学生在真实的情境中理解特定历史时期的社会结构，构建起系统性的认知体系。它不仅丰富了学生的历史知识储备，更培养了他们从具体现象中抽象出社会规律的能力。

2. 文学语言与叙事技巧的掌握

老舍先生的作品《骆驼祥子》以其精湛的白描手法与讽刺艺术，展现了极高的文学价值。书中如"钱会把人引进恶劣的社会中去，把高尚的理想撇开，而甘心走入地狱中去。"这样的警句，以凝练而深刻的语言，揭示了金钱对人性的腐蚀作用。这种白描手法不事雕琢，却能精准地勾勒出人物的性格特征和社会现实。与此同时，祥子从"体面的、要强的"青年逐渐转变为"堕落的、自私的"行尸走肉的过程，通过细腻的心理描写得以生动展现。在进行批注阅读时，学生可以深入体会文字背后的深意，感受作者如何通过细节描写来刻画人物性格的演变。通过仿写心理日记的活动，学生能够将所学知识应用于实践，学习如何捕捉人物内心的微妙变化，从而体会文学语言的力量和批判性。这种文学知识的学习，不仅提升了学生的审美能力，还为他们的写作和表达提供了丰富的范例。

（二）能力提升：批判思维与共情能力的协同发展

《骆驼祥子》的文学价值不仅体现在对社会现实的深刻洞察，更在于它的阅读过程是批判性思维与情感共鸣的双重训练场。

1. 批判性分析能力的培养

书中对祥子悲剧命运的描写并未简单地将原因归咎于个人不幸，而是深刻揭示了社会制度对个体命运的压迫。在教学中，教师应引导学生深入探究悲剧的根源，例如组织一场"辩论：努力是否能够改变命运？"的活动，让学生结合文本中的证据，探讨个人奋斗与制度限制之间的关系。这是因为《骆驼祥子》为我们展现了一幅复杂的社会画卷，在这幅画卷中，个人的努力在天灾、人祸以及社会制度的重压下显得渺小而无力。只有通过对文本的深入分析，学生才能超越"祥子可怜"的单一视角，认识到社会制度对个体的深远影响。这种批判性思维的训练，将帮助学生在面对生活中的各种现象时，不盲目跟从，而是能够运用理性思维，深入剖析问题的本质，形成自己独立的见解。

2. 共情与换位思考能力的培养

《骆驼祥子》以细腻的笔触深入刻画了人物的内心世界,使学生们能够真切地体会到角色的情感起伏。祥子的一生充满了苦难与挣扎,他的命运引发了读者强烈的同情。通过角色扮演"祥子的一周"和撰写心理日记等活动,学生们得以深入体验祥子的生存困境,感受经济压力与道德抉择的双重煎熬。当学生们设身处地地进入祥子的情境时,他们能够更深刻地理解他人的情感和处境,从而培养出对他人的同理心和社会责任感。这种共情能力的培养,不仅有助于学生在人际交往中更加包容和理解他人,还能增强他们的社会意识,使他们更加关注社会弱势群体的命运。

3. 数据解读与逻辑推理能力

绘制"祥子经济崩溃时间轴"与"压力源对比图"等任务,要求学生将文本中复杂多样的信息进行梳理和整合,并以可视化的方式呈现出来。在这个过程中,学生需要从大量文本信息中提取关键要素,分析经济曲线崩塌的关键节点及其背后的原因,如暴雨天拉车导致健康恶化等。这种跨学科训练强化了学生的逻辑思维与问题溯源能力。这种能力不仅在语文学习中至关重要,在今后的学习与生活中,面对海量信息时,学生也能够迅速筛选、分析,做出合理决策。

(三)策略建构:从文本解码到现实迁移的方法论

《骆驼祥子》的教学价值不仅体现在其对社会现实的批判和对人性的深刻揭示上,还在于它为学生提供了丰富的策略资源。这些策略能够有效帮助学生应对现实生活中的各种挑战。通过对整本书的深入研读,学生可以从中汲取智慧,并将其灵活运用到实际生活中。

1. 经济管理策略

《骆驼祥子》生动呈现了一个具体的经济生活场景,使学生们能够观察到不同的理财方式所带来的不同结果。祥子与高妈的理财方式形成了鲜明对比:祥子的"一味攒钱"理念反映了他在财富积累方面缺乏系统规划与风险意识,而高妈的"放贷生息"策略则展现了她具备一定的金融头脑与风险管控能力。通过对比分析,学生可以从中总结出适合自己的理财策略,例如合理规划消费、分散风险以及建立应急储备金等。在现实生活中,学生们也常常面临各种经济问题。通过学习作品中呈现的理财策略,他们可以更好地管理自己的零花钱,培养正确的金钱观,从而为未来的财务独立和生活规划奠定基础。

2. 压力应对策略

《骆驼祥子》生动展现了人物在困境中挣扎求生的历程。书中人物面对生活重压时,采取了不同的应对方式。通过分析这些应对方法的得失,学生可以从中学习如何在压力下保持冷静,并做出明智的决策。例如,在"生存抉择卡牌游戏"

中,学生需要权衡短期收益与长期代价,学会制订优先级和风险预案。这些策略可以直接应用于学业压力管理,帮助学生平衡时间与健康。通过虚拟情境中的经验积累,学生能够提升应对实际生活压力的能力。

3. 社会参与策略

书中描绘的社会底层人民的互助与抗争,生动展现了个人在社会中的力量与责任,这能启发学生深入思考个人与社会之间的责任关系。通过"时间银行"互助行动和"学习资源共享计划"等活动,学生可以将协作理念转化为实际行动。他们可以通过团队合作和资源整合,解决社区中的实际问题。在参与这些实践活动的过程中,学生不仅能培养合作精神与领导能力,还能增强社会责任意识,从而引导他们更积极地参与社会事务,为构建更美好的社会贡献自己的力量。

（四）精神成长:从道德反思到社会责任的价值升华

《骆驼祥子》对学生精神成长具有深远的影响。作品通过对社会现实的批判和对人性的深刻揭示,引发学生对道德和社会责任的深入思考,从而推动他们在精神层面上实现升华。

1. 锤炼道德判断力

道德反思是精神成长的关键环节。在探讨"祥子的堕落是否仅仅是个人道德问题"的思辨活动中,学生需要超越对个体的简单指责,深入反思制度性暴力的压迫机制。这是因为《骆驼祥子》清晰地展现了个人命运与社会环境之间的紧密联系:祥子的堕落不仅源于个人因素,更是社会制度缺陷的产物。通过这种道德反思,学生能够领悟"哀其不幸,怒其不争"的深刻内涵,培养一种既包容又批判的道德视角。他们不再仅仅依据表面行为评判一个人,而是能够深入思考背后的社会因素,从而形成更加成熟、客观的价值观。

2. 互助精神的践行

互助精神的践行是精神成长的最终体现。阅读《骆驼祥子》人物在困境中相互扶持的情节,学生看到了合作的力量。"生存智慧博览会"中的互助成果展示(如时间币兑换记录、资源共享数据),让学生直观感受到合作的价值。这种从"竞争内卷"到"互助共生"的转变,正是对祥子孤立无援命运的精神超越。学生通过参与互助活动,能够培养团队合作精神,学会在合作中实现共同成长,形成积极向上的人生态度。

《骆驼祥子》的整本书教学,本质上是一场从文本细读到现实行动的思维革命。学生通过数据拆解经济绞杀链、通过共情触摸人性温度、通过策略应对生存困境、通过行动书写社会关怀,最终实现知识、能力、策略与精神的全方位成长。老舍笔下的祥子不仅是历史的镜鉴,更是催生新时代少年批判力与责任感的火种——这场阅读是让少年们在文学中学会批判,在批判中学会行动,在行动中书写一个比祥子时代更温暖的未来。

教学 目标 ▶

(一)核心素养导向目标

(1)掌握"批注阅读法",提取整本书中的经济细节。

(2)通过数据核算与图表绘制,分析社会制度对个体的压迫机制。

(3)学习老舍白描语言中的讽刺艺术。

(4)设计"生存策略卡牌",将整本书智慧迁移至实际生活问题的解决。

(二)任务驱动式行为目标

(1)90%学生完成"祥子经济崩溃时间轴"。

(2)80%学生撰写"祥子心理日记"。

(3)70%学生设计"校园互助计划"。

整体 规划 ▶

(一)核心任务设计:"从祥子的黄包车到我们的书包——冲破生存困境实验"

以四阶任务链串联深度阅读与实践迁移。

(1)文本细读:批注关键细节,解码经济压迫链。

(2)共情体验:角色模拟与心理分析。

(3)批判迁移:对比现代学业压力与祥子困境。

(4)行动联结:策划校园互助行动。

(二)实施流程表

表 5-21　《骆驼祥子》"整本书阅读"实施框架

阶段	关键步骤	课时	与核心任务关联
情境卷入	1. 批注阅读:标记经济压迫细节 2. 绘制"祥子经济崩溃时间轴" 3. 撰写"祥子心理日记"	3	聚焦整本书细节,强化精读能力,建立整本书深度理解基础
深度探究	4. 角色扮演"祥子的一周" 5. 设计"生存抉择卡牌游戏" 6. 对比分析"祥子 VS 我的零花钱管理"	3	游戏化学习,培养策略思维,实现从文学到现实的策略迁移
协作建构	7. 创作短剧《如果祥子是中学生》 8. 制作"压力源对比图" 9. 辩论"努力是否有用?"	3	哲学思辨与整本书证据结合,现代情境移植,强化批判思维

(续表)

阶段	关键步骤	课时	与核心任务关联
迁移创新	10. 发起"时间银行"校园互助行动	3	从文学到生活的实践转化,多模态成果展示与反思
	11. 设计"学习资源共享计划"		
	12. 举办"生存智慧博览会"		

(三) 学习资源

(1) 文本资源:老舍创作手记、《骆驼祥子》批注范例。

(2) 技术资源:经济数据模板、心理日记写作支架。

(3) 生活资源:学生零花钱使用记录、校园互助案例库。

教学 活动 ▶

(一) 情境卷入阶段:精读方法与经济逻辑解码

步骤 1:批注阅读——标记经济压迫细节

在这一活动中,教师需提供批注范例,如用红色标记"一天要是能剩一角的话,一百元就是一千天,一千天!"[①],旁注"收入微薄",引导学生聚焦文本细节,通过标记与分类来训练精读能力。

(1) 跳读批注:在通读基础上,快速跳读全书,使用不同颜色的荧光笔来标记:红色标记收入相关描述,比如"拉一趟车挣一毛钱""车份儿""赏钱"等;蓝色标记支出,例如"虎妞难产花光积蓄""买药钱"等;黄色标记意外损失,比如"孙侦探敲诈""大兵抢车"等。

(2) 小组讨论:以小组为单位,将逐一标记出来的细节进行汇总,分类整理成"收入—支出—风险"三栏表格,并分析三者间的关联性。通过这种方式,学生不仅能够细致地捕捉到整本书中的经济细节,还能初步理解祥子所面临的经济困境。

(3) 班级展示:各组分享表格并探讨"谁是压垮祥子的最后一根稻草"。教师也可以进行引导提示:"经济压迫是系统性绞杀,而非单一事件所致。"

这种批注阅读法不仅能帮助学生掌握跳读精读的技巧,还能培养他们的经济学思维和社会批判意识。

步骤 2:绘制"祥子经济崩溃时间轴"

通过数据可视化,将文学叙事转化为经济逻辑分析。

(1) 数据支撑:教师出示《1930 年代北平物价表》(如洋车价格 100 元、窝头每个 1 分钱、医院接生费 20 元);学生计算祥子实现"买车梦"所需工作年限。

---

① 老舍. 骆驼祥子[M]. 北京:人民文学出版社,2018.

（2）时间轴制作：在长卷纸上绘制时间轴，标注祥子"三起三落"关键节点（第一次买车→被大兵抢车；第二次攒钱→被孙侦探勒索；第三次努力→虎妞难产）；附加折线图展示其存款变化，比如在时间轴上用红色箭头标识出"暴雨天拉车"这一事件，指出这一健康恶化的转折点触发了祥子经济的连锁崩溃。

（3）深化分析：学生对比祥子与高妈的经济策略，撰写《底层生存探究微报告》。例如："高妈通过放贷实现'钱生钱'，而祥子仅靠体力劳动，抗风险能力极低。"

这样的阅读活动不仅帮助学生理解整本书中的经济逻辑，还能让他们学会用数据和图表来分析文学作品中的社会问题。

步骤 3：撰写"祥子心理日记"

通过心理描写仿写，深化共情能力与文学表达训练。

（1）文本聚焦：教师精选祥子的关键心理描写片段，分析其情感递进（希望—挣扎—绝望）；学生用"情感温度计"量表（1—10 分）量化祥子不同阶段的心理状态。

（2）日记仿写：以第一人称撰写 5 篇日记，要求结合经济数据与心理波动。例如：1928 年 3 月 12 日，暴雨。多挣了两毛，但咳嗽加重……刘四爷说"身子骨要紧"，可停了车份儿咋办？教师可以提供写作支架："今天发生了_____，我的收入是_____，支出是_____，现在感到_____，因为_____。"

（3）成果展示：班级举办"祥子心声朗读会"，学生匿名朗读日记，其他同学猜测对应整本书章节；评选"最具共情力日记"，标准包括情感真实性、细节关联性、语言表现力。

通过这种方式，学生能够深入理解祥子的内心世界，感受他的无奈与挣扎。同时，激发学生的写作兴趣，进一步深化他们对祥子命运的共情。

（二）深度探究阶段：角色模拟与生活联结

步骤 4：角色扮演"祥子的一周"

将祥子的困境移植至校园情境，增强现实代入感。

（1）情境设计：设定祥子为中学生，通过"代值日"（每次 5 元虚拟币）、"帮写作业"（每科 10 元虚拟币）赚取零花钱；设计"突发事件卡"，负面事件如"代值日被老师发现扣分""帮写作业导致自己熬夜"（健康值－20％）等，增加角色扮演的趣味性和挑战性。

（2）角色体验：学生分组扮演祥子、刘四爷、虎妞，通过抽签决定每日事件；记录"健康值""学业值""金钱值"变化，绘制折线图，并在一周结束后讨论"短期收益与长期代价"。

(3)反思讨论:教师提出"当健康值低于50%时,是否继续接单?为什么?"等开放式问题,学生根据阅读体验,自由畅谈。

通过这种角色模拟,学生能够更直观地感受到祥子在经济压力下的艰难抉择,从而增强对整本书的理解和共情。

步骤5:设计"生存抉择卡牌游戏"

为了进一步加深学生对祥子生存困境的理解,教师可以引导学生设计"生存抉择卡牌游戏"。此活动将阅读学习游戏化,培养学生风险预判与策略制订能力。

(1)卡牌制作:机遇卡:"暴雨天代跑腿,收入+20%""获得同学资助,金钱+50%";风险卡:"熬夜赶工,健康-30%""被老师批评,学业值-20%";策略卡:"购买保险,抵消一次健康损失""组建学习小组,学业值+15%"。

(2)分组对战:每组初始资源是健康值100、学业值100、金钱值50;每轮抽取2张卡牌,选择执行1张,10轮后总评分最高者胜,通过卡牌组合制订生存策略,并在游戏结束后汇报"最优策略"。

(3)策略反思:学生在游戏中体验"资源有限性",理解祥子"越努力越绝望"的逻辑;还可能发现诸如"购买保险卡"这类性价比最高,类比现实中的风险防范意识。

这种游戏化学习方式不仅能够激发学生的兴趣,更加深刻地理解祥子在经济压迫下的无奈与挣扎,以及在抉择中的艰难与痛苦,还能培养学生的策略思维和决策能力。

步骤6:对比分析"祥子VS我的零花钱管理"

教师可以引导学生将自己的零花钱管理与祥子的经济管理方式进行对比分析,联结整本书与现实,培养经济管理能力。

(1)数据收集:学生记录一周零花钱收支(收入:家长给予、兼职;支出:零食、文具、娱乐);分类统计"必要支出""可选支出""意外支出"。

(2)T型图分析:左栏列祥子经济特征(如"收入单一""无储蓄计划"),右栏列自身问题(如"冲动消费""依赖父母"),用不同颜色标注改进空间(如绿色"可优化",红色"高风险")。

(3)优化计划:学生制订《零花钱管理方案》,教师可以提供参考建议,如"532分配法"(50%储蓄、30%必要支出、20%应急基金);班级评选"最佳理财达人",获奖方案张贴于教室财务角。

这种对比分析不仅能够帮助学生理解祥子的经济困境,还能引导他们反思自己的消费行为,培养理财意识和经济理性。

(三)协作建构阶段:现代困境与批判思维

步骤7:创作短剧《如果祥子是中学生》

教师设置情境,将祥子的核心困境移植到现代校园中。

（1）剧本设计：首先进行核心冲突移植，将祥子的"买车梦"转换为攒钱购买限量球鞋，将"车份儿"转换为补习班费用，将"虎妞难产"转换为过度补习导致身体不适等。

（2）拍摄与互动：分组拍摄 5 分钟短剧，添加字幕与背景音乐，融入现代元素如家长微信群施压、补习班传单、短视频平台攀比等。为了增加互动性，成片可以添加"弹幕建议"功能，观众可以通过发送"找老师求助！""和爸妈沟通！"等建议来影响短剧的结局。

（3）评选最佳：班级评选最佳短剧，尤其关注问题的解决，比如设计这样的结局：祥子联合同学举报违规补习班，推动教育局整治，这就呼应了书中"个体反抗需集体行动"的主题。

通过这种方式，学生不仅能够深入理解祥子的困境，还能将其与现代中学生的压力进行对比，将阅读经验与生活经验融合起来。

步骤 8：制作"压力源对比图"

通过心理学工具智慧心育平台、AI 减压星球等，分析不同时代压力异同。

（1）数据采集：学生匿名填写"中学生压力调查表"，勾选学业、家庭、社交、经济四类压力源，统计结果用饼状图展示，对比班级数据与学校青少年压力报告。

（2）双气泡图分析：左气泡列祥子压力源，如经济压迫、健康风险、社会歧视等，右气泡列现代压力，如内卷竞争、家庭期待、外貌焦虑等，如有重叠部分标注共性。

（3）行动启示：学生可以借助 AI 减压星球，一起讨论"如何打破压力循环"，提出"建立校园心理支持小组""推动家庭会议机制"等方案。

通过这种对比分析，学生能够更加清晰地认识到，尽管时代背景不同，但祥子和现代中学生都面临着来自社会和自身的选择压力，引导他们反思现代社会中的制度性问题和个人选择的重要性。

步骤 9：辩论"努力是否有用？"

通过哲学思辨，超越非黑即白的结论。

（1）论点构建。

正方：引用祥子初期勤奋攒钱、高妈理财成功案例，强调努力是改变命运的基础；

反方：结合祥子结局、二强子酗酒案例，论证结构性压迫下个人努力的局限性。

（2）量化工具：评价组使用"压力—资源天平"模型，左侧放置祥子的压力砝码，如经济剥削、战乱、歧视等，右侧放置支持资源，以此来量化双方论点的合理性。天平明显倾斜,直观说明"个人努力难以抗衡系统不公"。

(3) 共识总结:班级撰写《努力宣言》:"既要全力以赴,也要推动制度改善——因为祥子们值得更好的世界。"

通过这种方式,学生不仅能够锻炼辩论技巧,还能深入理解祥子的悲剧命运背后的社会根源,从而增强对社会问题的批判性思维。

(四) 迁移创新阶段:从文学共情到校园实践

步骤10:发起"时间银行"校园互助行动

教师可以引导学生用"时间币"记录互助行为,将书中的孤立无援转化为现实中的互助网络。

(1) 规则设计:学生通过互助行为赚取"时间币",如辅导同学1小时=1币,代值日1次=0.5币;兑换规则是5币兑换作业答疑,10币兑换文具套装,20币兑换教师一对一辅导。

(2) 实践记录:每周公示"互助排行榜",表彰前三名;用海报展示典型案例。

(3) 长效管理:成立"时间银行管委会",学生轮值担任行长,制订《互助行为守则》;期末评选"祥子精神奖",奖励最具奉献精神的学生。

通过这种方式,学生不仅能够体会到互助的快乐,还能将文学作品中的社会关怀转化为实际行动,从而增强对社会问题的关注和责任感。

步骤11:设计"学习资源共享计划"

通过资源整合,回应书中的"资源垄断"主题。

(1) 资源募集:学生捐赠闲置教辅书、笔记、网课账号,建立"班级资源角";制订《共享公约》,如"借阅需登记""损坏需修复""禁止转卖"等。

(2) 效能分析:统计资源使用率,撰写《共享效能报告》,并进一步提出优化方案,如"按学科分类标签""增设预约制度"。

(3) 社会延伸:将多余书籍捐赠至乡村学校,附学生手写短信。

步骤12:举办"生存智慧博览会"

多模态展示学习成果,强化价值内化。

(1) 展区设计。

文学之窗:祥子经济时间轴、心理日记精选、短剧循环播放;

现实之镜:"时间银行"数据看板、资源共享记录、社区调查报告;

未来之桥:《中学生压力调查表》《努力宣言》草案。

(2) 互动体验。

"生存卡牌游戏"体验区:观众挑战10分钟生存模拟;

"写给祥子的明信片"投递箱:匿名书写鼓励话语。

（3）家校联动。

邀请家长参观，填写"家庭支持承诺卡"，如"每周至少一次家庭会议""尊重孩子的休息权"；将优秀提案提交学校德育处，推动校园制度改良。

（四）小结

《骆驼祥子》的整本书阅读教学设计，以任务驱动为纽带，将经典文本的深度解读与真实生活的行动力量紧密结合，完成了一场从文学认知到社会关怀的教育跃迁，让学生意识到：文学的力量不仅在于揭示苦难，更在于唤醒行动。从"时间银行"的互助实践到"生存智慧博览会"的提案展示，学生用真实的行动回应了祥子的困境——他们以共享资源打破垄断，以集体智慧对抗压力，以制度倡议书写希望。经典阅读的意义，正在于让年轻一代在文字中看见历史，在行动中创造未来。愿这场关于《骆驼祥子》的探索，成为一粒火种，点燃更多青少年以批判之眼审视世界、以温暖之心建设社会的勇气与信念。

评价 量表 ▶

（1）过程性评价：整本书的批注、经济时间轴、心理日记。

（2）表现性评价：短剧创意性、互助行动参与度。

（3）发展性评价：对比《零花钱管理方案》与《努力宣言》，分析思维的提升度。

表5-22 《骆驼祥子》经济时间轴评价量表

评价维度	评价指标	权重	评分标准
内容完整性	时间轴是否完整记录了经济事件	30%	完整记录(100%) 基本完整(70%) 记录不完整(40%) 明显缺失(0%)
逻辑连贯性	时间轴的事件排列是否逻辑清晰	30%	逻辑清晰(100%) 基本清晰(70%) 逻辑较混乱(40%) 逻辑混乱(0%)
信息准确性	记录的经济事件信息是否准确	20%	信息准确(100%) 基本准确(70%) 有错误(40%) 错误较多(0%)
创意与美观	时间轴的设计是否具有创意和美观性	20%	富有创意且美观(100%) 有一定创意(70%) 创意一般(40%) 缺乏创意(0%)

表 5-23 《骆驼祥子》短剧创意性评价量表

评价维度	评价指标	权重	评分标准
主题创意	短剧主题是否新颖、独特	30%	新颖独特(100%) 有一定创意(70%) 主题一般(40%) 缺乏创意(0%)
情节创意	情节设计是否富有创意	30%	富有创意(100%) 有一定创意(70%) 情节一般(40%) 缺乏创意(0%)
表现形式	表演形式是否创新、多样	20%	创新多样(100%) 有一定创新(70%) 形式一般(40%) 缺乏创新(0%)
整体效果	短剧的整体效果是否吸引观众	20%	非常吸引(100%) 基本吸引(70%) 效果一般(40%) 不够吸引(0%)

表 5-24 《骆驼祥子》思维提升度评价量表

评价维度	评价指标	权重	评分标准
目标设定	目标是否明确、具体、可实现	30%	目标明确(100%) 基本明确(70%) 目标模糊(40%) 目标不清晰(0%)
计划制定	计划是否详细、可行	30%	计划详细(100%) 基本详细(70%) 计划较粗略(40%) 计划不完整(0%)
执行过程	执行过程是否积极、有效	20%	积极有效(100%) 基本有效(70%) 执行一般(40%) 执行不力(0%)
反思总结	对执行过程的反思和总结是否深入	20%	深入反思(100%) 有一定反思(70%) 反思较浅(40%) 缺乏反思(0%)

二、《水浒传》整本书阅读教学

教学 价值 ▶

作为中国古典文学"四大名著"之一,《水浒传》以恢弘的叙事架构与深刻的社会批判,筑造起一座跨越时空的精神丰碑。其教学价值不仅在于文学经典的鉴赏传承,更在于通过整本书阅读的解构与重构,为当代青少年提供理解社会机制、锻造批判思维、培育公民意识的全维度教育载体。

(一)知识积累:历史镜像与文学表征的双重建构

《水浒传》的教学价值首先体现在对宋元社会图景的立体还原与古典叙事美学的深度认知。整本书以"官逼民反"为主线,通过林冲、武松、鲁智深等典型人物的命运轨迹,折射出封建制度系统性压迫的运作机制。教学中可重点解析三大知识模块:

其一,社会结构认知。梁山好汉的集体反抗本质是底层民众对土地兼并、司法腐败、阶层固化的应激反应。以"林冲误入白虎堂"事件为例,高俅凭借权势构陷忠良的叙事,直观展现宋代官僚体系"刑不上大夫"的特权文化;而"智取生辰纲"则揭露官商勾结背景下,民间财富通过"花石纲"等苛政向统治阶级单向流动的经济压迫链。这些描写为学生理解封建社会的权力金字塔结构提供了具象化的案例。

其二,文学形式解码。作为章回体小说的典范,《水浒传》的叙事艺术蕴含丰富教学资源。"逼上梁山"的模式化书写,如"杨志卖刀—失陷生辰纲—落草二龙山",体现古典小说"单元剧"结构特征;而"武十回""宋十回"等人物列传的穿插叙事,则彰显"草蛇灰线,伏脉千里"的谋篇布局智慧。通过绘制"人物上山路线图",学生可掌握传统话本"起承转合"的叙事逻辑。

其三,文化符号阐释。"替天行道"大旗的语义张力构成重要教学切入点。表层看,这是对儒家"天道"观的继承,例如宋江强调"忠义";深层则暗含对现行法度的否定,"天道"高于"王法"。教学中可对比《孟子》的"民贵君轻"思想,剖析口号中革命性与妥协性共存的悖论,理解传统文化中"义"的复杂内涵。

(二)能力提升:批判思维与系统分析的双轨训练

《水浒传》的阅读过程可以看作是批判性思维与系统性分析能力的训练场。整本书无处不在的价值冲突与权力博弈,为学生提供了思辨实践的绝佳素材。

在辩证分析能力培养方面,"正义的边界"议题具有核心价值。以"武松血溅鸳鸯楼"为例,复仇的正当性与滥杀的残暴性形成道德冲突。通过"道德天平"工具,左侧放置张都监陷害武松的罪行,右侧称量其婢女仆役的无辜性命,引导学生认识正义实践中的尺度难题。此类训练使学生超越单向简单判断,形成"动机—手段—结果"的三维评价框架。

在系统思维培养层面,权力关系图谱的绘制是关键策略。梁山集团的"忠义堂排座次"看似平等,实则在派系(元老派/降将派)、出身(士绅/草莽)、诉求(招安/反抗)间存在复杂关联。指导学生标注宋江"九天玄女授天书"的神话叙事对权威建构的作用,分析征方腊战役中"兄弟殒命"与"功名获取"的利益置换,可深刻理解组织行为中理想主义与现实政治的博弈。

此外,跨媒介表达能力的培养贯穿教学全程。将"鲁提辖拳打镇关西"改编为法治宣传漫画,要求保留"三拳"的动作描写,但添加"拨打110"的现代元素;或用大数据可视化呈现梁山好汉的阶级构成,使古典叙事与现代技术形成认知共振。

(三)策略建构:历史智慧与现实迁移的方法论转换

《水浒传》的教学价值更在于其蕴含的可迁移问题解决策略。通过解构整本书中的抗争智慧,学生能够获得应对现实困境的方法论启示。

首先,制度批判策略的提炼。比较林冲"休妻保身"的隐忍与鲁智深"大闹野猪林"的刚烈,总结出"妥协—改良—革命"的应对压迫光谱。将此模型迁移至校园生活困境:面对言语侮辱,可依次采取"冷处理—寻求调解—法律维权"的渐进策略,避免以暴制暴的恶性循环。

其次,组织管理智慧的转化。梁山集团的兴衰为团队建设提供经典案例。在"梁山议会"模拟活动中,学生需设计权力制衡方案,设立"监察院"监督宋江决策,建立"好汉提案制"保障基层话语权。这种对古典治理模式的现代化改造,实质是民主协商意识的启蒙。

再者,非暴力沟通技巧的习得。重新解构"吴用智取生辰纲"事件,剥离用"蒙汗药"这一不光彩的手段,聚焦其"知己知彼"(掌握杨志行程)、"攻心为上"(利用军汉怨气)的策略精髓。指导学生设计"校园纠纷调解方案"时,强调证据收集(类比时迁盗甲)与舆论引导(仿照梁山檄文)的合法途径。

(四)精神成长:价值批判与公民意识的双向培育

《水浒传》整本书阅读教学的核心价值在于通过历史反思,促进现代公民精神的觉醒。书中对暴力美学的浪漫化描写,为批判性思考提供了切入点。例如,在法治意识的培养方面,通过对比"黑旋风扯诏骂钦差"的快意恩仇与《未成年人保护法》的正当维权程序,引导学生认识到私力救济的历史局限性。通过"新江湖公约"撰写活动,将"路见不平一声吼"的传统观念转化为"见义智为及时报"的现代理念,强调在规则框架内践行正义。更重要的是对人性光辉的传承,可以通过"梁山人物重塑计划",挖掘被暴力叙事所掩盖的精神内涵:阮小七面对招安时的率真反抗,体现了对个体尊严的坚守;朱仝私放雷横则展现了制度与人情之间的平衡智慧。这些精神火种的现代诠释,为青少年在功利主义盛行的时代提供了重要的价值支撑点。

《水浒传》的整本书阅读教学,实质是一场穿梭于古今的思想实验。当学生既能体察林冲风雪夜奔的悲凉,又能设计校园维权的法治方案;既能笑谈李逵的鲁莽,又能批判网络暴力的危害,文学经典便真正完成了其现代性转化。这种转化不是简单的知识传递,而是通过历史镜鉴与当下关怀的交互,培育出兼具批判理性与社会担当的新时代公民。这或许正是《水浒传》穿越数百年时空,给予当代教育最珍贵的馈赠。

教学 目标 ▶

(一) 核心素养导向目标

(1) 解析"官逼民反"的社会机制,理解制度性压迫的运作逻辑。

(2) 对比宋江、李逵等人物形象,掌握"圆形人物"的塑造技巧。

(3) 通过"招安利弊"研讨,形成历史语境下的批判性判断能力。

(4) 创编《校园正义公约》,提出符合现代价值观的"正义实践方案"。

(二) 任务驱动式行为目标

(1) 90%学生完成"逼上梁山"手账,用时间轴梳理脉络。

(2) 80%学生参与"水浒桌游"设计,规划分歧路径。

(3) 70%学生设计"校园正义观察团调研报告",将整本书智慧转化为现实行动。

整体 规划 ▶

(一) 核心任务设计:"从梁山好汉到校园侠客——寻找正义的 N 种打开方式"

通过四阶任务链,引导学生从文本细读到现实行动,完成"历史认知—批判思考—策略迁移—价值践行"的完整闭环。

(1) 制度解码:解构"官逼民反"的社会压迫链,理解梁山起义的历史必然性。

(2) 人性透视:分析人物反抗动机的复杂性,提炼"暴力正义"的现代批判视角。

(3) 策略迁移:将整本书智慧转化为校园维权策略,设计非暴力解决方案。

(4) 价值践行:发起校园正义行动,完成从文学反思到现实实践的闭环。

（二）实施流程

表 5-25　《水浒传》"整本书阅读"实施框架

阶段	关键步骤	课时	与核心任务关联
情境卷入	1. 开封府"击鼓鸣冤"模拟	3	聚焦整本书细节，强化精读能力，建立"官逼民反"的直观体验
	2. 制作"逼上梁山"手账		
	3. 绘制"大宋社会病诊断书"		
深度探究	4. 设计"好汉微博"	3	现代语境重构经典情节，实现从文学到现实的策略迁移
	5. 水浒桌游设计		
	6. 短视频《新说水浒》改编		
协作建构	7. 古今维权对照表	3	现代情境移植，强化批判思维，提炼积极价值观
	8. 班级小法庭（审判高俅）		
	9. 侠义精神宣传大使		
迁移创新	10. 校园正义观察团调研	3	发现现实问题，关联整本书批判视角，形成行动闭环
	11. 制作"侠义能量瓶"		
	12. 举办"新侠客文化节"		

（三）学习资源

（1）书本资源：《水浒传》评点本、宋代司法档案节选、《刑法》节选。

（2）技术资源：互动时间轴工具（Timetoast）、弹幕生成器、可画（Canva）小程序。

（3）文化资源：水浒人物剪纸、山东快书《武松打虎》影像。

（4）生活资源：校园投诉机制流程图、横幅、旧报纸、能量瓶。

教学 活动 ▶

（一）情境卷入阶段：触摸"逼上梁山"的无奈

步骤 1：开封府"击鼓鸣冤"模拟

教师提前布置教室，悬挂"明镜高悬"横幅，准备自制鸣冤鼓（可用垃圾桶倒扣，学校鼓号队的鼓等），以及角色卡（如林冲、武松等，背面附案件简介）、状纸模板（A4 黄纸打印，还可以设计具有古韵的"冤""屈"水印）、红色印泥等道具。

（1）情境导入：教师可以身着深色长衫，扮演"开封府尹"，以严肃庄重的语气宣读规则，营造古代衙门审案的氛围，让学生迅速代入情境。

（2）抽签陈情：学生分组抽取案件卡，如"林冲误入白虎堂案"，在限定时间内撰写 50 字状纸，要求使用白话文并包含 1 个成语。随后学生轮流击鼓陈情，教师扮演的"知府"故意刁难，如"林冲，你说高太尉陷害，可有证据？空口无凭，退堂!",让学生体验古代司法的不公与无奈。

（3）反思讨论：引导学生思考古代司法与现代法治的差异，提问学生如果自己是包拯会如何审判这些案件，激发学生的批判性思维和对法治精神的思考。

学生撰写的《冤情陈述书》张贴于教室"梁山昭雪墙"，既展示了学生的学习成果，又营造了浓厚的学习氛围。此外，还可以拍摄陈情短视频（15 秒精华片段）在家长群展示，让家长了解学生的学习情况和课堂表现。

这一环节通过角色扮演和感官刺激，让学生直观体验"官逼民反"的历史语境，激发共情能力，从而为深入理解《水浒传》中的人物行为与社会背景奠定基础，避免了枯燥的整本书讲解，使学习过程更具趣味性。

步骤 2：制作"逼上梁山"手账

教师为学生制作手账提供丰富的素材，比如旧报纸、印章（"逼""反""冤"等篆字）、麻绳等材料。

（1）事件梳理：教师展示"林冲—高俅压迫链"范例，高衙内调戏林娘子—高俅设计白虎堂—发配沧州—火烧草料场—雪夜上梁山，引导学生任选 3 位好汉，用时间轴形式梳理其上山历程，帮助学生厘清人物经历和故事发展脉络。

（2）创意制作：学生利用报纸剪贴人物画像，用印章拓印关键词，如在"官逼民反"旁盖"冤"字印，封存"绝密档案"，在尾页粘贴折叠的"招安密函"，通过多种艺术形式表达对整本书的理解，激发学生的创造力和想象力。

（3）互评展示：开展"最佳手账设计师"投票活动，标准包括历史准确性、艺术表现力、逻辑清晰度，鼓励学生相互学习和借鉴。个性化手账在班级展览，还可以进行数字化存档，手机扫描优秀页面，生成电子版《梁山人物志》。

这一环节通过多模态创作，替代传统读书笔记，更侧重艺术表达与情感投入，激发学生的创造力和想象力，使学生在艺术创作中深入理解《水浒传》中的人物形象和故事背景。

步骤 3：绘制"大宋社会病诊断书"

课前准备好"病历本"模板，A3 纸打印，包含"病症名称""症状描述""病因分析""治疗方案"四栏；症状线索卡，摘录原著中反映社会问题的关键段落，如"高俅发迹""林冲冤案""生辰纲劫掠"等，学生可以快速定位到原著中的关键情节。

（1）病症初诊：学生分组抽取症状线索卡，定位原著章节，例如，"杨志卖刀"对应经济压迫，填写"症状描述"，将原著中的复杂情节转化为具体的社会问题描述。再进一步进行"病因分析"，教师提供示例，如"司法腐败"的病因包括"刑不上大夫（高俅构陷林冲却无罪）"和"诉讼成本高昂（武松告状无门）"，引导学生从不同角度分析问题的根源。

（2）诊断书制作：首先将病症进行分类并可视化呈现，经济病可用铜钱贴纸拼出"土地兼并率70%",箭头指向"流民增加—梁山人口膨胀";司法病可用放大镜贴纸聚焦"开封府衙"插图,标注"程序正义缺失""特权干预司法";阶级病可用骨骼图贴纸连接"士大夫—平民—贱民"层级,涂红"上升通道堵塞"。接着,给出治疗方案,例如保守治疗是改良现有制度,如"包拯式清官反腐",学生可以提出一些温和的改革措施,试图在现有制度框架内解决问题;手术治疗是彻底推翻重建,如"方腊式起义",学生可以提出一些激进的解决方案,试图通过彻底的变革来解决问题;中西医结合是法治改革和民生保障整合,鼓励学生结合现代理念,提出综合性的解决方案。

（3）会诊答辩:每组派"主治医师"汇报诊断书,向全班展示本组的诊断书,解释小组分析和解决方案。其他组作为"专家团"提问质疑,例如:"如何防止招安后的二次腐败?""你的治疗方案是否考虑了禁军利益集团?"通过质疑和讨论,学生可以进一步深化对问题的理解。

此外,这一环节还可以设置延伸产品,例如改编《如果〈水浒〉有医保》小剧场,就可以设计林冲购买"司法维权险",这种形式不仅增加了学习的趣味性,还培养了学生的团队合作精神。通过本环节的学习,学生不仅能够深入理解《水浒传》中的社会问题,还能培养批判性思维和跨学科整合能力,最终形成对"官逼民反"历史必然性的深刻理解。

（二）深度探究阶段:破解"替天行道"的密码

步骤4:好汉微博设计

课前制作人物档案卡,包含每位好汉的昵称、头像(手绘或打印)、经典台词。准备微博模板(A3纸打印微博界面,含头像框、昵称栏、正文区、话题标签、转发评论按钮),以及标注关键节点的事件时间轴,辅助学生定位发帖时间。若条件允许,可创建班级微博话题页(如"水浒人物说"),用于线上互动。

（1）角色选择与定位:学生自主抽取或选择人物,领取对应档案卡,填写《人物心理档案表》,分析人物的核心性格、行为动机和现代映射,如李逵的鲁莽率真、追求绝对公平以及在现代可能表现为抵制插队的正义者,帮助学生深入理解人物特点。

（2）微博内容创作:学生结合原著情节发布动态,如林冲发帖:"今日发配沧州,风雪漫天,心如死灰。(逼上梁山)"语言风格需符合人物特质,如宋江用文雅古风:"聚义厅灯火通明,招安大计再议,望兄弟齐心。(忠义两难)"学生还需设计话题标签,包含1个原著关键词和1个现代议题,如"替天行道""校园正义"。在评论区模拟其他好汉互动,如鲁智深评论林冲:"兄弟何须忍?洒家陪你杀回去!"转发时需添加观点,如孙二娘转发武松打虎帖:"景阳冈若在今日,早被动物保护组织查封!"学生可选择手绘或电子版形式创作微博,手绘组在A3模板上手写图文,配简笔画,数字组使用 PPT 或 Canva 设计电子版微博,插入表情包。

(3)展示与思辨:将学生作品按时间轴排列,形成"水浒微博大事记",在班级展示。还可以进一步抛出议题:"如果好汉们有微博,梁山结局会改变吗?"组织学生进行焦点辩论,正方和反方分别举证,如正方认为武松通过微博曝光张都监罪行可避免血溅鸳鸯楼,反方认为高俅买热搜污蔑梁山会加速招安失败,引导学生深入思考和讨论。

手绘或电子版微博合集装订成《水浒微博年鉴》,互动评论截图打印张贴于"梁山议事厅"墙面,精选微博生成 H5 页面,扫码可观看动态时间轴,为学生提供多样化的展示和交流平台。这一环节,通过模拟现代社交媒体互动,引导学生深度解析《水浒传》人物性格与行为逻辑,提升文本细读能力与批判思维,同时培养网络时代的理性表达意识,使学生在熟悉的社交媒体语境中理解经典名著,增强学习的趣味性和时代感。

步骤 5:水浒桌游设计

教师准备卡纸(制作棋盘)、骰子、棋子(可用纽扣代替),以及事件卡模板(机遇卡、风险卡各 10 张),为学生设计桌游提供基础材料。

(1)棋盘制作:学生绘制"上山之路"棋盘,起点为"良民",终点为"梁山聚义厅",中间设置关键节点,如十字坡、野猪林、江州法场,以及路径分支,选择"隐忍"或"反抗"路线,培养学生的规划和设计能力。

(2)事件卡设计:学生设计机遇卡和风险卡,如机遇卡"结识朱仝:获得庇护,前进 3 步",风险卡"遭遇官差勒索:若未携带银两,退回起点"。通过设计事件卡,学生深入理解《水浒传》中的故事情节和人物遭遇。

(3)游戏对战与总结:学生分组进行游戏对战,记录胜负关键点,总结生存法则,如"盟友重要性＞武力值""审时度势＞盲目反抗",通过游戏体验,学生深刻理解人物抉择的复杂性和生存策略的重要性。

这一环节侧重风险决策与资源管理能力培养,通过游戏化学习,使学生在轻松愉快的游戏氛围中深入理解《水浒传》的内涵,提升学生的综合素养。

步骤 6:短视频《新说水浒》改编

教师准备手机或平板、简易道具,以及包含冲突、解决方式、台词的剧本模板,为学生拍摄短视频提供必要的支持。

(1)情节改编:学生选择经典情节,如"鲁提辖拳打镇关西",改编为现代版,场景设定为超市经理(鲁智深)发现商贩(镇关西)恶意涨价,冲突解决方式为拍摄证据、联系市场监管部门、依法处罚,台词设计保留人物特色,如:"你这厮如何欺压百姓!"通过情节改编,学生深入理解原著情节和人物性格。

（2）拍摄与剪辑:学生分组拍摄1分钟短视频,添加字幕与背景音乐(如《好汉歌》变奏),使用剪映APP添加特效,如慢动作"挥拳"改为"出示执法证",通过拍摄和剪辑,学生提升实践能力和团队协作能力。

（3）展播与反思:班级投影播放短视频,组织学生讨论:"暴力解决VS依法维权,哪种更有效?"引导学生深入思考和反思,培养学生的法治意识和理性思维。

本环节将学生创作的短视频集锦上传至班级云盘,并生成二维码供家长观看。同时,通过颁发"最佳剧本奖"电子证书激励学生积极参与和创作。活动通过在现代语境中重构经典冲突,强化学生的法治观念,避免对暴力的美化。学生在创作与欣赏短视频的过程中,得以进一步深入阅读《水浒传》。

（三）协作建构阶段:跨时代对比

步骤7:古今维权对照表

（1）案例匹配:学生分组抽取案例卡,分析古代解决方式,如武松为兄报仇、私力复仇、血溅鸳鸯楼,同时,查找对应现代法律条文,通过案例匹配,学生深入理解古今维权方式的差异。

（2）设计对照表:学生设计古今维权对照表(见表5-26),对比古代方式和现代方式的优劣。通过设计对照表,学生梳理和总结古今维权方式的特点和差异。

表5-26　古今维权对照表

古代方式	现代方式	优劣对比
私力复仇	报警、诉讼	避免连带伤害,但程序耗时

（3）情景模拟:学生角色扮演"现代武松",模拟拨打110、收集监控证据、联系律师等现代维权方式,通过情景模拟,学生深入体验现代法治社会的维权流程,增强法治意识和实践能力。

这一环节通过跨时代对比,凸显法治社会优越性,侧重公民意识培养,使学生在对比和分析中,深入理解法治精神和公民权利,提升学生的法治意识和综合素养。

步骤8:班级小法庭(审判高俅)

（1）角色分工:精读《水浒传》对应章节,学生自由选择想要扮演的角色,原告组撰写起诉书,被告组准备辩护词。

（2）模拟庭审:进行法庭调查,原告出示白虎堂地图,证人陆谦作伪证,自由辩论环节,被告高俅辩解"依规办案",原告反驳"蓄意构陷",法官依据相关法律条文当庭宣判。

（3）法治教育：教师简单讲解现代司法程序，对比古代"人治"弊端，引导学生深入思考和讨论，提升学生的法治意识和批判性思维。

这一环节通过沉浸式法治实践，深化程序正义认知，使学生在模拟法庭审判中，再进一步去阅读作品，同时也学习了法治精神和法律条文，培养他们的判断力和思辨能力。

步骤9：侠义精神宣传大使

（1）精神提炼：学生分组选择人物，如鲁智深、朱仝，分析其正面特质（如鲁智深的粗中有细，救金氏父女后智退镇关西），再匹配现代行为，如帮助被嘲笑的同学，联系老师调解。通过精神提炼，学生深入理解侠义精神的内涵和现代意义。

（2）宣传创作：学生选择海报、短视频脚本、演讲稿等形式进行宣传创作，如人物肖像画＋核心金句，设计"校园侠客的一天"短视频脚本，撰写"侠义精神永不褪色"演讲稿。通过宣传创作，学生提升实践能力和表达能力。

（3）展示评选：学生展示作品，投票评选优秀作品，标准包括内容深度（40％）、创意（30％）、现实意义（30％）。通过展示评选，学生相互学习和借鉴，提升审美能力和评价能力。

为进一步巩固学生的学习成果，还可以收录"每日一善"清单，合成《校园侠客行动指南》。这一环节通过侧重建设性行动引导，使学生在宣传和创作中，深入理解侠义精神的内涵和现代意义，提升学生的综合素养。

（四）迁移创新阶段：让"侠义精神"照进现实

步骤10：校园正义观察团调研

（1）现象挖掘：学生分组观察校园，记录不公现象，如食堂插队、语言暴力等，关联《水浒传》案例，通过现象挖掘，学生进一步理解校园中的正义问题和《水浒传》中的社会批判。

（2）分析对策：学生填写调研表，分析现象原因，提出解决建议，如设置文明监督岗等。通过分析对策，学生提升批判性思维和问题解决能力。

（3）汇报展示：学生用 PPT 汇报调研结果，提出"梁山式"改良方案，合成《校园正义公约》。通过汇报展示，学生提升表达能力和团队协作能力。

这一环节将文学批判转化为现实问题解决，侧重社会责任感培养，使学生在调研和分析中"出入"整本书，对其有更深层的理解。

步骤11：制作"侠义能量瓶"

课前准备好透明塑料瓶（每人 1 个）、彩色小星星贴纸，以及水浒金句贴纸（如"路见不平，拔刀相助"），为学生制作"侠义能量瓶"提供材料支持。

（1）善举记录：学生每做一次正义行动，如调解纠纷、帮助同学，投入 1 颗星星,瓶身粘贴金句:"正义或许会迟到,但永不缺席!"通过善举记录,学生养成关注正义、积极行动的习惯。

(2) 阶段性分享:学生每日放学前用1分钟分享当日善举,如:"今天劝阻了楼道追逐,避免同学受伤。"通过分享,学生相互学习和激励,提升团队凝聚力和正义感。

(3) 成果庆典:集体展示能量瓶,评选"星光璀璨奖"(星星最多者)。通过成果庆典,学生感受成就感和荣誉感,增强自信心和积极性。

通过可视化激励培养持续行动力,这一环节侧重情感认同与习惯养成,使学生在记录和分享中,养成关注正义、积极行动的习惯。

步骤12:举办"新侠客文化节"

(1) 展区布置:学生分工布置展区,历史区悬挂"逼上梁山"手账,播放水浒短视频,现实区陈列《校园正义公约》草案、狭义能量瓶等.通过展区布置,展示学习成果,营造浓厚的学习氛围。

(2) 互动环节:开展正义知识竞答,如"武松维权应拨打什么电话? A. 110 B. 120",学生在签名卷轴上签署类似"我愿以法护正义,以善暖人心"这样的侠客宣言。通过互动环节,学生提升知识水平和参与积极性。

(3) 宣誓仪式:学生集体朗诵《校园正义公约》,颁发"今日小侠客"勋章。通过宣誓仪式,学生增强责任感和荣誉感,提升团队凝聚力和正义感。

这一环节通过仪式感升华学习成果,形成从认知到践行的完整闭环,强调集体承诺与制度建构,学生在文化节中可以深入理解侠义精神和正义价值。

(五) 小结

《水浒传》的教学活动设计,以"制度解码—人性透视—策略迁移—价值践行"为脉络,构建起从文本细读到现实行动的完整学习链。这一设计通过游戏化情境、批判性思辨、低成本实践三重路径,实现了"读透整本书"与"读懂现实"的双向贯通,学生既在"微博互动""桌游对战"中深度解构人物逻辑,又在"校园侠义行动""法治庭审"中锻造公民理性,最终让"替天行道"的古典呐喊升华为"见义智为"的现代担当。四阶任务环环相扣,十二步活动层层递进,不仅使《水浒传》的教学跳出情节复述的窠臼,更在古今碰撞中培育出兼具文化底蕴与批判精神的新时代读者。

评价 量表 ▶

(1) 过程性评价:"逼上梁山"手账,"大宋社会病诊断书",水浒桌游设计。

(2) 表现性评价:"好汉微博"关联性和互动设计,短视频《新说水浒》改编的创意和表现力,"校园侠客的一天"短视频脚本,"侠义精神永不褪色"演讲稿的内容深度。

（3）发展性评价：对比《"逼上梁山"手账》与《校园正义公约》，分析思维的提升度。

表 5-27　《水浒传》"大宋社会病诊断书"评价量表

评价维度	评价指标	权重	评分标准	
问题识别	对大宋社会问题的识别是否准确	30%	准确识别(100%) 识别不准确(40%)	基本准确(70%) 明显错误(0%)
分析深度	对问题的分析是否深入	30%	深入分析(100%) 分析较浅(40%)	有一定分析(70%) 缺乏分析(0%)
解决方案	提出的解决方案是否合理	20%	合理可行(100%) 方案一般(40%)	有一定合理性(70%) 缺乏可行性(0%)
语言表达	语言是否通顺、准确	20%	通顺且准确(100%) 不够通顺(40%)	基本通顺(70%) 表达混乱(0%)

表 5-28　《水浒传》水浒桌游设计评价量表

评价维度	评价指标	权重	评分标准	
游戏创意	桌游的创意和独特性	30%	富有创意(100%) 创意一般(40%)	有一定创意(70%) 缺乏创意(0%)
规则合理性	游戏规则是否合理、清晰	30%	规则合理(100%) 规则较混乱(40%)	基本合理(70%) 规则不清晰(0%)
游戏平衡性	游戏的平衡性是否良好	20%	平衡性好(100%) 平衡性一般(40%)	基本平衡(70%) 平衡性差(0%)
团队协作	设计过程中的团队协作	20%	协作默契(100%) 协作一般(40%)	较良好协作(70%) 协作不佳(0%)

表 5-29　《水浒传》"校园侠客的一天"短视频脚本评价量表

评价维度	评价指标	权重	评分标准	
脚本创意	脚本的创意和独特性	40%	富有创意(100%) 创意一般(40%)	有一定创意(70%) 缺乏创意(0%)
故事性	脚本的故事性	30%	故事性强(100%) 故事性一般(40%)	有一定故事性(70%) 缺乏故事性(0%)
人物塑造	脚本中的人物塑造	20%	人物形象鲜明(100%) 有一定人物塑造(70%) 人物塑造一般(40%) 人物模糊(0%)	

（续表）

评价维度	评价指标	权重	评分标准
语言表达	脚本的语言表达	10%	语言通顺(100%)　　基本通顺(70%) 不够通顺(40%)　　表达混乱(0%)

表5-30　《水浒传》思维提升度评价量表

评价维度	评价指标	权重	评分标准
思维深度	问题分析深度	20%	能深入分析问题本质,提出独到见解(100%) 能分析问题主要方面,有一定见解(70%) 仅停留在表面,缺乏深入分析(40%) 未进行有效分析(0%)
思维广度	视角多样性	10%	从多个视角分析问题,视角新颖(100%) 从多个视角分析问题,视角较常见(70%) 仅从单一视角分析问题(40%) 视角单一且常见(0%)
逻辑性	论证逻辑性	20%	论证过程逻辑严密,条理清晰(100%) 论证过程有一定逻辑,条理较清晰(70%) 论证过程逻辑较混乱,条理不清(40%) 论证过程逻辑混乱,缺乏条理(0%)
逻辑性	证据充分性	10%	提供充分证据支持观点,证据确凿(100%) 提供一定证据支持观点,证据较充分(70%) 提供少量证据支持观点,证据不足(40%) 未提供有效证据支持观点(0%)
批判性思维	批判性视角	10%	能从批判性视角审视问题,提出合理质疑(100%) 有一定批判性视角,提出部分质疑(70%) 批判性视角较弱,质疑较少(40%) 缺乏批判性视角,未提出质疑(0%)
批判性思维	批判性表达	10%	批判性表达清晰,有理有据(100%) 批判性表达较清晰,有一定依据(70%) 批判性表达较模糊,依据不足(40%) 批判性表达混乱,缺乏依据(0%)

（续表）

评价维度	评价指标	权重	评分标准
创意表达	创意新颖性	10%	创意新颖独特,有创新性(100%) 有一定创意,较新颖(70%) 创意一般,缺乏新意(40%) 创意陈旧,无创新性(0%)
	创意表达效果	10%	创意表达效果好,能有效传达思想(100%) 创意表达效果较好,能较好传达思想(70%) 创意表达效果一般,传达思想不够清晰(40%) 创意表达效果差,未能有效传达思想(0%)

第四节　跨文化文本的教学实践

　　跨文化的整本书阅读是一场精神的远行:它要求少年人既要有推开异域之窗的好奇,又需守住理性思辨的根基,在差异中寻找共鸣,在碰撞中锻造包容。那些曾让简·爱在桑菲尔德庄园的阁楼上呐喊的桎梏,与《牡丹亭》中杜丽娘"情不知所起"的觉醒,实则是人类对自由与尊严的共同追寻;而朱自清在《经典常谈》中解读《诗经》的视角,与叶嘉莹先生用西方叙事学重构唐诗宋词的方式,恰恰证明文化基因的对话从未停歇。本节呈现的案例,正是要为少年人备好这样的行囊:一本标注文化坐标的地图册,一柄解剖整本书的手术刀,一盏照亮差异与共性的灯,让他们在跨文化的经典阅读中,走出属于自己的路,那里既非盲目崇拜,亦非狭隘否定,而是一片理性精神浇灌出的开阔地。在这片开阔地上,少年们将学会以多元视角审视世界,既尊重文化多样性,又坚守普世价值,最终在跨文化的交融中,培育出独立而深邃的思考力,成就真正的文化自觉与精神成长。

一、《经典常谈》整本书阅读教学

教学 价值 ▶

　　《经典常谈》是朱自清先生专为青年读者创作的经典普及读本,它以"谈"为舟楫,似一艘航船,在中华典籍的浩瀚长河中开辟出一条便于通行的航道。这部作品的教学价值极为丰富,不仅系统梳理了从《说文解字》到《诗经》《史记》等十三部经典的文化坐标,更以"学术性通俗化"的独特方式,为当代青少年搭建起一座跨越古今、连通雅俗的精神桥梁。深入挖掘其教学价值,对于提升整本书阅读教学质量、促进学生全面发展意义深远。

(一) 知识积累:构建经典认知的立体图谱

《经典常谈》在教学中的首要价值,在于帮助学生打破对传统文化碎片化的认知状态,构建起系统的经典知识框架。它以"史"为经线、"论"为纬线,在纵横交织的阐释中完成三重知识奠基。

1. 典籍本体认知

学生通过阅读"《诗经》第四",能够深入了解"六义"的源流演变;在"《史记》《汉书》第九"中,可以掌握纪传体与编年体在叙事上的差异。这种对经典体例、内容及价值的精准提炼,将繁杂的传统文化知识转化为易于理解的模块化体系,让学生能够更有条理地认识和把握经典。

2. 文化语境还原

朱自清以"说文解字"作为开篇,蕴含着深刻的用意,旨在揭示汉字形音义中潜藏的文化密码。在教学过程中,教师可引导学生对比甲骨文"礼"字(祭祀器皿)与简体字的形态变化,帮助学生理解礼仪制度从宗教仪式向伦理规范的转化轨迹,使学生感受到中华文化的源远流长和博大精深。

3. 学术史脉络梳理

书中对经学今古文之争、诸子百家兴衰等内容的梳理,为学生勾勒出思想史演进的清晰地图。例如,"诸子第十"中对"儒墨之争"的解析,既展现了战国时期思想交锋的激烈场景,又蕴含着中华文化"和而不同"的融合智慧,让学生了解到学术思想在历史长河中的发展脉络和相互影响。

(二) 能力提升:锻造理性思辨的双刃剑

作为学术普及读本,《经典常谈》在教学中的重要价值还体现在对学生能力的培养上,尤其是示范了对待经典应有的理性态度,这种能力培养体现在两个维度。

1. 批判性阅读能力

朱自清在解读《楚辞》时,既肯定了其惊采绝艳的文学价值,又指出了后世注疏中存在的穿凿附会之弊。在教学中,教师可以设计"注疏侦探"活动,给出《离骚》中"香草美人"的三种解读,如政治隐喻、巫术遗风、文学象征,引导学生通过文本内证,如参考《九歌》中的祭祀场景,以及跨典籍互证,借鉴《周易》的意象系统,来辨析各种阐释的合理性与边界,从而培养学生批判性阅读的能力,学生在阅读中学会独立思考,不盲目接受既有观点。

2. 跨文化对话能力

在"文第十三"中,朱自清将中国"文以载道"的传统与西方纯文学观进行对比。教师可在此基础上延伸设计"中西文论擂台"活动,让学生分组扮演刘勰与亚里士多德,围绕"文学功能"展开辩论,并要求学生引用《文心雕龙》的"原道"篇与《诗学》的"摹仿说"作为论据。通过这样的活动，学生能够在思想碰撞中理解文化差异的深层逻辑，提升跨文化对话的能力，拓宽文化视野。

（三）策略建构：掌握经典解码的密钥

《经典常谈》独特的"以简驭繁"阐释策略，为整本书阅读提供可迁移的方法论：

1. 溯源追踪法

朱自清在解读《尚书》时，必定追溯到"今古文之争"；谈及《周易》，则会探究其"卜筮"本源。在教学中，教师可引导学生绘制"经典溯源地图"，以《诗经》为圆心，向外辐射标注采诗官制度、孔子删订、汉儒阐释等历史坐标，让学生理解经典意义是在历史的发展中层层累积形成的，掌握溯源追踪的阅读方法。

2. 互文参照法

书中常常运用经典互证的方式揭示文化基因，比如借助《礼记》解读《诗经》中的宴饮诗，用《论语》注释《春秋》的微言大义。教师可设计"经典连连看"任务，将《说文解字》中"武"字的释义"止戈为武"与《孙子兵法》中"不战而屈人之兵"并置，引导学生探究中国古代战争观的伦理特质，让学生学会运用互文参照的方法解读经典。

3. 现实映照法

朱自清在谈及《战国策》时，点明了纵横家思想在当代外交中的投影。教师可发起"古策今用"活动，让学生运用苏秦的"合纵"策略分析"一带一路"倡议，以张仪的"连横"智慧解读区域经济合作，实现从经典阅读到现实应用的策略迁移，培养学生学以致用的能力。

（四）精神成长：培育文化基因的双螺旋

除了知识习得和能力训练，《经典常谈》更深层次的教学价值在于唤醒学生的文化自觉，促进学生的精神成长。

1. 文化认同的理性化

与简单的口号式传统弘扬不同，《经典常谈》通过揭示《礼记》中"礼不下庶人"的历史局限以及《孟子》"民贵君轻"的进步意义，引导学生辩证地认知传统文化。这种"祛魅"与"重释"的过程，使学生的文化认同摆脱盲目崇拜，建立在批判性理解的坚实基础之上。

2. 价值选择的自觉性

在"《史记》《汉书》第九"中，司马迁"究天人之际"的史学追求与朱自清"还经典以本来面目"的学术立场相互呼应。教师可设计"精神家谱"任务，让学生从十三部经典中选取三个最能引发共鸣的价值理念，如《周易》的变通思维、《论语》的君子之道、《庄子》的自由精神等，绘制个人文化基因图谱，明确自己价值选择的内在逻辑,增强价值选择的自觉性。

3. 文明对话的主体性

当学生理解了《说文解字》如何通过汉字结构保存先民智慧,以及"文第十三"怎样在骈散之争中确立中文美学特质后,自然会生发出用中国话语解读中国经典的文化自信。这种主体意识,是学生应对全球化时代文明碰撞的有力精神支撑。

《经典常谈》的教学价值体系与教学目标紧密相连,构成一个严密的闭环。知识积累对应"理解经典谱系"的目标,能力提升指向"掌握阐释方法",策略建构服务于"形成阅读方法论",精神成长则实现"培育文化自觉"的终极诉求。这四个维度相互交织、协同发展,如同 DNA 双螺旋结构一样,在学生阅读学习的过程中不断攀升。学生在"《诗经》中的草木虫鱼"学习中积累知识,在"诸子争鸣"讨论中锻炼思辨能力,在"汉字解密"活动中建构阅读策略,最终收获的不仅是对传统文化的深刻认知,更是一把开启文明宝库的钥匙,一盏照亮精神成长之路的明灯。

教学 目标 ▶

(一) 核心素养导向目标

(1) 积累文言词汇与经典术语(如"六义""纪传体"),提升语言表达的准确性。

(2) 分析经典文本的生成逻辑,培养批判性思维与学术探究能力。

(3) 理解中华经典的文化基因与历史价值,辩证看待传统观念的现代意义,增强文化自信与理性认同。

(4) 感受《诗经》的诗性之美、《史记》的叙事艺术,创作具有文化深度的审美成果。

(二) 任务驱动式行为目标

(1) 90％学生能完成"文化基因卡牌对战",标注至少 5 部经典的概念阐释。

(2) 85％学生参与"中西文论圆桌讨论会",引用文本论据完成 2 次有效辩论。

(3) 80％学生设计"经典活化展",将古籍金句转化为现代文创作品。

(4) 70％学生撰写《少年读经倡议书》,提出 3 条符合 α 世代传播特点的经典推广策略。

整体 规划 ▶

(一) 核心任务设计:从故纸堆到新生活——经典文化的解码与活化

以四阶任务链串联深度阅读与实践迁移,完成经典阅读的深度进阶。

(1) 文化感知:激活多感官体验,建立经典与生活的关联。

(2) 文本解码:解构经典的文化密码与学术逻辑。

（3）批判对话：对比中西经典，锻造理性思辨能力。

（4）价值转化：将经典精神转化为现代文化行动。

（二）实施流程

表 5-31 《经典常谈》"整本书阅读"实施框架

阶段	关键步骤	课时	与核心任务关联
情境卷入	1. 五感考古·经典气味馆	2	嗅觉、触觉激活文化记忆，重构经典阅读场景，实践传统书写技艺
	2. 经典弹幕·古籍直播间		
	3. 手作竹简·书写"子曰"		
深度探究	4. 文化基因扑克牌	3	解码经典核心概念，探讨经典价值，了解经典传播路径
	5. 跨时空圆桌研讨会		
	6. 绘制"经典快递单"		
协作建构	7. 中西圣哲朋友圈	4	合作探究，促进跨文明对话，理解文化的多元性
	8. 改编经典微剧本		
	9. 文化符号辩论赛		
迁移创新	10. 校园经典活化展	3	将经典文化与现代生活相结合，实现文化传承与创新
	11. 撰写《少年读经倡议书》		
	12. 发起"经典守护者"行动		

（三）学习资源

（1）书本资源：《经典常谈》原著、《说文解字》选段、《文心雕龙》节选。

（2）技术资源：剪映 APP（短视频剪辑）、Timeline JS（时间轴工具）、班级钉钉群（线上讨论）。

（3）文化资源：汉字演变动画、博物汉字视频号、《诗经》吟诵音频、曲阜孔庙虚拟游览链接等。

（4）生活资源：校园食堂文明标语、社区图书馆线装书、旧报纸、空白书签、不干胶纸等

教学活动 ▶

（一）情境卷入阶段：唤醒经典的情感共鸣

本阶段旨在激活学生对经典文化的直观感受，打破他们与经典之间的疏离感，为后续阅读奠定情感基础。

步骤1：五感考古·经典气味馆

此环节通过多感官体验激活学生对经典文化的直观感受。教师需提前准备

三种象征性香料:茶叶(对应《诗经》中的草木意象)、墨锭(象征典籍书写传统)、檀香(隐喻书院文化氛围)。

课堂上,学生闭目嗅闻香料,联想经典场景。例如,当嗅到茶香时,教师可引导学生回忆《诗经·七月》中"采荼薪樗"的采茶场景,并诵读相关诗句。随后,学生撰写50字感官日记,将嗅觉感受与文本意象结合,如"茶香带我走进《诗经》的田野,听见先民的劳作之歌"。在实施过程中,要确保香料选择安全无刺激,提前告知学生相关过敏风险。为降低学生的表达难度,可提供"气味—场景—情感"这样的关键词支架,辅助学生完成日记撰写。

步骤2:经典弹幕·古籍直播间

该环节将学生熟悉的弹幕文化融入经典阅读场景,把单向阅读转变为互动探究。教师选取《诗经·关雎》等篇幅较短教材中单篇出现的经典文本,组织学生分组扮演"国学主播"与"观众"。"国学主播"需用通俗轻松的口语解说文本,例如:"'窈窕淑女'可不是简单的颜值控,周代的择偶标准更看重德行哦!♯古人婚恋观♯"。"观众"则通过纸条或电子设备发送弹幕提问,如:"那时候的'琴瑟友之'相当于现在的微信聊天吗?"面对这些问题,"主播"要即时回应,教师在一旁引导学生考证《礼记》中"士婚礼"的相关记载。为了帮助学生更好地运用网络语言精准转译经典内涵,教师可提前制作弹幕词库,如果遇到争议性弹幕,如"淑女标准是否存在性别歧视",可将其设置为课后拓展议题,与学生进一步探讨。

步骤3:手作竹简·书写"子曰"

本环节通过让学生亲身体验传统书写技艺,加深他们对文字载体的历史认知。教师为学生分发竹签、麻绳、毛笔等材料,并示范简牍的制作方法:将竹签排列整齐形成片状,在两端钻孔后用麻绳穿起来固定。学生用毛笔蘸墨书写《论语》金句,如"学而时习之"等。在书写过程中,教师引导学生对比甲骨文"学"字(手持爻筹教导孩童)与简体字的形态演变,并穿插讲解简牍在文化传播中的重要作用,比如孔子周游列国,车载的正是这样的竹简。为避免竹签毛刺伤手,教师可提前对竹签进行打磨处理。同时,展示《尚书·多士》中"惟殷先人,有册有典"的记载,强化学生的文献实证意识。

(二) 深入探究阶段:解构经典的思想内核

这一阶段聚焦于通过游戏化学习和模拟学术研讨等方式,帮助学生深入理解经典核心概念,培养理性思辨能力。

步骤4:文化基因扑克牌

此环节采用游戏化的学习方式,帮助学生解码经典核心概念。教师将"仁""礼""道"等概念制作成卡牌:卡牌正面呈现朱自清在《经典常谈》中的阐释,背面则让学生补充与之对应的现代案例。

游戏过程中,学生分组进行"概念连连看",将《论语》中的"克己复礼"与校园文明规范相匹配,或者组合"仁＋礼"创作标语,如"微笑让座,仁礼双全"。通过这种卡牌对战的形式,抽象的经典概念转化为可操作的行为准则,学生既能理解儒家思想的原本含义,又能思考其在现代社会的转化应用。为防止学生思维受阻,教师可提供案例库支架(如"道法自然—垃圾分类")。对于一些复杂概念(如"阴阳"),可增设"专家援助卡",允许学生查阅资料辅助理解。通过这种互动,学生不仅深化了对经典的理解,还学会了将传统智慧融入日常生活,培养了跨时代的思维连接能力。

步骤 5:跨时空圆桌研讨会

该环节模拟学术研讨场景,着重培养学生的理性思辨能力。学生分组分别扮演朱自清、钱穆、柏拉图等学者,围绕"经典何以不朽"这一主题展开圆桌会议研讨。例如,"朱自清组"需依据《经典常谈》中"《诗经》的民间性是其永恒密码"的论点进行阐述;"柏拉图组"则以《理想国》的"诗歌驱逐令"进行讨论。教师为学生提供研讨的支架(见图 5-2):

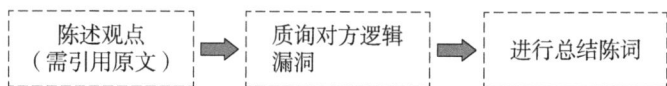

陈述观点
(需引用原文) → 质询对方逻辑漏洞 → 进行总结陈词

图 5-2 "经典何以不朽"跨时空研讨支架

此活动不仅能训练学生的文献检索与论点组织能力,还能让他们体会中西学术话语的差异。在实施时,教师要提前给学生分发角色背景资料,帮助学生更好地代入角色。同时,设置"最佳考证奖",鼓励学生结合考古发现(如清华简)进行论证,增强论证的说服力。

步骤 6:绘制"经典快递单"

这一环节结合学生日常生活中常见的快递形式,以物流思维帮助学生解构文化传播路径。学生将《论语》视作"包裹",在自绘的快递单上标注"发货地:曲阜孔子故居""收货地:东京汤岛圣堂",并填写文化传播过程中的中转节点,例如:

📍 汉代经学:董仲舒"罢黜百家"签收;

📍 唐宋科举:朱熹集注作为加固包装;

📍 日本江户:林罗山创立昌平坂学问所。

通过这种可视化的呈现方式,学生可以直观地理解经典传播的时空轨迹,同时思考"文化包裹"在流转过程中的变化,如日本儒学强调忠君而非孝道。该任务将抽象的历史脉络转化为具象的路径图,适合空间智能突出的学生发挥优势。在实施过程中,教师可展示真实文物图片,增强学生的历史临场感。同时,鼓励学生用不同颜色标注官方传播与民间扩散路径,以便更清晰地展示文化传播的不同方式。

(三)协作建构阶段:跨文化中的经典思辨

本阶段通过虚拟社交平台、改编剧本和开展辩论赛等形式,促进学生的跨文明对话,培养他们的批判性思维和对文化多元性的理解。

步骤 7:中西圣哲朋友圈

本环节借助虚拟社交平台,推动跨文明对话。学生在 A3 纸上手绘孔子朋友圈:

状态:"有朋自远方来,不亦乐乎! ♯教学相长♯"

评论:

苏格拉底:"请先定义'朋'是血缘友还是道义交?"

墨子:"兼爱非攻,何分远近?"

教师引导学生对比孔子"因材施教"与苏格拉底"产婆术"的异同,比如前者注重个体差异,后者强调普遍真理。此任务利用学生熟悉的社交媒介,消除学生对古代圣贤的疏离感,在对话设计中渗透比较思维。为了帮助学生更好地完成任务,教师可提供名言库作为参考。对于一些复杂的哲学问题,如"仁 VS 正义",可将其简化为生活场景进行讨论,降低理解难度。

步骤 8:改编经典微剧本

本环节教师组织学生将《诗经·鹿鸣》的宴饮诗改编为现代校园剧,让学生体会礼仪文化的延续与创新。学生需要完成以下改编:

原句:"呦呦鹿鸣,食野之苹"→场景:学生食堂午餐时间;

动作:同学轻放餐盘、低声交谈,背景播放古琴版校歌;

台词:"以雅以南,以龠不僭"→"以礼以让,以静求学"。

排练时,教师指导学生用肢体语言表现"和乐且湛"的氛围,比如微笑点头、互助传递餐具。为了提升学生的参与度和表现效果,在拍摄微视频时,可加入古今画面对比蒙太奇手法。对于文言台词理解困难的学生,提供白话译本作为支架,帮助他们更好地完成改编和表演。

步骤 9:文化符号辩论赛

本环节围绕"文以载道 VS 为艺术而艺术"这一辩题,教师引导学生进行深度思辨。正反方需从《经典常谈》中提取文本论据,裁判组根据论点深度、文本引用准确度进行评分。此辩论不仅强化学术规范意识,更促使学生反思艺术功能的多元性。设立"最佳跨界类比奖",鼓励学生联系流行文化,如周杰伦歌词中的古典意象,使辩论内容更具时代感和趣味性,让学生在辩论过程中更好地理解经典与现代文化的联系。

(四)迁移创新阶段:经典传承的价值转化

本阶段通过开展一系列实践活动,将经典文化与现代生活相结合,促进学生将经典中的价值观念转化为实际行动,实现文化传承与创新。

步骤 10:校园经典活化展

带领学生一起将古籍金句转化为现代文创产品,赋予经典新的生命力。例如:

《诗经》RAP 书签:摘"桃之夭夭"配节奏谱"Yo!桃花开得旺,姑娘要出嫁",将古典诗词与现代音乐形式相结合,以新颖的方式展现经典魅力;

《论语》桌游卡牌:选"温故而知新"配游戏规则"复习旧知,解锁新技能",将圣贤的智慧融入日常娱乐,寓教于乐;

《道德经》环保袋:印"上善若水"配设计理念"如水般包容,珍惜每一滴",让学生在日常生活中践行经典智慧;

《史记》人物贴纸:Q 版司马迁配文"究天人之际,通古今之变",让经典人物形象更加生动有趣,贴近学生生活。

学生分组设计作品并布置展区,同时撰写解说牌说明文化内涵。展览日邀请家长参观,扫码可听学生录制的经典诵读音频。此任务贯通整本书阅读与艺术创造,使经典以年轻化形态重获生命力。任务实施过程中,教师可以为学生提供材料包(空白书签、不干胶纸等),降低创作门槛;对艺术创作困难者,可采用拼贴、印章等简易形式,确保每位学生都能参与其中。

步骤 11:撰写《少年读经倡议书》

引导学生根据时代特点设计经典推广方案,培养学生的项目管理能力,促使学生思考传统文化在现代传播中的适应性调整。推广方案建议如下。

(1)短视频挑战:发起♯我的诗经日记,用 15 秒展示"采采苤苢"的校园版,利用短视频的传播优势,吸引更多同龄人关注经典。

(2)经典盲盒:将《周易》卦象做成扭蛋,附现代运势解读,增加经典的趣味性和神秘感。

(3)汉服读书会:在亭榭中诵读《楚辞》,同步直播吸引关注,营造古典氛围,扩大经典文化的影响力。

撰写倡议书之前回顾六年级写作"学写倡议书",复习倡议书写作的基本要求。本次《少年读经倡议书》需包含受众分析、实施步骤与预期成效。实施过程中,可以展示优秀案例(如故宫文创),为学生提供参考和灵感;组织模拟答辩会,邀请教师担任"文化基金评审",让学生在模拟评审过程中完善自己的推广方案,再优化倡议书。

步骤12:发起"经典守护者"行动

与社区图书馆合作开展古籍保护实践,将经典阅读延伸为社会责任。学生分组完成以下内容。

(1)古籍除尘:用羊毛刷轻扫《四书集注》复刻本,让学生在实践中理解"韦编三绝"所体现的古籍保存之难。

(2)线装书修补:学习穿线打结等基本修复技巧,修复破损书页,培养学生对古籍的保护意识和动手能力。

(3)推广宣传:拍摄Vlog记录过程,配金句字幕:"校书如扫尘,一面扫,一面生。"通过宣传,让更多人了解古籍保护的重要性。

活动后颁发社会实践证书,优秀作品投稿校刊。此任务将文化传承从认知升华为行动。因此活动需与社区合作,需确保古籍复刻本的安全性,避免学生在操作过程中造成损坏;还要提前培训学生简单修复技巧,让学生能够规范操作,减少失误。

(五)小结

本案例的四阶十二步任务链以"感知—解码—对话—转化"为轴,通过沉浸式体验、游戏化学习、批判性思辨与社会化行动,实现从文本理解到价值内化的完整进阶。每个任务均紧扣《经典常谈》的教学价值:溯源追踪法呼应学术逻辑训练,中西对话促进理性精神成长,文创设计体现文化创新传承。教学设计注重"低门槛、高参与",竹简制作、扑克牌游戏等低成本活动确保普适性;微剧改编、短视频挑战等则激发α世代的创作热情。教师实施时需灵活调整节奏,对文言理解困难者提供分级任务(如注释版文本),对思维活跃者增设拓展议题(如"假如朱自清遇到DeepSeek")。如此,经典阅读不再是故纸堆的枯燥解码,而成为一场贯通古今、联结身心的文化启蒙之旅。

评价 量表 ▶

(1)过程性评价:"五感考古""手作竹简"等环节中的参与度,"经典快递单"完成质量,"跨时空学术研讨会"中的合作频率。

(2)表现性评价:"经典微剧本"的创意,经典弹幕·古籍直播间的发言质量,经典守护者行动中的动手能力与社会实践效果。

(3)发展性评价:对多元文化的包容与理解度,跟踪"经典守护者行动"后续参与情况,评估文化认同感与传承责任感的提升。

表5-32　《经典常谈》"跨时空学术研讨会"合作频率评价量表

评价维度	评价指标	权重	评分标准
发言次数	在研讨会上的发言次数	40%	发言频繁且积极(100%) 发言较积极(70%) 发言较少(40%) 几乎不发言(0%)
合作意愿	主动与他人合作的意愿	30%	积极合作,主动交流(100%) 愿意合作(70%) 合作意愿低(40%) 拒绝合作(0%)
团队贡献	对团队讨论的贡献度	30%	贡献显著,推动讨论(100%) 有一定贡献(70%) 贡献较小(40%) 无贡献(0%)

表5-33　《经典常谈》古籍直播间发言质量评价量表

评价维度	评价指标	权重	评分标准
内容相关性	发言内容与古籍直播内容的相关性	40%	高度相关,紧扣主题(100%) 基本相关(70%) 相关性低(40%) 无关(0%)
观点深度	发言观点的深度和独特性	30%	观点深刻,见解独到(100%) 观点有一定深度(70%) 观点普通(40%) 无观点(0%)
表达清晰度	发言表达是否清晰连贯	30%	表达清晰流畅(100%) 基本清晰(70%) 表达较模糊(40%) 表达混乱(0%)

表5-34　《经典常谈》文化认同感与传承责任感提升评价量表

评价维度	评价指标	权重	评分标准
认同感	对本土文化的认同感提升程度	40%	认同感显著提升(100%) 有一定提升(70%) 提升不明显(40%) 无提升(0%)

评价维度	评价指标	权重	评分标准
责任感	对文化传承的责任感增强程度	30%	责任感显著增强(100%) 有一定增强(70%) 增强不明显(40%) 无增强(0%)
行动转化	认同感与责任感转化为实际行动的情况	30%	行动积极,效果显著(100%) 有一定行动(70%) 行动较少(40%) 无行动(0%)

二、《简·爱》整本书阅读教学

教学 价值 ▶

《简·爱》作为一部融合个人成长与社会批判的跨文化经典,其文学价值核心在于通过简·爱"自我觉醒—抗争—独立"的成长历程,构建了一个微观个体与宏观时代对话的张力场域。这一场域不仅反映了维多利亚时代阶级压迫与性别桎梏的历史背景,还通过象征手法与心理描写揭示了普世的人性困境。因此,其教学价值并非简单的知识或技能叠加,而是通过深入挖掘文学内核,构建起"文本—认知—实践"的逻辑链。

(一) 知识积累:从"历史符号"到"现实解码"的语境重构

小说中"红房子"的幽闭空间、"桑菲尔德庄园"的阶级象征,以及罗切斯特"阁楼上的疯女人"所代表的性别压迫,本质上是维多利亚时代社会结构的文学化表达。教学中聚焦这些符号,并非仅仅传递历史常识,而是通过解码符号背后的权力关系,像"红房子"与简·爱童年创伤的联系之类,引导学生理解文学如何将抽象的社会制度转化为可感知的叙事冲突。例如,在分析"疯女人伯莎"这一形象时,需要关联 19 世纪女性"失语者"的集体命运,从而发现简·爱"我贫穷、卑微、不美,但我们的灵魂是平等的"宣言,实则是以文学反抗重构社会话语权的尝试。这一过程,使历史知识从静态记忆升华为批判性思考的载体。

(二) 能力提升:从"文本细读"到"跨文化思辨"的素养进阶

简·爱的心理独白充满了强烈的内省性与对话性,比如"你认为我只是一架机器——一架没有感情的机器?"[①]的质问,既是人物情感的爆发,也是作者挑战读者认知预设的叙事策略。教学中以此为切入点,引导学生在精读中捕捉情感

---

① (英)夏洛蒂·勃朗特. 简·爱[M]. 北京:商务印书馆,2015.

张力与修辞意图,训练"从语言形式到思想内核"的文本分析能力。更进一步,对比《简·爱》与《红楼梦》中林黛玉的"孤女叙事",可以发现中西文化对女性反抗的不同书写:黛玉以诗才与泪水表达隐忍的抗争,而简·爱则以直接宣言突破社会规训。这种对比不能停留于简单罗列差异,而是要通过差异追问文化逻辑——为何东方文学常以"诗意消解冲突",而西方叙事更倾向于"宣言式爆发"?由此,文本分析能力自然延伸为跨文化思辨能力,实现从"读懂一本书"到"读透一类书"的跃迁。

(三)策略建构:从"三读法"到"问题链"的元认知迁移

《简·爱》的叙事结构呈现为线性成长与回溯性反思相结合的特点,其主题具有复杂性,阶级、性别、宗教等元素相互交织,这使得它成为训练系统性阅读策略的典型范本。

例如,略读时标记简·爱五次空间迁移,从盖茨黑德到洛伍德,再到桑菲尔德、沼泽居,最后抵达芬丁庄园,可以快速把握"地理移动象征精神突围"的叙事逻辑;精读时聚焦关键场景,比如婚礼中断、火灾救赎,通过"罗切斯特为何隐瞒婚姻?""火灾是毁灭还是重生?"这类问题链设计,推动学生从情节复述转向意义阐释;研读时引入女性主义理论视角,对比伯莎与简·爱的镜像关系,这需要学生整合文本细节与外部理论,从而形成批判性结论。这一阅读策略训练的价值在于,让学生意识到"方法决定认知深度"。如此一来,当面对《呼啸山庄》等同类文本时,他们能自发运用"空间—权力"分析框架,而非停留于猎奇式阅读。

(四)精神成长:从"共情觉醒"到"行动宣言"的价值转化

简·爱的精神力量在于她始终在"反抗"与"自省"之间保持平衡。例如她拒绝成为罗切斯特的情妇,并非出于道德教条,而是基于对自我尊严的清醒认知:"我自己在乎我自己。越是孤单,越是无亲无友,越是无依无靠,我就越要尊重自己。"[①]教学中若仅将此解读为"女性独立",则简化了其当代意义。更深层的价值在于,引导学生发现简·爱的选择本质是"个体价值"与"社会规训"的博弈方法论——她用理性而非情绪对抗不公,用自立而非依附实现成长。据此设计的"简·爱式问题解决指南",即面对困境时先自省诉求,再理性沟通,最后果断行动,使小说精神从共情对象转化为行动模型,重构自身与世界对话的方式。通过这一过程,学生学会了将经典文本与现实生活相连接,将简·爱的精神内化为自我成长的动力,从而在面对困境时,能够以更加理性和坚定的态度捍卫自我尊严,实现从"共情觉醒"到"行动宣言"的价值转化。这一转化不仅提升了学生的

---

① (英)夏洛蒂·勃朗特. 简·爱[M]. 北京:商务印书馆,2015.

文学素养,更培养了其独立思考和解决问题的能力,使他们在现实挑战中,能够像简·爱一样,以坚定的自我认知和理性的策略,勇敢面对并克服困难,实现个人价值与社会责任的和谐统一。

教学 目标 ▶

(一) 核心素养导向目标

(1) 能分析小说中的象征意象与社会隐喻,撰写文学评论。

(2) 通过对比中西文学中的女性形象,形成跨文化批判思维。

(3) 理解简·爱的独立精神,设计"平等宣言"海报传递价值观。

(4) 改编"红房子事件"剧本,用现代场景重构经典冲突。

(二) 任务驱动式行为目标

(1) 90%学生完成"维多利亚时代档案卡"并标注文本证据。

(2) 80%学生参与"简·爱VS现代女性"辩论会,提出3条以上论据。

(3) 70%学生完成"精神成长日志",结合自身经历撰写反思日志。

整体 规划 ▶

(一) 核心任务设计:从桑菲尔德到现代——独立精神的跨时代对话

以四阶任务链串联深度阅读与实践迁移,完成经典阅读的深度进阶。

(1) 文本深耕:解构简·爱的心理成长与时代桎梏。

(2) 文化对比:探究中西文学中的女性觉醒叙事。

(3) 价值重构:策划"平等校园"行动方案。

(4) 精神传承:创作《如果我是简·爱》跨媒介叙事作品。

(二) 实施流程

表5-35 《简·爱》"整本书阅读"实施框架

阶段	关键步骤	课时	与核心任务关联
情境卷入	1. 时代密盒:维多利亚服饰盲盒体验	2	通过实物感知建立历史语境,激发阅读兴趣;梳理关键情节与人物关系,初步感知简·爱的精神内核
	2. 绘制"简·爱成长地图"		
	3. 速读标记"最震撼独白"并分享		
深度探究	4. "红房子事件"探秘行动	3	掌握文学隐喻与社会批判的结合,培养跨文化思辨能力,提炼文本价值观
	5. 东西方女性形象"对对碰"		
	6. 撰写"平等与尊严"主题短评		

(续表)

阶段	关键步骤	课时	与核心任务关联
协作 建构	7. 改编"简·爱出走"现代版剧本	4	将经典冲突移植到现实生活情境,融合艺术表达与价值观传递,强化表达与情感共鸣
	8. 制作"平等宣言"互动海报		
	9. 举办"孤女成长"故事会		
迁移 创新	10. 发起"平等校园"行动	3	将文学精神转化为现实实践,通过游戏深化文本理解,系统反思阅读收获与未来行动
	11. 设计"简·爱密室逃脱"解谜游戏		
	12. 发布《我的精神成长日志》		

（三）学习资源

(1) 书本资源:《简·爱》原著、《维多利亚社会史》、女性主义理论选读。

(2) 技术资源:Canva 海报设计工具、班级博客平台、AI 语音朗读。

(3) 文化资源:BBC 纪录片《简·爱的时代》、中西女性文学对比论文。

(4) 生活资源:校服、便利贴、校园行为规范手册、空白书签等。

教学 活动 ▶

（一）情境卷入阶段:感知历史语境

本阶段通过沉浸式体验与快速阅读,激发学生对《简·爱》时代背景与人物精神的好奇,建立阅读期待与情感联结。

步骤 1:时代密盒——维多利亚服饰盲盒体验

1. 课前准备

在开展这项活动前,教师要做好充分准备。先收集维多利亚时代典型服饰的图片,像束腰长裙、男士礼帽、女仆头巾等,每张图片都附上简短说明,"束腰:女性身体束缚的象征""礼帽:绅士阶层的身份标志",让学生能初步了解这些服饰背后的意义。接着制作"服饰盲盒"卡片,把图片和说明打印成卡片,装入信封并编号,每个信封随机放入 1—2 张服饰卡。同时,准备好辅助材料,如 BBC 纪录片《简·爱的时代》片段,这个片段重点展示服饰与社会阶层的关系。

2. 课堂实施

课堂实施时,首先进行盲盒抽取与讨论。学生随机抽取盲盒卡片后,在小组内分享卡片内容,并围绕几个问题展开讨论:"你抽到的服饰可能属于哪个社会阶层的人?""这些服饰的设计反映了当时怎样的性别观念?"例如,若抽到"束腰",教师可以引导学生联想"女性必须通过身体塑形获得社会认可"这种具有压迫性的审美观念。

然后播放纪录片片段,学生聚焦服饰与社会规则的关系,像"女性穿束腰需仆人协助""工人阶层服饰粗糙简陋"等细节,帮助学生更好地理解当时的社会状况。

最后,引导学生联结文本。教师提问:"简·爱作为家庭教师,她的衣着可能与哪些卡片上的服饰不同?这暗示了她怎样的社会地位?"学生结合小说第十一章中简·爱穿着朴素的描述,去理解服饰对人物身份的塑造作用。

3. 成果固化

活动结束后,学生要用便利贴写下"服饰与压迫"相关的关键词,比如"束缚""身份枷锁"等,粘贴在教室的"时代密盒墙"上。教师进行总结,告诉学生"服饰是时代的符号,简·爱简朴却整洁的衣服是她对抗华丽枷锁的第一件武器",强化学生对服饰与时代、人物关系的理解。

步骤2:绘制"简·爱成长地图"

1. 任务布置

活动开始,教师发放 A3 白纸与彩色马克笔,并布置任务,要求学生以"地理空间迁移"为线索,绘制简·爱从盖茨黑德到芬丁庄园的轨迹图。同时,为学生提供轨迹图思维支架(见表5-36)学生根据表格提示,标注出简·爱在每个地点的重要事件和心路历程,如"盖茨黑德:受尽欺凌,渴望自由""洛伍德学校:结识海伦,心灵成长"。通过绘图,学生直观感受简·爱的成长轨迹,理解其坚韧不拔的性格和追求独立的精神。教师巡视指导,鼓励学生用色彩和符号表达情感,使地图更具个性化。

表5-36 简·爱成长地图思维支架

地点	盖茨黑德	洛伍德学校	桑菲尔德庄园	沼泽居	芬丁庄园
关键事件	红房子禁闭	海伦之死	婚礼中断	圣约翰求婚	火灾重逢
象征意义	禁锢	教育	爱情	信仰	重生

2. 课堂实施

先进行速读标记。学生快速翻阅小说前10章,用荧光笔标注简·爱每个居住地的环境描写,像盖茨黑德的"阴冷长廊"、洛伍德的"潮湿教室"等,通过这些环境描写感受简·爱的生活氛围和心境变化。

接着,进行地图绘制。小组分工合作,借助简·爱成长地图思维支架,有的绘制路线图,有的标注事件,有的撰写象征分析。教师巡回指导,提示学生思考一些重点问题,比如"桑菲尔德庄园的'阁楼'为何在顶层?这与伯莎的'被隐藏'有何关联?""芬丁庄园的'森林'环境如何象征简·爱最终的自由?"引导学生深入理解小说的内涵。

绘制完成后,进行展示与互评。各小组将地图张贴在教室,开展"地图导览"活动。其他学生用贴纸投票选出"最具洞察力地图",获奖组要进行设计思路分享,通过这种方式促进学生之间的交流与思考。

3. 深化思考

活动结束后,给学生布置课后作业,撰写 100 字反思:"如果简·爱没有离开盖茨黑德,她的命运会怎样?"并且要结合地图中的空间象征意义进行分析,加深学生对简·爱成长历程的理解。

步骤 3:速读标记"最震撼独白"并分享

1. 速读任务

教师先规定速读范围,比如婚礼中断、拒绝圣约翰求婚等关键章节,要求学生在规定时间内完成速读,并用便签纸标记简·爱的独白片段。同时,为学生提供标记标准,即从情感强度(如愤怒、坚定、悲伤)和语言特色(如反问、排比、隐喻)两个方面进行判断。

2. 课堂活动

课堂上开展独白拍卖会。每位学生选出 1—2 句最震撼的独白,如"你以为因为我贫穷、低微、不美、短小,我就没有灵魂,没有心吗?——你想错了!——我跟你一样有灵魂,——也完全一样有一颗心!"①等,抄录在卡片上并署名。然后开展"竞拍"活动,学生轮流上台朗读独白,其他同学用虚拟币(教师发放的贴纸)竞拍"最打动我的台词"。最高价拍得者要说明理由,例如"这句话让我想到现实中的＿＿＿＿＿＿＿＿＿＿",引导学生将小说中的情感与现实生活联系起来。之后,进行金句书签制作。学生把竞拍获得的独白誊抄到空白书签上,再配上简笔画,比如用火焰象征反抗、锁链象征压迫,制作成独特的书签,作为后续精读的辅助工具。

3. 延伸任务

布置家庭作业,录制 1 分钟音频,用"简·爱语气"朗读独白,上传至班级博客、钉钉群或微信公众号。教师评选"最佳情感演绎奖",获奖音频用于下一阶段精读课的导入,进一步激发学生对小说的阅读兴趣。

(二)深入探究阶段:解析文本内核

本阶段通过精读与对比分析,引导学生掌握文学隐喻的解读方法,形成跨文化批判思维。

步骤 4:"红房子事件"探秘行动

1. 精读准备

师生共读"红房子事件"部分,教师出示标注出的关键句子,如"一张有粗大

---

① (英)夏洛蒂·勃朗特. 简·爱[M]. 北京:商务印书馆,2015.

红木架子的床,挂着深红锦缎帐幔,像个神龛似的摆在房间正中""我的心怦怦直跳,脑袋发热,耳朵里充满嗡嗡声"①。同时,准备好分析工具,包括"象征意义分析表"(场景描写—感官体验—隐喻指向)和心理学资料,如儿童恐惧症案例分析,辅助学生理解简·爱的心理创伤。

2. 课堂实施

先进行分层精读。基础层的学生用荧光笔标出所有颜色词汇(红、黑、白),讨论"红色如何暗示暴力与压抑";挑战层的学生则对比"红房子"与《哈利·波特》中的"储物间",分析"禁闭空间对主角成长的作用",满足不同层次学生的学习需求。

接着,进行小组讨论。每组抽取一个分析维度,像"空间结构""色彩隐喻""声音描写"等,完成思维导图。例如,若抽到"声音描写",小组需关联"心跳声""锁门声",分析"寂静中的压迫感如何加剧恐惧",培养学生的团队协作和分析能力。

最后,进行报告展示。小组用 PPT 或手绘海报展示阅读成果,教师用问题链引导深化学生的思考,比如"如果红房子是蓝色,简·爱的心理感受会变化吗? 为什么?""伯莎的阁楼与红房子有何象征关联?"促使学生深入挖掘文本内涵。

3. 成果转化

活动结束后,学生撰写 200 字微评论:"红房子——从童年噩梦到精神觉醒的钥匙",要求结合文本细节,以此锻炼学生的写作和分析能力。

步骤 5:东西方女性形象"对对碰"

1. 材料准备

教师印发《红楼梦》林黛玉的有关片段,像"葬花吟""怼周瑞家的",以及《简·爱》的片段,如拒绝圣约翰求婚、火灾救赎。同时,为学生提供分析框架(见图 5-3):

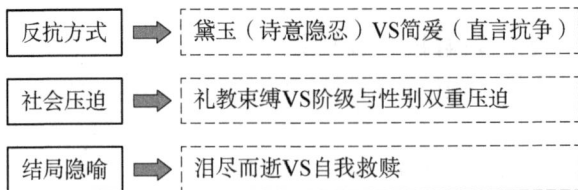

反抗方式	➡	黛玉(诗意隐忍)VS简爱(直言抗争)
社会压迫	➡	礼教束缚VS阶级与性别双重压迫
结局隐喻	➡	泪尽而逝VS自我救赎

图 5-3　东西方女性形象对比分析框架

---

① (英)夏洛蒂·勃朗特.简·爱[M].北京:商务印书馆,2015.

2. 课堂实施

学生用填写双气泡图,对比林黛玉和简·爱的异同点。教师提示一些关键问题,比如"为什么黛玉用诗词表达悲伤,而简·爱用宣言表达愤怒?""两者反抗的'有效性'有何差异? 这与文化背景有何关联?"引导学生深入思考。接着,进行角色辩论赛。辩题是"面对压迫,黛玉的隐忍与简·爱的抗争哪种更具现实意义?"正方引用东方"以柔克刚"哲学,举例黛玉通过才华获得贾府尊重;反方结合女性主义理论,强调简·爱打破沉默的勇气,培养学生的批判性思维和表达能力。最后,进行文化逻辑总结。教师引导学生归纳,东方叙事常将反抗内化为精神境界,如黛玉的"洁癖";西方叙事更倾向于外显的行动突破,如简·爱的"出走",帮助学生理解不同文化背景下的叙事差异。

3. 延伸任务

活动结束后,布置课后作业,学生撰写跨文化评论:"如果林黛玉遇到简·爱,她们会如何对话?"要求体现文化差异与人性共通点,进一步加深学生对不同文化背景下女性形象的理解。

步骤6:撰写"平等与尊严"主题短评

1. 写作支架搭建

教师为学生搭建写作支架,提供范文与结构模板(见图5-4):

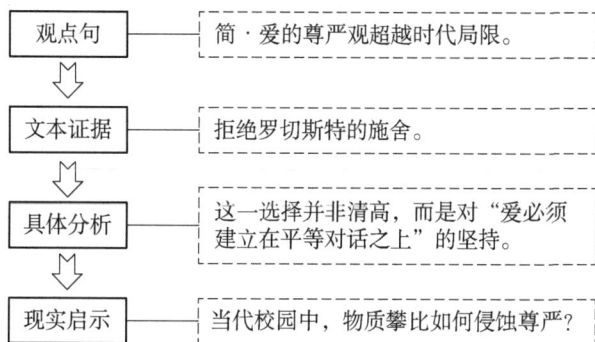

图5-4　写作支架

同时,提供术语库,像"主体性""他者化""社会规训"等,帮助学生提升写作的专业性。

2. 课堂写作

先进行选题工作坊。学生从选题库中选择角度,如"尊严与爱情""独立与孤独"等,教师进行针对性指导,确保学生明确写作方向。接着,进行写作与互评。学生完成初稿后,同桌交换,用"三星评分法"(观点明确☆、证据充分☆、逻辑清晰☆)进行评价。教师展示典型病例,比如"只有观点无文本依据",组织学生集体修改,提高学生的写作水平。

3. 成果展示

优秀短评录入班级公众号,并制作成"平等宣言墙报",张贴在校园走廊,展示学生的学习成果,增强学生的成就感。

(三) 协作建构阶段:重构经典叙事

本阶段通过虚拟社交平台、跨媒介创作与集体实践,将文本精神转化为可感知的现代叙事与价值观传递工具。

步骤7:改编"简·爱出走"现代版剧本

本环节将"简·爱离开桑菲尔德庄园"的情节,巧妙移植为"学生面对作弊压力时的独立选择"的现代故事,以此引导学生深刻理解尊严与诚信的价值,同时培养他们的理性决策能力。

1. 背景移植与冲突设计

把故事背景设定在现代校园:简·爱是一名九年级学生,她成绩中等,却勤奋又正直。当下班级里"考前答案泄露"成风,部分同学靠作弊提高成绩,还嘲笑坚持诚信的学生"迂腐"。简·爱拒绝参与作弊,因此被孤立。她面临着艰难的抉择:是妥协获取虚假的"优秀",还是坚守诚信承受压力。

在情节移植方面,把"婚礼中断"改编为"考试现场揭发作弊",即简·爱在测试时发现同学传纸条,选择向监考教师举报;将"罗切斯特的隐瞒"替换为"班长的虚伪",班长表面维护公平,实则暗中明哲保身,还试图拉拢简·爱加入。

2. 剧本创作与排练指导

创作剧本时,先搭建情节框架:开端是班级作弊风气盛行,简·爱被嘲笑为"书呆子";发展为班长拉拢简·爱作弊遭拒后,联合同学孤立她;高潮是考试中简·爱揭发作弊引发冲突;结局是教师介入调查,简·爱虽短期内被排斥,但最终赢得尊重。

台词要进一步现代化,例如把"我不是机器! 我有我的原则!"改编成"我不是分数机器! 我有我的底线!",还可增加如"全班都这样,你装什么清高?"这类贴合现实的细节。排练时,要注意情绪层次,简·爱的情绪需从隐忍(低头做题)逐渐爆发(摔笔站起);同时营造冲突张力,比如作弊同学围住简·爱的课桌制造压迫感,监考老师入场打破僵局等。

3. 跨媒介展演与深度反思

展演形式可以是互动短剧,观众(其他学生)通过举牌支持"简·爱"或"班长",实时影响剧情走向,比如多数人支持简·爱时,就增加"同学道歉"的桥段;也可以创作微电影,用手机拍摄,采用黑白画面凸显压抑感,作弊场景用快节奏剪辑,独白部分切换为慢镜头与特写(运镜可参考电影《天才枪手》)。

展演结束后进行反思讨论，教师提出问题，如"简·爱为何宁可被孤立也不作弊？如果是你，会如何选择？""班长的行为是'聪明'还是'懦弱'？为什么？"学生结合自身经历，撰写"诚信宣言"。

4. 评价与延伸

评价时，主要看剧本深度，是否保留了原著"尊严高于利益"的核心逻辑，比如简·爱拒绝短期利益；以及表演感染力，观察观众能否从简·爱的眼神、语气中感受到"平静中的力量"。观众投票选出"最佳台词奖""最具感染力表演奖"，获奖组获赠"简·爱勇气徽章"。

延伸行动方面，可以开展"诚信树"活动，学生把"诚信宣言"写在树叶形卡片上，贴到班级的树形海报上，寓意"正直精神生生不息"；还能在道德与法治课上开展"分数与人格"辩论会，引用剧本案例，加深学生对诚信的理解。

步骤 8：制作"平等宣言"互动海报

学生们将通过一系列步骤制作出富有创意且具有互动性的海报，以传播平等理念。

1. 语录提取与设计规划

学生需要重新阅读小说，仔细挖掘其中能体现平等思想的语句，像简·爱的宣言"我关心我自己"、罗切斯特的反思"你的灵魂属于你自己"，还有班级讨论中产生的"现代平等金句"，比如"尊重不分成绩"。收集好语录后，学生可以选择使用 Canva 软件，也可以手绘模板来规划海报的布局。海报要突出核心标语，将其以醒目的大字置于海报中央，比如"灵魂无价，尊严无界"。在图文互动区，左侧贴上从原著中摘录的语录，并配上简笔画火焰，来象征平等的力量；右侧留出空白区域，方便同学们书写自己的平等承诺。

2. 技术赋能与互动设置

学生录制 1 分钟短视频，讲述自己身边的平等故事，然后生成二维码贴在海报的角落。例如，扫码就能看到"班委选举中落选者的坦然发言"这样的视频。此外，用荧光笔在海报上绘制"锁链断裂"动画，借助 AR 软件扫描，就能呈现动态效果，让海报更具吸引力。

3. 展示与漂流计划

海报完成后，张贴在教室的"平等墙"上，学生们用便利贴在右侧空白区域补充自己的承诺，比如"不再给同学起绰号"等。为了扩大影响，精选出的海报会复制，轮流在图书馆、走廊、宣传栏等展示，并附上留言本收集大家的反馈。每周统计"最触动人心的宣言"，通过广播站宣读，并为宣言的创作者颁发"平等使者"证书。

步骤 9：举办"孤女成长"故事会

本环节通过讲述简·爱的成长故事，让学生更深入地理解小说内涵，提升表达能力。

1. 故事素材筛选与打磨

学生从小说中挑选1—2个关键情节,像"洛伍德学校的饥饿经历""拒绝圣约翰求婚"等,从中提炼出"成长痛点"与"反抗策略"。在讲述形式上,学生可以选择第一人称叙事,化身简·爱,用"我"的口吻还原心理活动,比如"那天,我决定不再吃发霉的面包";也可以围绕"孤独中的力量"这样的主题,串联整合多个片段,例如从海伦之死到简·爱走向独立。

2. 表达训练与技术支持

教师要示范如何运用停顿、重音来增强故事的感染力,比如"饥饿(停顿)让我清醒,尊严(重音)让我选择离开",同时提供"关键词提示卡",把尊严、反抗、选择等故事核心词写在卡片上,学生在讲述时自然地嵌入这些词汇。学生还可以借助"讯飞听见"APP录音,回放时标记"表达卡顿点",有针对性地改进。对于口语表达较弱的学生,教师可以提供"AI语音助手",朗读他们的文稿并模仿语调。

3. 故事会实施与反馈

故事会实施时,把教室布置成"故事咖啡馆"的氛围,学生围坐在一起,讲述者手持道具,比如书籍《简·爱》。听众用"共鸣贴纸"标记被打动的瞬间,红色贴纸表示"感同身受",蓝色贴纸表示"引发思考"。故事会结束后,投票选出"最佳叙事奖""最具创意视角奖",为获奖者赠送简·爱主题书签。此外,还可以将故事录音剪辑成"简·爱成长电台",在午间校园广播播放。

(四) 迁移创新阶段:践行文学精神

本阶段将《简·爱》中的文本价值观转化为解决现实问题的行动方案,帮助学生实现"从阅读到生活"的素养迁移。

步骤10:发起"平等校园"行动

1. 问题诊断与策略设计

先进行匿名调研,教师用问卷星发布匿名问卷,收集班级里的不平等现象,比如"男生被嘲笑'娘'""成绩差者被孤立"等。对收集到的数据进行可视化处理,生成词云图并张贴在教室,突出如"偏见""嘲笑"等高频词。接着,运用简·爱式策略库,学生分组讨论应对方案,参考小说中"理性沟通—果断行动"的逻辑。例如针对"言语嘲笑",设计回应话术:第一步,冷静自省,心里想着"他的话伤害了我,我不需要认同";第二步,明确表达,对嘲笑者说"你可以不赞同我,但请尊重我";第三步,寻求支持,向班主任或心理教师求助。

2. 行动实施与记录

开展"一周友好行动",每位学生每天完成1项平等行动,如主动邀请孤僻同学组队、制止不雅绰号等,并在钉钉日志打卡记录行动,配上照片或文字说明,比如:"今天,我阻止了×××被嘲笑。"教师汇总数据,制作"平等进度条",如"班级友好指数:70%—85%",实时投影展示。每周班会公布"简·爱之星",对行动积极的学生进行表彰。

3. 反思与优化

组织行动复盘会,学生分组讨论以下问题:"哪些策略有效? 哪些需要改进?"例如有反馈指出:"直接沟通在男生中效果较差,改用匿名纸条更有效。"根据讨论结果,将优化后的方案整理制作成《简·爱式平等校园指南》,并分发至全校各班级。

步骤 11:设计"简·爱密室逃脱"解谜游戏

1. 关卡设计与隐喻转化

先设置文学谜题。第一关"红房子密码",给出线索为简·爱被关红房子时的恐惧感,谜题是根据文中"从午后到深夜"推断简·爱禁闭时长为 10 小时,输入密码"10"打开门锁。第二关"阁楼之谜",线索是伯莎撕婚纱的描写"像野兽般撕咬",谜题是拼图还原婚纱图案,背面文字提示"疯女人=被压抑的自我"。

此外,还可以设置跨学科挑战,比如数学题:"简·爱从洛伍德到桑菲尔德的距离是 50 英里,若马车时速 10 英里,需几小时到达?"答案是 5 小时,答对就能解锁下一关地图;艺术任务则是用红色颜料绘制"火焰",象征简·爱反抗精神的觉醒。

2. 道具制作与场景搭建

利用废旧纸箱搭建"红房子"入口,里面挂上红色纱布模拟"血红色窗帘"。用紫外线手电筒照射隐藏文字,比如在线索卡背面写上"尊严"的英文"Dignity"。同时,使用手机 APP 设置倒计时 60 分钟作为逃脱时限,超时就播放 AI 模拟的"伯莎的笑声"增强紧张感。

3. 游戏实施与奖励机制

游戏实施时,每 5 人一组进入密室,组内成员分工解题,有人负责计算、有人负责拼图、有人负责记录。教师在一旁观察记录团队协作情况,比如:"是否有人主导? 是否倾听他人意见?"通关队伍能获得"简·爱勇气贴纸",可以粘贴在学生证上。最佳设计方案推荐到校科技节展览,并申请成为"文学与科创融合"校本课程案例。

步骤 12:发布《我的精神成长日志》

1. 日志支架与范例引导

本环节教师提供《我的精神成长日志》"321"写作支架(见表 5-37),并进行思考路径的分享。还可以展示教师本人日志,如:"重读《简·爱》后,我调整了班会评价标准,更关注过程而非结果。"

表 5-37 成长日志"321"写作支架

3个收获	知识:我学会了用象征理论分析"红房子"。 能力:我能对比中西文学中的女性形象差异。 精神:简·爱教会我,尊严比妥协更重要。
2个疑问	简·爱为何最终选择回到残疾的罗切斯特身边? 现代社会是否还存在"看不见的束腰"?
1项行动	在小组合作中主动倾听不善于表达的同学的意见。

2. 撰写指导与个性化延伸

为不同层次的学生提供分层支持。

(1)基础层:提供填空式模板,如"简·爱的_____(事件)让我明白____ ____"。

(2)挑战层:鼓励添加"跨界联想",如"简·爱的反抗让我想到马斯克的'打破常规'"。

学生可以使用"石墨文档""腾讯文档"等进行协作编辑,互相评价日志并@对方提出建议,还能将日志配上手绘简·爱头像等图片,制成电子书,在班级公众号连载。

3. 成果展示与终身阅读计划

将精选的日志印刷成《简·爱精神成长集》,在家长会上分发给家长。在图书馆设立"简·爱主题角",陈列学生的日志以及创作的海报、剧本。根据学生日志中的"疑问"与"兴趣",推荐延伸阅读书籍,如《傲慢与偏见》《你当像鸟飞往你的山》,学生制订"半年阅读计划",教师定期跟踪反馈。

(五)小结

在《简·爱》的教学实践中,采用了任务链驱动的教学策略,巧妙地将文学鉴赏、跨文化思辨以及价值观塑造这三个维度紧密地融合。通过精心设计的"历史体验—文本深挖—现实迁移"阶梯式教学模式,引导学生深入理解文本,体验历史背景,并将所学知识与现实生活相结合。这种教学策略不仅有助于学生深刻领会简·爱这一角色所体现的独立精神,而且能够将这种精神从书本的纸页中带入到学生的日常生活中,从而达到"读透一本书,照亮一群人",让阅读成为一种能够影响和改变人们思想和行为的力量。

评价 量表

过程性评价:成长地图完整性,对比分析逻辑性,密室逃脱的团队协作;
表现性评价:剧本创意度,海报互动性,故事会共鸣度,平等行动完成率;
发展性评价:对比日志初稿与终稿的思维进阶,日志的现实行动力。

表 5-38　《简·爱》成长地图完整性评价量表

评价维度	评价指标	权重	评分标准
关键节点	成长地图是否涵盖简·爱成长的关键节点	40%	完整呈现所有关键节点(100%) 缺失少数节点(70%) 缺失多数节点(40%) 严重不完整(0%)
时间脉络	成长地图是否准确呈现简·爱成长的时间脉络	30%	准确呈现时间顺序(100%) 基本准确(70%) 时间混乱(40%) 未呈现时间脉络(0%)
事件描述	成长地图对简爱成长事件的描述是否准确	30%	描述准确详细(100%) 基本准确(70%) 描述模糊(40%) 描述错误(0%)

表 5-39　《简·爱》剧本创意度评价量表

评价维度	评价指标	权重	评分标准
主题契合度	剧本主题与《简·爱》的契合度	40%	高度契合,深入挖掘主题(100%) 基本契合(70%) 契合度低(40%) 不契合(0%)
情节创新	剧本情节是否有创新	30%	创新独特,引人入胜(100%) 有一定创新(70%) 创新不足(40%) 无创新(0%)
角色塑造	剧本角色塑造是否生动立体	30%	角色生动立体,符合原著(100%) 角色基本生动(70%) 角色塑造平淡(40%) 角色塑造失败(0%)

表 5-40　《简·爱》日志现实行动力评价量表

评价维度	评价指标	权重	评分标准
行动方案	日志中提出的现实行动方案是否明确	40%	方案明确具体(100%) 方案基本明确(70%) 方案模糊(40%) 无方案(0%)

（续表）

评价维度	评价指标	权重	评分标准
可行性	行动方案是否具有可行性	30%	高度可行(100%) 基本可行(70%) 可行性低(40%) 不可行(0%)
实施效果	行动方案实施后的效果	30%	效果显著(100%) 效果较好(70%) 效果一般(40%) 效果差(0%)

第六章

任务驱动整本书阅读的反思与展望

第一节 任务驱动教学的实践反思

任务驱动下的整本书阅读教学研究过程中,任务设计的精准性失衡、宏大任务的认知超载、动态调适机制的建构缺失等问题逐渐显现,成为制约教学效果提升的关键瓶颈。这一现象并非偶然,而是教学实践中多重因素交织作用的结果。深入剖析这些问题的生成逻辑,不仅有助于优化教学设计,更能为整本书阅读教学的理论深化提供实践镜鉴。

一、任务设计的精准性失衡

(一)形式化任务的认知陷阱

在任务驱动教学实践中,部分任务设计陷于"为任务而任务"的泥沼,停留在相对浅层的阶段。这类形式化任务设计带来的认知浅表化问题不容忽视,它常以"操作便捷性"为设计导向,把整本书的复杂内容简化成机械的流程化操作。例如,教师可能要求学生对整本书的内容进行标准化标注或分类,但此类任务多停留在信息提取的层面,未能触及文本的深层意义网络。这种设计逻辑的偏差,其实是对"任务驱动"理念的误读——将任务等同于步骤的叠加,而非认知进阶的脚手架。学生在执行任务的过程中,看似完成了对文本的"梳理",实则陷入"技术性忙碌",其思维活动被窄化为信息的排列组合,而非意义的主动建构。这一现象的核心矛盾在于:任务设计者过度追求"可量化成果",忽视了阅读过程中思维品质的培育。就拿文学作品中人物关系的分析来说,要是仅让学生罗列角色间的表面联系,却不引导他们对权力结构、情感张力等隐性逻辑进行追问,那实际上就是割裂了整本书的整体性。这样的割裂,不仅削弱了文本的审美价值,更对学生批判性思维的形成造成了阻碍。

　　形式化任务的背后折射出教育实践里的三重深层矛盾。首先是效率导向与认知深化之间的冲突。在现行教育评价体系下,教师往往会设计易于量化评估的任务,为的就是能快速呈现出"可见"的教学成果。这种功利性思维催生出的"快餐式任务",通过对标准化流程处理文本来换取表面效率,是以牺牲深度思考为代价的。其次是工具理性对价值理性的压制。数字技术介入本应给任务设计提供科学支撑,可在实践中却常常出现技术手段凌驾于教育目标的情况。举例来说,知识图谱的运用如果能只聚焦于信息的可视化呈现,而不考虑对文本意义网络的动态解构,那技术工具就沦为了冰冷的认知模具。这种异化源于教育者对"技术赋能"的错误理解,他们把工具本身当成了目的,而没把它当作服务意义生成的媒介。最后是教师预设与学生主体的错位。受传统教学范式影响,教师有时会把任务设计等同于"问题答案的寻宝游戏",预设好固定的思维路径与结论。这种设计逻辑剥夺了学生应有的探究空间,使其变成了教师认知框架的被动填充者。

　　要破解形式化陷阱,关键在于回归任务驱动教学的本质功能,也就是要在操作可行性和思维挑战性之间建立起动态平衡。任务设计应按照"图式建构—自动化—迁移应用"的认知发展规律来进行。具体来讲,初级任务可以着重进行基础信息的提取与组织,例如确定关键事件的时空定位;中级任务要侧重于显现逻辑关系,像是进行因果链分析和矛盾识别;高级任务则要朝着文化意义的创造性转化努力,比如对文本隐喻进行当代重构。更为关键的是,要重构任务设计的价值坐标。任务不应该是解剖整本书的手术刀,而要成为连接学生自身的生命经验与经典文本意义的桥梁。这就要求教师从"技术操作者"转变为"意义协调者",在工具理性和价值理性之间找到共生的平衡点,激活学生的情感代入和价值反思,让任务成为思维跃迁的助力,而不是束缚学生思维的枷锁。

(二) 宏大任务的认知超载困境

　　在任务驱动整本书阅读教学实践研究中,除了形式化任务带来的问题,还有一种与之相反的情况也值得我们关注,那就是"宏大任务"的设计失衡。这类任务常常没有充分考虑学生的认知发展阶段,生硬地引入高阶理论框架。比如,在面对初中生时,就要求他们运用某种理论去解构经典文本,这会让学生陷入术语堆砌的困境。表面上看,任务的"学术性"似乎提高了,但实际上这只是一种"虚假深度",因为学生只是机械地套用概念,根本没有真正理解整本书的核心内涵。

　　仔细分析,"宏大任务"出现的背后存在着教育实践中的一些认知偏差。一方面,部分教师存在学术崇拜心理,将"理论复杂性"和"教学专业性"混为一谈,盲目地把学术研究范式照搬到教学中。他们忽略了基础教育阶段的主要任务是培养学生的阅读素养,而不是把学生都培养成学术研究者。青少年的抽象思维能力还在不断发展过程中,过早地让他们接触理论化的分析框架,很容易使他们产生认知超载的问题。另一方面,在任务设计环节,任务分层机制的缺失也是一个关键因素。合理有效的任务设计应该像搭建楼梯一样,有梯度地引导学生逐步提升认知水平。然而在实际教学中,经常会出现任务之间的断层式跃升。比如在对整本书的内容进行解读时,直接从简单的情节复述跳到文化批判,中间缺少了对作品中观层面逻辑关系的分析和衔接,学生就难以构建起完整的认知链条,最终导致思维变得碎片化。

那么,该如何解决"宏大任务"带来的认知超载困境呢?我们可以尝试构建"渐进式任务链"。在具体实施过程中,可以遵循"具象—抽象"的认知路径。在具象层,让学生先聚焦整本书的事实性信息,比如梳理人物关系、明确事件发展脉络,这时候可以借助一些可视化工具,帮助学生建立起认知的"锚点",让他们对整本书有一个初步的、直观的认识。到了中观层,引导学生深入分析整本书的叙事结构、挖掘其中的矛盾冲突,从而揭示其中隐藏的逻辑关联,进一步加深对整本书的理解。最后在抽象层,鼓励学生探讨书中的文化隐喻、思考其所传达的价值取向,建立起跨越时空的意义联结。这样的分层设计,既可以避免学生因为任务难度过高而产生认知超载,又能保证任务具有一定的思维挑战性,让学生在逐步探索的过程中实现认知水平的提升。

(三)动态调适机制的建构缺失

任务驱动整本书教学在设计上还存在一个较为突出的问题,那就是多采用静态预设模式,缺乏基于学情反馈的动态调适能力。教师在课程设计阶段,常常把任务流程固化下来,就像设定好轨道的列车,只能按照既定路线行驶,难以根据实际教学中出现的各种情况灵活调整任务。这样一来,就很容易出现任务与学生认知状态不匹配的状况。有时候任务难度低于学生的实际能力水平,学生不用费什么脑筋就能完成,久而久之就容易产生思维惰性;而有时候任务难度又超出了学生的认知负荷,学生面对任务时一头雾水,根本不知道从哪里下手,这就会让他们产生学习焦虑,打击学习积极性。

深入探究这种现象产生的原因,主要有两个方面。一方面,是我们在教育过程中存在线性思维,往往把教学过程想象成一个可以完全预测的线性序列,就好像只要按照这个顺序走,教学就能顺利进行。但实际上,整本书阅读是一项非常复杂的活动,学生在阅读过程中的认知需求是不断变化的,这种线性思维无法适应阅读过程中出现的各种动态变化和新情况。另一方面,数据反馈系统的薄弱也给问题的产生带来了影响。在多数教学环境里,由于缺乏有效的学情监测工具,教师很难及时、准确地获取学生的认知状态数据,包括学生对知识的理解深度、思维过程中遇到的障碍点等关键信息。这就导致任务调整往往滞后于学生的实际需求,等意识到需要调整任务时,学生可能已经在学习上产生了困惑,影响了学习效果。

要解决这个问题,我们可以借助智能教育技术的发展来构建动态调适机制。现在有很多先进的技术手段,比如在教学平台中嵌入学习分析系统,它就像一个智能小助手,能够实时追踪学生的阅读行为数据,像学生在阅读时做批注的密度、完成任务花费的时长,还有他们在脑海里构建的概念关联网络等等,这些数据都能被精准获取。然后,借助机器学习算法,这个系统还能预测学生的认知发展轨迹。打个比方,如果系统发现学生在理解某类问题的时候普遍存在困难,它就会自动推送一些补充性的微任务,比如找一些类似案例让学生进行对比阅读,帮助他们理解;或者调整后续任务的难度梯度,让任务更符合学生当下的学习情况。通过这样"诊断—反馈—迭代"的闭环机制,我们的任务设计就能从原来死板的静态预设,转变为根据学生学习情况实时变化的动态生成,真正做到"以学定教",让任务和每个学生的学习需求都能精准适配,让任务驱动下的整本书阅读教学更高效。

二、教师专业能力的隐性短板

(一) 传统教学惯性的束缚

受到传统教学范式的束缚,整本书阅读教学实际课堂中常常出现一种情况,就是教师把任务简单地转化成知识点的另一种呈现形式。这样一来,只是套了一个任务驱动的空架子,实质则是把整本书阅读过程割裂成零散的知识点学习,学生难以形成整体的认知结构,阅读的深度和广度也大打折扣。还有,课堂模式也遵循着"教师主导—学生被动接受"的老一套。在这样的模式下,任务设计似乎就变成了验证预设答案的一种手段。学生不需要太多思考,只要按照教师给出的思路和答案去做就可以了,如此,教学就仅仅停留在了对整本书进行"文本解码"的层面,也就是只让学生读懂字面意思,而很难实现"意义建构"这一更深层次的教学目标,学生对整本书的理解和感悟也就大打折扣了。

传统教学惯性之所以这么顽固,是受到了双重文化基因的制约。一方面,学科认知存在路径依赖的问题。在很多教师的心里,整本书往往就被当作是一种训练语言技能的素材,就像练习英语听力要听各种对话、文章来提高听力水平一样,而忽视了整本书其实更是一个文化的载体,是可以用来进行深度文化对话的。这种认知上的偏差,使得教师在设计任务的时候,往往只注重学生技能方面的训练,比如让学生提取信息、归纳要点等,却忽略了培养学生的批判性思维和审美体验,而这些对于学生深入理解文本和文化内涵是非常重要的。

另一方面,是教师专业发展过程中存在断层效应。教师在入职前接受培训的时候,重点大多是放在学科知识的储备上,比如学习各种语文理论知识、文学史等,对于认知科学、教育技术这些比较新的、对教学有很大帮助的跨领域知识和技能的学习却比较欠缺。这样一来,当面对任务驱动这种新型的教学模式时,教师就会因为缺乏相关的知识和技能支撑,很难突破自己以往的经验框架,也就不能很好地将新的教学理念和方法运用到实际教学中去。

为了突破这些桎梏,我们需要重新思考并定位教师的角色。教师不能再把自己当成"知识权威",高高在上地掌控着"标准答案",而应该成为"认知协作者"。我们可以通过设计一些开放性的任务,比如组织"多元视角辩论""意义重构写作"等活动,搭建起师生共同研究探讨的对话平台,让学生在交流碰撞中激发思维的火花。同时,教师还要从"讲授者"转变为"脚手架设计师"。根据最近发展区理论,我们要为学生设计有梯度的认知支架。就拿解读像整本书这样的复杂文本来说,可以先给学生提供历史语境的导引,帮助他们更好地理解文本产生的时代背景,就像为学生打开一扇了解文本世界的窗户;接着引导学生进行文本细读,让他们关注文本中的细节;最后,引导学生实现文化反思的自主生成,让他们能够对文本有自己独特的思考和感悟。只有这样,我们才能逐步摆脱传统教学惯性的束缚,让任务驱动下的整本书阅读教学真正发挥出它的价值。

(二) 跨学科素养的结构性缺失

任务驱动教学对教师提出了很高的要求,需要他们具备文学、历史、哲学等多个学科的广阔视野。但在实际的教学活动中,这种情况却不尽如人意,往往存在"单科突进"的局限。比如那些具有社会批判性的作品,如果教师只盯着文学手法分析,忽略了从社会学、经济学等角度去引导学生理解,那么对整本书的阐释就会变得单薄而片面。这就好比看一幅画,只盯着画里的线条和色彩,却忽略了画家想要通过这幅画表达的更深层次的社会现象和思想情感。这样的单维解读,没办法让学生感受到整本书在当下的价值,也不利于学生形成全面、立体的认知结构。

这种跨学科素养缺乏的情况是有根源可循的,主要源于三重割裂。首先,现在的教研体系是按照学科划分专业领域的,这就像是一道道墙,把各个学科隔开了。教师们缺乏跨学科协作的平台,也没有足够的动力去打破这些壁垒。其次,知识更新的速度跟不上时代的发展。经典文本在当代的阐释需要融合一些新兴学科的成果,像媒介理论、空间哲学这些,但教师的继续教育体系在这方面的反应比较慢,没能及时给教师提供学习和接触这些新知识的机会。最后,现在的评价还是主要看学生对学科知识的掌握程度,这就导致教师在教学过程中不太重视跨学科教学。

为了提升跨学科素养,我们需要一套系统的支持。比如,可以建立"学科协作工作坊"，把历史、哲学、艺术等学科的教师都聚集到一起，大家共同设计阅读任务，让学生从多个角度去理解文本，这样就能形成一个更全面的阐释框架。还可以开发"超学科阅读指南"，针对经典整本书，给学生准备一个跨学科资源包，帮助学生构建一个更为立体的认知网络，推动他们能更深入、更全面地理解经典作品。

（三）技术赋能的表层化困境

如今的语文课堂上，数字技术已经得到了广泛应用，可它本应发挥的教育价值却没有完全展现出来。我们不难发现，在实际教学中不少技术工具的使用，很多时候仅仅停留在信息呈现这个浅层次上。比如，有些教师在选择技术手段时，盲目追求潮流，像使用 VR/AR 技术、人工智能介入等，却没有考虑这些技术是否真的符合教学目标。这种"为技术而技术"的做法，使得原本能够助力学生思维提升的技术工具，变成了课堂上的表演道具，中看不中用。

为什么会出现这样的情况呢？首先，工具理性压倒了价值理性。很多教师在看待数字技术的时候，只是把它简单地看作是一种能够提升效率的工具，把重点放在了技术效能带来的效率提升上。比如说用了某个软件能更快地批改作业，在教学过程中能更快地展示一些知识点，但是却没有深入思考这些技术对于学生认知模式的重新塑造有什么样的潜力。要知道，技术真正的价值可不单单是把事情做得更快，更重要的是它能改变学生的学习方式，提升他们的思考深度。其次，存在着人文性与科技性的二元对立观念。很多教师一想到在教学中运用技术，就会觉得这肯定会削弱对人文精神的关注，没有意识到人文和科技是可以融合的。其实通过数字叙事的方式，不仅能够让故事更加生动地呈现给学生，还能够增强学生在情感上的共鸣，这是人文与科技融合的很好的例证。此外，教师自身技术素养的不足也是一个重要因素。现在多数老师只是掌握了一些基础的技术操作技能，缺乏将技术和认知规律结合起来的整体思维，不知道如何利用技术更好地促进学生的学习。

想要改变这种状况，让技术真正为教学赋能，需要我们把握好三个关键维度。第一，在运用技术时，要注重认知增强，而不只是简单地搬运信息。我们可以选择一些专门适合阅读教学的工具，比如智能批注系统，它不仅能帮学生标记出关键词，还能分析学生的思维过程，像统计他们类比推理的次数、批判性质疑的频率等，然后根据这些分析结果，为学生推送个性化的拓展任务，这样就能更好地满足每个学生的学习需求。第二，在人机协同的过程中，要建立合理的伦理框架。例如使用 AI 生成整本书解读方案时，一定要明确人类教师拥有最终的审核权，这样可以避免算法偏见影响学生对整本书的多元理解，保证每个学生都能从自己的角度去解读书本。第三，我们还要注重教师技术素养的生态化培育，构建一个将技术、教学和认知融合在一起的培训体系。通过这个体系,帮助教师理解各种技术工具背后的学习科学原理。教师只有真正理解了这些原理,才能更好地运用技术,让技术为语文教学服务。

三、评价体系的单一化困境

(一) 标准化测试的认知窄化

任务驱动下整本书阅读教学当前的评价体系里,依然存在着"数据崇拜"倾向。这一倾向使得学生阅读成效的衡量变得片面,往往只是聚焦在任务完成度、测试分数以及知识点覆盖率这类量化指标上,而像情感共鸣、价值观塑造、批判思维这些关乎学生阅读素养形成的质性维度,却被无情地边缘化了。

目前,多数整本书阅读的测试考核,往往着重考查学生对情节复述的准确性或者人物关系的梳理情况,这些当然有一定的意义,但学生对整本书所做的个性化解读因标准难以界定而很难去考查。如此的评价导向,也导致了教学实践中出现了"逆向设计"的不良现象。教师为了去迎合那些量化标准,硬生生地把完整的整本书切割成一个个考点模块,阅读原本该有的整体性以及审美体验就会被牺牲掉了。

这种量化主导的认知窄化现象,是源于评价体系存在着工具理性的技术依赖问题,不少技术平台处理起结构化数据十分高效,可对于学生思维过程中那种流动性和创造性的捕捉,就显得力不从心了。还有就是评价主体的单一权威问题,在很多时候,都是教师掌握着评价的话语权,学生自评、同伴互评这些能够提供质性反馈的机制,大多都只是走个形式,其他多元的声音就这样被压制住了。

为了解决这一问题,我们需要对评价体系进行认知转向,重构评价的价值内核。我们要把评价从"结果验证"转变为"过程支持",也就是说,要把评价当作是一种帮助学生认知发展的诊断工具,而不是简单地给学生一个最终的评判。例如,在教学过程中,可以通过分析学生的阅读日志,详细观察学生从假设提出,到证据搜集,再到结论修正这样一个动态过程。这种对学生学习过程细致的关注,能够帮助我们更好地了解学生的学习状态和问题所在,而不只是盯着最后的结论正确与否。同时,我们也要从"标准答案"走向"意义光谱",得承认对于整本书的解读是可以多种多样的,并且建立起包含像"逻辑自洽性""文化关联度""创新突破性"等多维度的评价框架,只有这样,评价体系才能够更全面、更公正地评价学生的阅读成果,真正推动学生阅读素养的提升。

(二) 质性评价的操作难题

整本书阅读教学中,质性评价的重要性虽已得到了广泛认可,可实际操作起来却陷入了"理念先行、方法滞后"的尴尬境地。教师常常会面临两难的选择,要是采用开放式评价,像读书报告、创意写作这类形式,就难免会遭到主观性太强、评价标准模糊这样的质疑;可如果采用结构化量表来评价,又容易走入新的误区。因为这种量表式的评价看似规范,却容易让评价变成一种机械的形式操作。比如,只是单纯地按照量表上的项目进行打分,却没有真正深入分析每个学生独特的阅读体验和思维发展过程,这样就容易陷入新的形式主义陷阱。这些问题的存在,导致质性评价在实际教学中常常只能是量化体系的装饰性补充,而没有真正发挥出它在教育过程中的独特育人价值。

质性评价的实践困境源自三重认知断层。首先,质性评价要求教师掌握教育人类学、现象学等方法论知识,但大部分教师在这方面并未经过系统的训练。很多老师接受的是较传统的教学评价训练,对于这些相对较新、要求更高的方法了解和掌握不足。其次,在实际教学情境中,时间成本也是一个很大的约束因素。深度阅读反馈需要教师投入大量的时间和精力,比如要对每一个学生进行个性化批注,或者在课后开展访谈,并认真记录访谈内容,这些都需要花费不少时间。而中学语文教学的课程安排紧凑,教学进度压力大,教师在有限的时间里很难把质性评价做到位。最后,从质性评价的数据处理角度来看,将情感体验、价值观变化等比较抽象的维度转换为切实可行的改进建议,目前还面临很大挑战。比如学生一篇读书报告中传达出自己阅读时情绪的起伏变化,或者在价值观方面有了一些微妙的转变,但由于这些难以量化,就很不容易从中获得具体的、有针对性的教学改进指导。

当然,提升质性评价的效能是可以借力技术创新的。多模态数据采集就是一种可行的方法。教师可以整合学生在整本书阅读过程中的多方面证据,比如随手所做的批注、录制的语音反思、创作的视觉作品等,综合这些形成关于每个学生的立体化阅读评价档案。再者,构建动态评价模型也很有意义。开发一套适合整本书阅读的质性评价指标库,比如"文化同理心指数""批判性思维密度""创意转化强度"等指标,并尝试使用人工智能的机器学习技术,让评价模型根据不同的阅读材料和学生群体,自动灵活地调整每个指标的权重。这样一来,就可以让质性评价在数字技术的支持下,更有效地融入任务驱动的整本书阅读教学实践中,提升教学质量,真正发挥它应有的作用。

结语

任务驱动整本书阅读的实践困境,是教育系统中多重结构性矛盾的集中映射。破解这些困境的核心,在于重构任务驱动的价值坐标。任务设计需摆脱"步骤驱动"的窠臼,在操作可行性与思维挑战性之间建立动态平衡;教师角色亟待从"知识权威"转向"认知协作者",通过跨学科整合与技术深度赋能,搭建多元对话的认知场域；评价体系则需突破"数据崇拜"，构建"认知—行为—情感"三维模型，以科学工具捕捉思维轨迹，以人文视角记录精神成长。这些反思并非对既有实践的否定，而是对教育本质的深层叩问——阅读教学的目标，不应止步于信息的搬运或技能的操演，而应成为点燃思维火种、熔铸文化基因的精神熔炉。未来的突围路径，既需要认知科学与教育技术的协同创新，更呼唤教育者以更开放的姿态拥抱角色转型，在工具与价值、结构与生成、标准与个性的辩证统一中，让任务驱动真正成为整本书阅读的生长之翼。

第二节　整本书阅读的未来生长图景

一、理论探索：从经验积累到科学支撑

（一）体验式学习的新可能

当前任务驱动下整本书阅读教学的实践，虽已突破传统"文本解码"的单一模式，但仍面临认知深度不足的局限。未来的研究可以尝试将学生的亲身体验融入阅读过程，向"体验式学习"转向，将阅读从"头脑中的信息加工"转化为"身心协同的意义建构"。这种转向强调通过多感官参与、具身化实践，打通文字符号与生命经验之间的认知壁垒。

体验式学习的核心在于重构"读者—文本—环境"的交互关系。当学生在阅读中调动身体动作、情感共鸣、环境交互等多维体验时，其认知活动将从被动接受转向主动建构。例如，身体对空间方位的感知可能激活对叙事结构的深层理解，触觉与视觉的协同作用可能强化对隐喻意象的具象化把握。这种学习模式能将抽象的文学概念转化为可感知、可操作的认知图式，从而突破语言符号的表层意义，抵达整本书的精神内核。

从理论层面看，这一转向的可行性植根于具身认知理论与情境学习理论的融合。具身认知揭示，人的思维活动本质上是身体与环境交互的产物，而传统阅读教学往往割裂了身体经验与文本解读的关联。未来的研究需进一步厘清：身体动作如何影响文本意义的生成？多模态体验如何促进批判性思维的进阶？环境创设如何优化阅读情感的沉浸度？这些问题的探索，或将推动阅读教学从"教学生读什么"转向"教学生如何用身心去读"。

若这一路径得以实现，可能催生三方面效果：其一，学生的阅读动机将从外部任务驱动转向内在兴趣激发，因其亲身体验与文本世界产生了真实的生命联结；其二，整本书理解的深度与广度将显著拓展，身体经验的介入能打破"作者中

心"或"教师中心"的阐释霸权,催生更多元的意义生成;其三,阅读素养的培育将更具可持续性,当学习过程与生活经验深度融合时,经典整本书的养分才能真正融入学生的精神血脉。

当然,这一设想的落地仍面临着诸多挑战。如何设计既符合认知规律又适配教学场景的体验任务?如何平衡感官体验与思维深化的关系?如何避免"为体验而体验"的形式化陷阱?这些问题尚无现成答案,但正是这些未知领域的存在,为语文教育研究提供了广阔的探索空间。或许,未来的任务驱动整本书阅读,会在科学与人文的对话中,走出一条既尊重经典深度、又贴近生命温度的新路径。

(二)跨学科视角的深度融合

任务驱动下的整本书阅读教学常常局限于语文课堂的边界,学科视角的单一性易导致解读的扁平化。未来研究需向跨学科深度融合的方向突破,当然,这里的融合不是简单叠加不同学科的知识点,而是通过重构任务设计的底层逻辑,让学生在解决问题的过程中自然贯通多领域思维,形成对整本书的立体化认知。故而,这种融合是打破传统学科壁垒,以主题为纽带,构建"文学为体、多元为用"的认知网络,使阅读成为连接人文、科学、艺术等领域的思维枢纽。

跨学科深度融合的可行性,源于文本意义的开放性与人类认知的整体性。经典整本书本身即包含历史、哲学、美学等多重文化基因,而学生的思维发展也需要多元视角的协同支持。例如,当学生从历史维度审视人物命运的社会动因、从科学视角分析叙事逻辑的因果链条、从艺术维度解构语言表达的审美张力时,整本书的丰富性将被充分激活。这种多维解读是通过设计具有整合性的"主题式任务",让学生在探究问题的过程中,自主发现学科间的隐性关联,逐步形成全局性思维模式。

跨学科视角的深度融合推动下,任务驱动的整本书阅读教学可能引发三重认知跃迁:其一,学生的知识结构将从割裂的"孤岛模式"转向联动的"网络模式",整本书成为串联多学科思维的认知锚点;其二,批判性思维的培育将更具深度,跨学科视角的碰撞能激发学生对既有结论的反思与重构;其三,文化理解的包容性将显著增强,学生得以在多元价值观的对话中,形成更具开放性的世界观。

然而,跨学科融合的落地需解决两大核心矛盾:一是学科逻辑的整合难度,如何避免任务设计陷入"大杂烩"式的浅层拼贴?二是教师专业能力的结构性挑战,如何在有限的教学条件下实现跨领域协同?未来的研究或可聚焦于开发"学科协同框架",例如以文学母题为核心,向外辐射历史语境、科学伦理、艺术表达等分支,同时构建教师跨学科研修机制,通过教研机构、文化单位的联动,形成可持续的支持体系。这一愿景的实现注定需要漫长探索,甚至可能面临质疑与反复。但若能以谦卑之心接纳不同学科的智慧,以开放之态拥抱认知的复杂性,或许终能开辟一条既尊重学科本质、又超越学科局限的整本书阅读教学新路径。这不仅是语文教育的革新,更是对"全人培养"理念的躬身实践——让每一本书都成为学生理解世界的多维透镜,让每一次阅读都孕育出跨界思维的微小萌芽。

二、技术赋能:让工具成为思维的伙伴

(一) 智能系统的个性化支持

目前任务驱动整本书阅读教学中的技术应用多停留于信息传递层面,而未来的教学工具可以像"贴心助教"一样,为每个学生提供定制化帮助。也就是说,未来的智能系统是"认知伙伴"的角色,其价值不在于替代教师或简化流程,而在于通过动态适配的个性化支持,助力学生突破思维瓶颈,实现从"浅层解码"到"深度建构"的认知跃迁。这种支持借助技术工具捕捉学生的思维轨迹,构建"学习需求—资源供给—认知进阶"的动态闭环,使教学干预从经验驱动转向数据驱动的精准化模式。

智能系统个性化支持的底层逻辑,植根于建构主义学习理论与学习分析技术的融合。系统通过自然语言处理、行为建模等技术,实时解析学生的批注内容、阅读节奏、概念关联网络等隐性数据,进而识别其认知风格与思维特征。例如,对偏好逻辑推演的学生,系统可强化因果链分析的训练;对依赖具象思维的学生,则侧重意象联想的引导。这种适配不是简单的资源匹配,而是通过动态调整任务复杂度、认知支架密度等变量,让学生在"最近发展区"内实现思维的最优发展。

这一模式如果得以成熟,可能会给整本书阅读教学带来的改变有:其一,教学将从"群体同步"转向"个体异步",每个学生都能在适配的认知梯度中自主探索,避免"超前学习"的焦虑与"重复训练"的倦怠;其二,教师的角色将从"知识传授者"进化为"认知导航员",借助系统的学情洞察,更精准地把握干预时机与策略;其三,学生的元认知能力将显著提升,系统的即时反馈与反思提示可帮助其建立自我监控与调整的思维习惯。

然而,这一愿景的落地需直面技术赋能的教育伦理困境。数据的隐私边界如何界定? 算法的透明性与可解释性如何保障? 技术依赖是否削弱学生的独立思考能力? 这些问题的解决,既需要技术开发者与教育者的深度对话,也需在教学设计中预设"技术退场"机制——当学生的思维逐步成熟时,系统应逐渐弱化干预强度,回归"辅助者"的定位。未来的研究或许难以一蹴而就,但若能以审慎的态度平衡工具理性与教育温度,或许能在效率与人文的张力间,开辟一条技术

赋能的新路径:让智能系统不再是冰冷的工具,而是学生思维成长的静默见证者与智慧同行者。

(二) 虚拟与现实的创意结合

在任务驱动的整本书阅读教学探索之路上,我们不断将目光投向技术赋能领域,期望借助技术的力量为教学带来新的突破与变革。其中,虚拟与现实的创意结合用技术手段让经典"活"起来,不仅能增强阅读的体验感,更是激发了学生的想象力与创造力。虚拟与现实技术的深度融合,犹如为整本书阅读开启了一扇通往全新世界的大门,引领其从传统的平面化解码模式稳步迈向更为广阔、立体的认知重构阶段。想象一下,在未来的教学中,虚实共生系统将不再是物理空间与数字影像的简单拼凑,而是一种构建出"认知增强现实"的奇妙存在。例如,在《骆驼祥子》教学中,学生通过手机扫描课本插图,就能看到动态的北平街景,听到老北京方言的叫卖声;阅读《林海雪原》时,用 VR 眼镜"潜入"书中描绘的冰雪世界。这些技术不是要取代文字阅读这一传统且深厚的阅读方式,而是要通过视觉、听觉、触觉等多维度感官通道,让学生更真切地感受文字背后的温度与色彩,激活学生们与生俱来的具身认知机制。

技术赋能所带来的价值远不止于此,它更深层次的意义在于对传统意义上的人机协同进行了重塑,构建起一个全新的意义生成系统。未来的智能算法能够实时捕捉学生在整本书阅读过程中的注意力焦点、细腻的情感波动,乃至复杂微妙的概念关联网络,通过灵活调整虚拟场景中的叙事参数,如涓涓细流般引导学生,在沉浸其中的阅读体验里自然而然地构建起整本书的丰富内涵。举个例子,在学生阅读整本书时,当系统敏锐地察觉到学生产生了认知偏差时,就会通过增强现实界面叠加出不同阐释路径的可视化呈现,把原本抽象矛盾的冲突,变得实实在在,如同摆在眼前的认知差异图谱一般清晰明了。这种技术介入的本质,实则是打造出一个微妙又精巧的人机双向反馈的认知生态系统。学生们在虚拟场景中的每一次交互行为,就像是一颗小小的种子,不断滋养着算法阐释模型的成长;而算法也会如同一片温润的土壤,通过对环境变量的巧妙调控,潜移默化地塑造着学生的思维范式。如此这般,最终实现工具理性与人文阐释之间动态且微妙的平衡,让学生既能在技术的助力下深入理解整本书,又不丢失对文学人文性的敏锐感知,亦同时培育学生的跨媒介文学素养。

然而,我们必须清醒地认识到,这一美好的技术愿景在实际落地过程中,会有很多的困难。比如,如何确保虚实融合的认知界面不会因为过度追求具象化,而让学生们的想象空间遭受无情的压缩?又该如何巧妙地引导算法,让它在精心为学生规划阐释路径时,既充分尊重学生的主体性,又不忽视文学作品本身的艺术性与审美性?这些问题,犹如横亘在我们面前的一道道沟壑,需要我们在文学理论、认知科学以及技术哲学等多个学科领域进行深度对话与探索。在著写本书第四章时，我就深感自身的浅薄与局限，仅能尝试描绘出技术赋能在整本书阅读教学领域的可能性框架，具体的实施路径仍需在跨学科实践中不断验证与调整。或许在未来，真正决定我们教育成果的，远不只是技术本身所能达到的精进程度，更在于我们能否以创造性的教育智慧和文化担当，确保人文精神始终像高悬的灯塔，引领着技术工具朝着最有利于学生成长的方向蓬勃发展，让虚实融合的阅读场域，真正成为学生们思维跳跃的坚实跳板，以及守护文学纯粹本质的精神家园。

（三）警惕技术的边界与温度

在使用新技术时，需要守住教育的初心。比如 AI 批改学生的阅读作品时，不仅要关注语法错误，更要识别文字中流露的情感态度；使用虚拟场景时，需避免过度娱乐化而冲淡整本书的思想深度。技术的价值不在于炫酷的形式，而在于能否帮助学生与经典建立更深的精神联结。

我们期望未来的技术发展，聚焦于三个核心原则：第一，技术工具需始终服务于深度阅读的目标，避免因过度追求形式创新而分散学生对整本书本身的关注；第二，技术介入需尊重阅读的个性化节奏，既要提供支持，也要为独立思考留出空间；第三，技术应用需承载人文温度，在提升效率的同时守护语文教育。这需要教育者与技术开发者共同建立"以人为中心"的设计理念，让冰冷的代码背后流淌着对教育规律的敬畏。

在任务驱动的整本书阅读场景中，理想的技术支持应具备"隐形陪伴"的特性。学生在完成主题探究任务时，技术工具能根据他们的阅读进度自动调整任务难度，既不过度干预思维过程，又在关键节点提供适时的资源支持。例如，系统可通过分析学生的批注习惯、讨论记录，智能识别其认知盲区，推荐相关背景资料或对比阅读片段，但绝不替代学生自主建构意义的过程。这种"有分寸的支持"既能减轻教师个性化指导的负担，又能培养学生独立解决问题的勇气。

要实现这样的愿景，需要突破当前技术应用的局限：首先，从"数据驱动"转向"意义驱动"，让算法不只关注阅读速度、答题正确率等表层指标，更能捕捉学生对文本的情感共鸣与价值思考；其次，从"预设路径"转向"生成空间"，技术支持的任务设计应具有开放性，允许学生在技术构建的框架中走出自己整本书阅读的探索轨迹；最后，从"工具思维"转向"育人思维"，始终将技术定位于辅助角色，警惕其对师生互动、同伴对话等教育本质属性的侵蚀。

以上目标的实现绝非坦途。如何在技术应用中平衡创新与守正？如何让数字工具既拓展阅读的边界，又守住经典的深度？这些问题的答案需要教育实践者与技术研究者持续对话。本书的探讨仅是抛砖引玉，期待更多一线教师在课堂实践中探索技术赋能的可能路径。或许真正的突破不在于技术本身的精进，而在于教育者能否以更富智慧的方式驾驭技术工具，使其既成为打开经典世界的钥匙，又不致沦为禁锢思维自由的锁链。唯有保持这种审慎与克制，方能在技术狂飙的时代守护整本书阅读最珍贵的价值：那份通过文字与伟大灵魂对话的悸动，那份在思想碰撞中逐渐丰盈的精神成长。

三、生态构建:让阅读走出课堂

(一) 家校共读的常态化实践

整本书阅读的终极价值在于培育终身阅读者，这要求阅读生态应突破课堂的物理边界，形成家校联动的文化共同体。未来的家校共读不是形式化的读书打卡，而是构建深度协作的育人机制——家庭成为课堂的延伸场域，家长从监督者转型为共读参与者，教师则扮演阅读生态的协调者。这种机制将培育出"双向滋养"阅读关系：教师通过设计梯度性共读任务，引导家庭对话聚焦整本书的思想内核；家长在参与中重构对阅读价值的认知，反哺自身的教育观念；学生在双重文化场域中经历从被动执行到主动建构的思维蜕变，最终实现教育主体间的意义共振。

家校共读常态化实践的关键在于构建"任务—反馈—迭代"的动态支持体系。学校需开发家校共读的指导工具包，包含文本解读支架、对话引导策略及阶段性反思模板，帮助家长突破"不会导""不敢问"的实践困境。例如，在《朝花夕拾》共读中，可依据家庭讨论记录智能生成认知地图，标注出学生思维跃迁的关键节点，供教师调整课堂研讨重点。这种支持形成了共读的闭环调节系统，家庭的真实共读数据反哺学校教学设计，课堂的深度解析又为家庭对话提供新的认知基点，最终使阅读成为连接家校的教育纽带。

当这种生态趋于成熟时，任务驱动下的整本书阅读教学将产生以下转变：第一，阅读动力从外部任务驱动转向内在意义追寻，学生在家校协同的浸润中形成稳定的阅读兴趣；第二，文本理解从个体解码升级为群体建构，不同代际、不同阅历的视角碰撞使经典作品焕发多元阐释的生命力；第三，教育评价从量化考核转向质性观察，学生在家庭对话中展现的思维品质、情感态度亦会成为评估维度。这种转变不仅是语文能力的训练场，更是精神成长的滋养源，家校在此过程中共同守护着人文教育的根系。

当然，这一愿景的实现需要直面现实阻力。如何化解家长参与的时间成本焦虑？怎样平衡家庭文化差异带来的共读落差？这些问题的解答无法依赖理论推演，需在真实教育场景中持续探索，期望将来的研究实践能唤醒家校双方对整本书阅读的共识：当捧起同一本书时，我们不仅在传授知识，更是在缔造一个超越功利的精神共同体——那里有思想碰撞的火花，有代际对话的温情，更有生命影响生命的永恒力量。

（二）社区文化资源的深度开发

社区文化资源的深度开发预示着任务驱动下的整本书阅读将不再局限于学校课堂的小小天地，而是会与社区紧密相连，扎根于更广阔的社会土壤之中，开启一段全新的成长旅程。课堂是学生获取知识的重要场所，但社区的广阔天地蕴含着无尽的教育可能性。我们期待着，学校与社区形成紧密且深度的合作关系，共同为学生打造一个无缝衔接的阅读环境。

从资源层面来看，社区中的图书馆、文化馆、博物馆、历史遗迹等，都可以被整合为整本书阅读教学的重要依托。图书馆丰富的藏书资源为学生的阅读提供了广阔选择；文化馆的各类文化活动、艺术展览等，能为阅读提供生动的背景和延伸；博物馆中的文物展品则是历史文化类书籍的生动实物参照，让学生在欣赏文物的同时，更深刻地理解作品中的时空背景和文化内涵；历史遗迹更是承载着故事与情感，学生漫步其间，仿佛能看到书中描述的场景再现，加深对作品的理解与感悟。这些丰富的资源如同拼图的碎片，相互拼接，为学生勾勒出一个全面且立体的阅读世界。

更为重要的是，社区的人力资源也将融入整本书阅读教学体系。社区里的各行各业人士，如退休教师、文化学者、民间艺人等，他们带着各自独特的生活经历和专业知识，成为学生的"校外导师"。他们用自己的人生阅历和文化素养，为学生解读书籍中的情节、人物和思想。例如，一位熟悉本地历史文化的老者，可以结合当地的历史故事，为学生讲述与之相关的文学作品，让学生感受到文学与生活的紧密联系，明白文学作品并非高高在上的抽象存在，而是反映生活、映照时代的镜子。

这种社区文化资源的深度开发，会产生一系列积极的效果。对于学生来说，整本书阅读不再是枯燥的课堂任务，而是变成了一种充满乐趣、融入生活的日常活动。他们可以在社区这个大环境中，更直观地感受到阅读的魅力，增强阅读的兴趣和主动性，阅读能力也能在潜移默化中得到提升。同时，通过与不同人群的交流互动，他们的社交能力、表达能力以及思维的开放性都会得到锻炼和发展，这对他们的综合素质培养有着极大的帮助。对于整个社区而言，浓厚的阅读氛围会逐渐形成，社区的文化底蕴也会随之不断深厚。大家在阅读交流的过程中，增进了彼此之间的了解和情感联系，社区的凝聚力得到增强，营造出一种积极向上、富有文化气息的生活环境。这种良好的社区文化环境又会反过来进一步推动整本书阅读的发展，吸引更多的人参与其中，形成一个良性循环。从更宏观的角度来看，这样的社区文化资源深度开发，实际上是在为全民阅读打下坚实的基础。当整本书阅读在社区中生根发芽、苗壮成长,阅读的种子就会撒向更广泛的人群,让更多的人受益于阅读带来的知识滋养和精神熏陶,提升整个社会的文化素养和精神风貌。

未来,整本书阅读教学不应局限于学校围墙之内。我们期待通过社区文化资源的深度开发,构建起一个以学校为核心、社区为延伸的阅读生态体系,让学生在更加丰富多元的资源环境中,尽情遨游于书籍的海洋,收获更加深刻的阅读体验和全面的素养提升。虽深知这一愿景的实现充满挑战,但作为一名语文教师,我愿意怀揣着这份期待,不断探索和实践,为推动整本书阅读教学的发展贡献自己的力量。

结语

这些设想或许还不够成熟,但它们指向一个共同的愿景——让整本书阅读不再是应付考试的任务,而是成为滋养生命的源泉。作为语文教师,我们不必追逐时髦的概念或复杂的技术,但需要始终保持开放的胸怀:既要扎根文本,带学生品味字里行间的深意;也要仰望星空,为他们的思维插上想象的翅膀。未来的探索注定要在理想与现实间寻找平衡,前路漫漫,诸多挑战亟待攻克,这些挑战时刻提醒我们:教育变革的本质不在于工具的革新,而在于对人性深度的敬畏与守护。本书的思考仅是漫长旅程中的阶段路标,期待更多教育同仁在实践中继续校准方向,继续秉持谦逊而真诚的态度,培育教育者特有的敏感与智慧,那些关于阅读的困惑终将在时间中沉淀为答案。毕竟,所有教育理想的实现,最终都取决于我们是否愿意相信:每一本被真诚打开的书,都是心灵与世界的永恒对话。

索　引

D

底层逻辑　54

动态反馈　36

多元资源整合　76

H

核心素养　6

J

技术赋能　9

教学实践　14

P

批判性思维　2

R

任务驱动式学习　1

S

实施路径　54

四维任务体系　29

Y

阅读方法　14

阅读内驱力　36

阅读生态共建

Z

整本书阅读　1